服务型制造系列丛书

REPORT ON
THE SERVICE-ORIENTED
MANUFACTURING
IN CHINA (2018-2019)

中国服务型制造联盟专家委员会
工业和信息化部电子第五研究所 ◎ 编著

# 中国服务型制造发展报告
## （2018~2019）

经济管理出版社
ECONOMY & MANAGEMENT PUBLISHING HOUSE

图书在版编目（CIP）数据

中国服务型制造发展报告（2018~2019）/中国服务型制造联盟专家委员会，工业和信息化部电子第五研究所编著 . —北京：经济管理出版社，2018.10
ISBN 978-7-5096-5453-8

Ⅰ.①中… Ⅱ.①中… ②工… Ⅲ.①制造工业—工业企业管理—案例—中国—2018—2019 Ⅳ.①F426.4

中国版本图书馆 CIP 数据核字（2018）第 220503 号

组稿编辑：杨雅琳
责任编辑：杨雅琳　李红贤　钱雨荷
责任印制：黄章平
责任校对：王纪慧

出版发行：经济管理出版社
　　　　　（北京市海淀区北蜂窝 8 号中雅大厦 A 座 11 层　100038）
网　　址：www.E-mp.com.cn
电　　话：（010）51915602
印　　刷：三河市延风印装有限公司
经　　销：新华书店
开　　本：720mm×1000mm/16
印　　张：14.75
字　　数：240 千字
版　　次：2019 年 8 月第 1 版　2019 年 8 月第 1 次印刷
书　　号：ISBN 978-7-5096-5453-8
定　　价：68.00 元

·版权所有　翻印必究·
凡购本社图书，如有印装错误，由本社读者服务部负责调换。
联系地址：北京阜外月坛北小街 2 号
电话：（010）68022974　邮编：100836

# 序　言

大国崛起的历史一再表明，制造业是立国之本、兴国之器、强国之基。新中国成立 70 年来，我国制造业从无到有、从小到大，逐步建成了门类齐全、独立完整的产业体系，实现了从农业国到工业国的伟大跨越，有力支撑我大国地位。然而，我国制造业长期处于价值链中低端，产品附加值低，制造业大而不强，面临发达国家和发展中国家的双重挤压，风险与机遇并存。错综复杂的国际形势和中国制造业的发展现状正倒逼中国制造转型升级。我国产业界必须保持战略定力，立足制造业基础不动摇，沿着"高端化、智能化、绿色化、服务化"方向，推动中国制造业向全球价值链中高端攀升，实现制造业转型升级，促进经济高质量发展。

随着制造业和服务业深度融合、协同发展的趋势越来越明显，新产业、新业态、新模式不断涌现。大量制造业企业通过创新优化生产组织形式、运营管理方式和商业发展模式，从生产制造为主向"制造＋服务"转型，从出售产品向出售"产品＋服务"转变。随着服务要素在投入和产出中的比重持续提升，服务型制造应运而生，并已经成为制造业转型升级的重要途径，是先进制造的新型模式。2018 年中央经济工作会议提出，要推动先进制造业和现代服务业深度融合，坚定不移建设制造强国，推进制造业高质量发展。这意味着制造业和服务业的融合，既是建设制造强国的必然要求，也是制造业高质量发展的重要方向。

早在 2016 年 7 月，工业和信息化部、国家发展改革委、中国工程院发布《发展服务型制造专项行动指南》，这对推动制造业和服务业融合发展起到了重要的指导作用。服务型制造作为制造与服务融合发展的新型产业形态，可以延伸产业价值链，提高产品附加值，不仅是提高企业竞争力的重要途径，也是推动我国制造业由大变强的必然要求。近几年来，在社会各界共同努力下，我国服务型制造发展成效显著，根据中国服务型制造联盟统计，服务型制造示范企业服务收入占总收入比例接近30%。服务型制造对企业提质增效和转型升级的促进作用进一步增强，社会各界对服务型制造的认识与理解显著提高，逐步形成了"政产学研用金"等多方合力推动发展的良好局面。服务型制造的发展，为我国制造业在新一轮产业竞争中突破瓶颈，实现跨越发展提供了有力支撑。

当然，相对而言，我国服务型制造与国外的先进水平和发展规模都还有相当的差距，为此，我认为，当前和今后一个时期，要培育和树立四种观念，进一步切实推动服务型制造发展[①]。

一是培育产业融合发展观念，构建一体化产业政策体系。当今产业发展趋势是产业融合，尤其是新一代信息技术推进下大量新业态、新模式层出不穷，无论是产业政策还是政府部门，都需要适应这种产业融合的趋势。对于发展服务型制造而言，要建立一体化的产业政策体系，消除服务业和制造业之间在税收、金融、科技、要素价格之间的政策差异，降低交易成本。比如，建议把高技术现代服务业和高技术制造业全部纳入高新技术产业的范畴给予支持；同时，建议从客户需求的视角整合行业管理部门的职能，制定相互协调融合的行业监管、支持政策，形成合力，推动服务型制造的大发展。

二是强化两化融合发展观念，提升信息技术支持能力。信息技术是服务业与制造业融合的"黏合剂"，制造强国战略和《行动指南》都十分强调大力发展面向制造业的信息网络技术服务，提高重点行业信息应用系统的方案设计、开发、综合集成能力。对于服务型制造而言，低时延、高可靠、广覆盖、更安全的工业互联网基础设施体系是硬件基础，必须加快建设；而低成本、高可靠的信息化软件系统，以及集成消费、设计、生产、销售和服务全过程工业大数据应用服务是软件基础，需要加速开发推进。要通过大力推动云制造服务，支持制造业企业、互联网企业、信息技术服务企业跨界联合，实现制造资源、制造能力和物流配送开放共享。

---

[①] 黄群慧：《中国制造如何向服务化转型》，《经济日报》，2017年6月6日。

三是树立产业生态系统观念，加强制造服务平台建设。产业创新发展的关键取决于其能否有一个健康的生态系统。服务型制造的发展是对原有产业价值链条的重构，企业需要在新的生态系统中重新确定自己的价值地位。为了鼓励服务型制造的发展，政府一方面要围绕制造业服务需求，建立创新设计、物流服务、质量检验检测认证、市场营销、供应链管理等生产性服务公共平台，培育研发、法律、工程、融资、信息、咨询、设计、租赁、物流等生产性服务业体系，提升产业结构层次，加强制造业配套能力建设；另一方面要加强信息化网络服务平台建设，积极搭建具有国际先进水平的大数据、云计算、电子商务等服务外包产业平台，积极研究工业互联网网络架构体系，加快制订面向工业互联网平台的协同制造技术标准，以及产业链上下游间的服务规范。

四是树立客户至上观念，寻求重点突破的行业和模式。服务型制造的一个重要效率源泉来自于对客户潜在需求的一体化的深度满足。以挖掘客户需求为突破口，在重点行业实施服务型制造行动计划，创新个性化、专业化的服务型制造模式。从服务型制造的典型案例和发展趋势来看，当前我国发展服务型制造重点是装备制造业、白色家电制造业、电子信息消费品制造业以及衣饰家具制造业等行业，可重点发展的服务模式有为客户提供专业化的供应链金融、工程机械融资租赁等服务，为客户提供包括自产主体设备、设备成套、工程承包、专业化维修改造服务、专业化远程全面状态管理在内的整体解决方案，为每一位客户度身定制一步到位、全方位的整体供应链解决方案，等等。对于白色家电制造业，当前可重点发展提供设计、制造、维修、回收等全生命周期服务；对于衣饰和家具行业，可重点发展客户参与的大规模定制服务等；电子信息消费品行业服务化的方向是"线下产品+线上服务"相结合，提供智慧生活服务。

此外，还要积极整合社会各界资源，更好发挥合力。按照《行动指南》部署，工业和信息化部指导成立了中国服务型制造联盟。联盟成立以来，发挥桥梁纽带作用，积极整合各方资源，开展了一系列推进工作。一是推动政策落实。支撑工业和信息化部完成两批服务型制造示范遴选；协助开展13个地区的服务型制造万里行活动；开展《行动指南》政策评估；支撑新一轮服务型制造政策文件编制，有力推动了服务型制造理念传播、政策落实和经验推广。二是深化地方合作。与地方主管部门探索产教融合的服务型制造人才培养模式；深化与杭州市余杭区合作，探索建立服务型制造创新载体，筹建服务型制造研究院等。三是服务行业需求。组织召开两届中国服务型制造大会，成为推动服务型制造发展的重要交流平台；组织开发服务型制造公共服务平台，运营微信公众号，加强融媒体宣传报道等，持续推动服务型制造理念传播和资源共享。四是开展理论研究。创建中国服务型制造50人论坛，开展专题研讨；总结服务型制造发展成果与工作经验，编制出版服务型制造发展报告、案例集；探索开展服务型制造标准化工作，开展标准体系建构研究。

基于上述认识，为全面总结我国服务型制造情况，大力推动新时期服务型制造深入发展，推进我国制造业高质量发展，中国服务型制造联盟组织编撰了《中国服务型制造发展报告（2018～2019）》。本报告进一步阐述了服务型制造的内涵与特征，分析了其发展影响因素与重要意义，梳理了相关政策体系，结合我国服务型制造发展情况分析了当前面临的问题和挑战，并给出了相应的对策建议。与此同时，报告还选择了12家服务型制造示范企业作为典型案例，从发展背景、主要做法、转型成效、未来规划、经验启示五个方面进行分析，总结发展经验，剖析转型路径，可以为相关企业转型升级提供有益借鉴。

相信本书的出版能够进一步推动社会各界形成共识，对各级政府部门贯彻落实相关政策、专家学者研究、企业转型升级提供有益参考和借鉴；为推动我国先进制造业和现代服务业深度融合，促进制造业高质量发展贡献应有力量。

黄群慧

（作者系中国社会科学院经济研究所所长、研究员、博士生导师，国家制造强国建设战略咨询委员会委员，中国服务型制造联盟专家委员会主任）

# 目 录

## 第一部分 服务型制造的理论与中国实践

一、服务型制造的内涵与特征 ........................................ 4
二、服务型制造的影响因素与重要意义 ............................ 13
三、中国服务型制造发展的政策体系 ................................ 20
四、中国服务型制造发展情况 ........................................ 40
五、中国服务型制造发展中存在的问题与制约因素 ............ 49
六、推动中国服务型制造发展的对策建议 ......................... 55

附录 中国服务型制造发展情况企业调查问卷 ................... 58
一、基本情况 ............................................................. 58
二、服务型制造发展情况 .............................................. 59
三、政策支持与政策诉求 .............................................. 62
四、未来展望 ............................................................. 63

## 第二部分 中国服务型制造示范企业案例精选

服务型制造企业案例选择说明 ........................................ 67
一、服务型制造发展的新时代背景 .................................. 67
二、全国首届服务型制造示范遴选情况 ............................ 70
三、案例企业的选择与案例集撰写目标 ............................ 74

示范企业概述 …………………………………………………………… 77

## 持久钟表：钟联网及时间同步服务 ……………………………………… 81
  一、发展背景 …………………………………………………………… 81
  二、主要做法 …………………………………………………………… 84
  三、转型成效 …………………………………………………………… 85
  四、未来规划 …………………………………………………………… 86
  五、经验启示 …………………………………………………………… 87

## 巨能机器人：装备延伸的全生命周期服务 ……………………………… 89
  一、发展背景 …………………………………………………………… 90
  二、主要做法 …………………………………………………………… 91
  三、转型成效 …………………………………………………………… 95
  四、未来规划 …………………………………………………………… 97
  五、经验启示 …………………………………………………………… 98

## 双良节能：全生命周期能源管理服务 …………………………………… 100
  一、发展背景 …………………………………………………………… 100
  二、主要做法 …………………………………………………………… 101
  三、转型成效 …………………………………………………………… 102
  四、未来规划 …………………………………………………………… 103
  五、经验启示 …………………………………………………………… 104

## 陕西汽车：商用车后市场全生命周期服务 ……………………………… 107
  一、发展背景 …………………………………………………………… 108
  二、主要做法 …………………………………………………………… 109
  三、转型成效 …………………………………………………………… 113
  四、未来规划 …………………………………………………………… 114
  五、经验启示 …………………………………………………………… 116

## 广电运通：网络化、智能化金融外包服务 ········· 120

- 一、发展背景 ········· 120
- 二、主要做法 ········· 122
- 三、转型成效 ········· 127
- 四、未来规划 ········· 128
- 五、经验启示 ········· 129

## 小米科技：基于智能硬件的信息增值与产业链生态服务 ········· 132

- 一、发展背景 ········· 133
- 二、主要做法 ········· 135
- 三、转型成效 ········· 143
- 四、未来规划 ········· 145
- 五、经验启示 ········· 146

## 大信厨房：用户参与式产品定制服务 ········· 150

- 一、发展背景 ········· 151
- 二、主要做法 ········· 152
- 三、转型成效 ········· 157
- 四、未来规划 ········· 159
- 五、经验启示 ········· 160

## 长安汽车：基于整车后市场的O2O一体化服务 ········· 163

- 一、发展背景 ········· 163
- 二、主要做法 ········· 165
- 三、转型成效 ········· 169
- 四、未来规划 ········· 170
- 五、经验启示 ········· 171

## 如意科技：纺织服装全产业敏捷供应链管理 ········· 173

- 一、发展背景 ········· 173

二、主要做法 …………………………………………………… 174
　　三、转型成效 …………………………………………………… 177
　　四、未来规划 …………………………………………………… 178
　　五、经验启示 …………………………………………………… 180

**怡亚通："互联网 +"全程供应链整合服务** …………………… 183
　　一、发展背景 …………………………………………………… 183
　　二、主要做法 …………………………………………………… 185
　　三、转型成效 …………………………………………………… 187
　　四、未来规划 …………………………………………………… 189
　　五、经验启示 …………………………………………………… 190

**阳光电源："互联网 +"新能源系统解决方案服务** …………… 194
　　一、发展背景 …………………………………………………… 194
　　二、主要做法 …………………………………………………… 195
　　三、转型成效 …………………………………………………… 197
　　四、未来规划 …………………………………………………… 198
　　五、经验启示 …………………………………………………… 199

**龙马环卫：环卫装备与解决方案一体化服务** ………………… 202
　　一、发展背景 …………………………………………………… 203
　　二、主要做法 …………………………………………………… 207
　　三、转型成效 …………………………………………………… 214
　　四、未来规划 …………………………………………………… 215
　　五、经验启示 …………………………………………………… 216

**参考文献** …………………………………………………………… 220

**后　记** …………………………………………………………… 222

# 第一部分
# 服务型制造的理论与中国实践

经过 40 年的改革开放,中国制造业增加值在 2010 年超过美国,成为世界第一制造大国,同时也是世界最大的商品出口国。但同时也存在着劳动力成本优势不再、全要素生产率下降、处于全球价值链低端等一系列深层次矛盾和问题。习近平总书记指出,"'十三五'时期,我国经济发展的显著特征就是进入新常态","要把适应新常态、把握新常态、引领新常态作为贯穿发展全局和全过程的大逻辑","必须坚持质量第一、效益优先,以供给侧结构性改革为主线,推动经济发展质量变革、效率变革、动力变革,提高全要素生产率,着力加快建设实体经济、科技创新、现代金融、人力资源协同发展的产业体系,着力构建市场机制有效、微观主体有活力、宏观调控有度的经济体制,不断增强我国经济创新力和竞争力"。国务院先后出台《中国制造 2025》《关于深化制造业与互联网融合发展的指导意见》《关于深化"互联网+先进制造业"发展工业互联网的指导意见》等一系列文件,期望通过新一代信息技术与制造业的深度融合,培育创造新动能,并使传统产业焕发新的生机,推动制造业由高速增长转向高质量发展,实现由制造大国向制造强国的跃升。以服务型制造推动中国制造业转型升级与创新发展,既是供给侧结构性改革的新举措,也是新常态下精准实施产业政策的新探索。

正在全球范围内兴起的新一轮科技革命和产业变革对高品质生活的追求,推动全球制造业发展呈现高端化、智能化、绿色化、服务化的趋势,越来越多的制造企业从主要加工制造和销售产品转向通过提供产品与服务的组合参与市场竞争。自 Vandermerwe 和 Rada(1988)率先提出制造业服务化、孙林岩等(2007)在国内较早提出"服务型制造"概念以来,"服务型制造"已经为学术界、政府和企业普遍接受。国内学者围绕"服务型制造"进行了大量的研究,用中国知网(www.cnki.net)进行文献名称的关键词检索,检索结果 555 条。各级政府出台了一系列文件、政策促进服务型制造的发展。国内企业积极开展服务型制造的实践探索并创造了许多服务型制造新模式。

# 一、服务型制造的内涵与特征

正在全球范围内兴起的新一轮科技革命和产业变革与对高品质生活的追求，推动全球制造业发展呈现高端化、智能化、绿色化、服务化的趋势，越来越多的制造企业从主要加工制造和销售产品转向通过提供产品与服务的组合参与市场竞争。服务型制造或服务化的提出已经有30年的历史，国际上企业的实践可以追溯到更早的时期，但在我国还是一个相对较新的事物，政府主管部门、学术界和企业存在不同认识，因此有必要厘清服务型制造的内涵与外延，达成共识，促进发展。

## （一）服务型制造的内涵

### 1. 服务型制造概念的提出

服务型制造是一个具有明显中国特色的概念，国外学者大多使用服务化（Servitization）、产品服务系统（Product Service System，PSS）等概念描述制造企业提供越来越多的基于产品的增值服务的现象。Vandermerwe 和 Rada（1988）认为，服务化是"制造企业由仅仅提供物品（或包括附加服务）向提供物品加服务构成的'产品—服务包'转变的过程"，完整的"包"（Bundles）包括物品、服务、支持、自我服务和知识等，并且服务在这个"包"中居于主导地位，是增加值的主要来源。White（1999）认为，服务化是制造商由物品提供者向服务提供者的角色转变。Goedkoop 等（1999）提出"产品服务系统"的概念，认为产品服务系统是一个包含产品、服务、网络、支持设施的系统，为了保持竞争力、满足客户需求并且比传统的商业模式有较低的环境影响。

与国外学者多使用服务化、产品服务系统不同，在我国的政策体系中"服务型制造"的概念更为常见，并由此影响国内学术研究的术语使用。2016年7月发布的《发展服务型制造专项行动指南》是我国服务型制造发展的统领性文件，该指南没有给服务型制造下一个明确的定义，只做出了定性的描述："制造业企业通过创新优化生产组织形式、运营管理方式和商业发展模式，不断增加服务要素在投入和产出中的比重，从以加工组装为主向'制造+服务'转型，从单纯出售产品向出售'产品+服务'转变。"可以看到，虽然表述不同，但服务型制造所指内容与服务化、产品服务系统并无本质区别。我国是世界最大的工业和制造业国家，工业化尚未完成，而且近年来经济出现"脱实向虚"的现象，并由此对国民经济的可持续发展造成影响。如果使用"制造业的服务化"或"服务化"，容易让人误解为服务是制造业的发展方向，制造业已经不重要了。"服务型制造"，重点仍在制造，服务是以制造为基础的或依附于制造的，不是不要制造业，而是制造业的内涵发生了变化。基于这一因素，本报告主要使用"服务型制造"，在描述制造企业从产品制造向服务型制造转型时，也使用服务化这一概念。

2. 服务型制造的内涵

虽然国内外学术界和政府文件中对服务型制造及相关概念给出了界定或描述，但这些概念仍存在不清楚的地方，从而造成在实际政策制定、实施和企业实践过程中容易产生对服务型制造的误读、误用，特别是出现把服务型制造扩大化的倾向。理解服务型制造，核心是厘清"服务"与"制造"的关系。对于服务型制造的实施主体应该是制造企业或制造企业集团相对比较容易达成共识，但是对服务范围的界定却大相径庭。例如，一种观点认为，只要是制造企业开展的服务活动都可以称之为服务型制造；另一种观点认为，只要是制造企业开展的与制造或实物产品有关的服务活动就属于服务型制造。这些认识都存在着一定程度的片面性。

我们可以借助 Baines 和 Lightfoot（2013）对制造企业提供服务活动三个层次的划分来认识服务型制造（见图1）。第一类是基础服务，聚焦于产品的提供，它建立在生产能力运用的基础之上（如我们知道如何制造产品），包括产品/设备的提供、备用零件提供、质保等；第二类是中级服务，聚焦于产品状态的保持，它建立在将生产能力应用于产品状态的保持之上（例如，因为我们知道如何制造产品，我们就知道如何维修它），包括定期保养、技术求助台、维修、彻底检修、运送到目的地、安装、操作员培训、操作员认证、状况监测、现场服务等；第三类是高级服务，聚焦于通过产品性能展现的服务，它建立在将生产能力转变为管理产品性能的能力之上（例如，因为我们知道如何生产产品，我们就知道如何使产品保持运转），使产品最大限度地发挥它的使用价值甚至增加新的价值，包括客户支持协议、风险和报酬分享合同、通过使用获得收入的合同、租赁协议、个性化定制、各种增值服务。从基础服务到高级服务，企业的预期产出是从简单地提供产品转向提供一种能力、从支持产品的服务转向支持客户的服务。

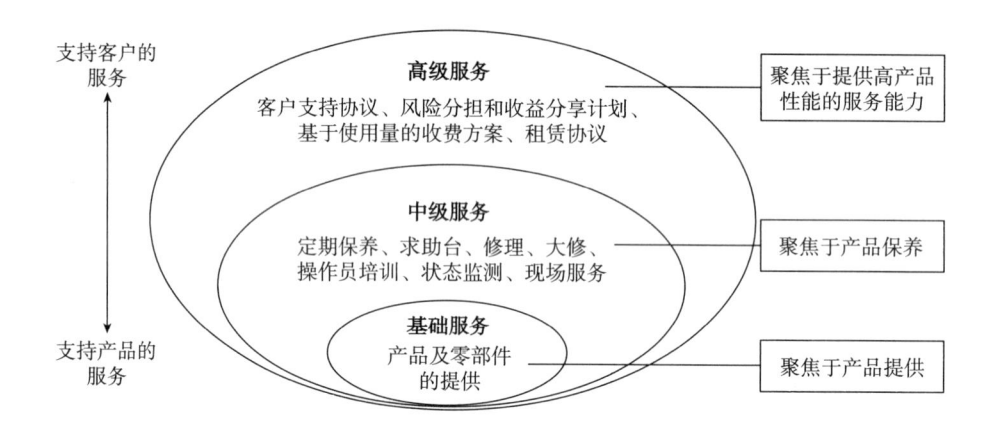

**图1 制造商可以提供的服务类型**

资料来源：［英］蒂姆·贝恩斯，霍华德·莱特福德. 为服务而制造：高级服务的兴起［M］. 李靖华，毛丽娜译. 浙江大学出版社，2017：58。

从 Baines 和 Lightfoot（2013）对制造企业所开展的服务活动的划分，可以提取服务型制造的四个核心要件。第一，服务型制造的主体是制造企业，不是服务行业等其他行业的企业。制造业是对农副产品、采掘品加工和再加工的行业。第二，制造企业提供服务的对象是用户，而不是它的供应商、服务商。第三，制造企业所提供的是高附加值的增值服务，而不是简单的、基础性的服务（Baines 和 Lightfoot，所谓的基础服务和中级服务）。第四，制造企业提供的服务是基于自有产品的，而不是在其他制造企业产品之上开发增值服务。据此可以列出一个服务型制造的构成等式：服务型制造 = 制造企业 + 面向用户 + 基于（制造商自有）产品 + 增值服务。这四个要件是服务型制造成立的必要条件，如果这四个要件不能同时满足，就不是服务型制造。

3. 服务型制造的三要素

服务型制造是以制造企业为主体、以客户需求为导向，基于制造企业所生产的产品提供的增值服务。在当前条件下，服务型制造既有与20世纪90年代"服务化"概念诞生之初时的相似性，也具有新的特征。以需求为导向、以数据为核心、以创新为动力是当下服务型制造的三个核心要素。第一，以需求为导向。服务型制造是企业经营理念由制造导向向用户需求导向的一次重要转变，用户需求既是企业生产经营的目标、服务化转型的方向，也为制造企业的服务型制造提供了创新的源泉。第二，以数据为核心。虽然服务型制造不是必然要依赖于数据，但由于有了数据的支持，制造企业内部各领域、各环节之间，制造企业与用户之间，可以实现更高频的数据联系，制造企业可以更动态地掌握产品的状态和用户使用状况、需求变化，进而更多的制造环节可以衍生出增值服务，更多的服务型制造模式可以创造出来。第三，以创新为动力。服务型制造是基于产品的增值服务，增值服务的质量好坏、用户满意程度的高低很大程度上取决于产品本身的性能、质量，这就要求制造企业具有较强产品、工艺创新能力。为了提供增值服务，制造企业还需要在产品、工艺等领域不断进行创新。同时，服务型制造的创新不仅在制造本身，也需要制造企业进行增值服务的创新，不断根据用户需求创新服务，并创造新的服务型制造模式。由于服务需求更加个性化，所以服务型制造比传统制造对创新的要求更高。

## （二）服务型制造的外延

1. 服务型制造的核心层与扩展层

服务型制造四个核心要件的前三个基本没有太大争议，需要说明的是，制造企业是一个相对广义的概念。由于制造业与服务业税负不同、要素价格不同、产业准入和支持政策不同，综合权衡这些因素以及专业化经营的利弊，一家制造企业可能会选择将提供基于自有产品的增值服务的业务分拆出去，由独立的、专业化服务公司运营，因此这里的制造企业实际上是指以制造为主业的企业集团。服务所附着的载体虽然不是该专业化服务公司的，但是该公司隶属的制造业集团所生产的。对第四个要件——增值服务的理解存在较大的争议。增值服务是为客户提供超出常规服务范围的服务或能够为用户带来价值增值、为企业带来额外收益的服务，但常规、增值、额外的边界在哪里？对增值服务边界的认识不同，对服务型制造的理解仍然会产生很大差异。

制造企业向用户提供的基于自有产品的增值服务可以区分为两类。第一类是如 Baines 和 Lightfoot（2013）对高级服务的阐释，这类增值服务是建立在制造企业产品生产能力基础之上的服务。例如，企业知道如何开发设计产品、产品的构成、各个零部件或系统的最优工作参数，可以根据这些能力向用户提供创新设计、个性化定制、在线监测、总集成总承包、全生命周期管理等服务，使产品最大限度地发挥使用价值乃至增加新的价值。对于第一类服务，可以称之为服务型制造的核心层。第二类是为了核心层增值服务的开展所需要提供的服务。例如，制造企业为客户提供全生命周期管理时，把一次性的产品销售收入转变为长期的服务收入，会对企业的现金流产生严重影响，要求有融资服务支持全生命周期管理活动的开展。制造企业既可以从银行、信托公司等金融公司获得金融服务，也可以选择自己做融资业务。在后一种方式下，虽然也是制造企业向用户提供增值服务，也与企业自己制造的产品有关，但是增值服务并不依赖于制造企业拥有的关于产品制造的能力。对于这一类服务，可以称之为服务型制造的扩展层。

2. 狭义的服务型制造与广义的服务型制造

经济发展的过程就是市场容量不断扩大、技术水平不断提升、产品复杂度不断提高、市场主体不断增多，从而分工不断细化的过程。制造企业由以加工组装为主向"制造+服务"转型，从单纯出售产品向出售"产品+服务"转变，就是社会分工细化的表现。尽管服务型制造是制造企业凭借自身在制造方面的能力所开展的服务活动，如何制造产品的知识是其相对于其他企业提供服务的竞争优势，但是随着与该类产品相关的服务市场规模的扩大，基于产品的增值服务并不一定必然由该产品的生产企业提供。第一，该制造企业的服务活动可以剥离成为独立的企业，虽然在发展初期该服务企业与制造企业有较强的股权联系，但随着时间的流逝，股权联系可能会淡化。第二，该类产品巨大的市场规模或发展前景会吸引专业化的服务企业进入，这些新进入者可能来自行业之外，也可能是该企业从事服务型制造的员工离职创业。虽然新进入企业在初期可能在关于该产品的专业知识上相对制造企业不具有优势，但是在发展过程中会不断积累经验、进行特色化创新，从而缩小差距并形成自己的差异化优势。第三，与制造企业只基于自有产品、向自有产品用户提供服务不同，专业化的服务公司可以为更广泛的客户、更丰富的产品提供服务，因此更具有规模经济。第四，对于一些已经存在的产品，可能会有专业化的服务企业最先开始提供基于该产品的增值服务。例如，在我国发展得如火如荼的共享单车，其产品载体自行车已经具有上百年的历史，但是共享单车或基于互联网的分时租赁用车服务模式却是由初创公司而不是由自行车制造企业率先提出的。很多时候，还会有生产企业提供基于自有产品的增值服务与专业化服务公司提供基于该类产品的增值服务并存的现象。例如，在共享汽车领域，既有汽车制造企业戴姆勒集团的Car2Go、宝马集团的DriveNow共享汽车服务，也有数量更多的汽车分时租赁平台公司，在国内有首汽集团的GoFun、TOGO途歌等，这些共享出行平台自己并不生产汽车，但是与戴姆勒、宝马等汽车厂家一样提供共享汽车服务。

因此，从整个国民经济的宏观视角看，基于产品增值服务的发展——无论是制造企业本身提供更多的基于产品的高级服务，还是由专业化的服务企业提供基于产品的高级服务——由制造活动或产品延伸、衍生出的服务的总量和基于服务的销售收入都会增加，整个经济会呈现出服务化的趋势。为了区别起见，可以把制造企业向用户提供的基于自有产品的增值服务称之为狭义的或微观的服务型制造，把整个经济系统中基于产品的增值服务的发展称之为广义的或宏观的服务型制造。当前，我国制造业面临着许多深层次的矛盾和问题，转型升级压力巨大，高质量发展和建设制造强国任务艰巨，服务型制造有望成为解决这些矛盾和问题的重要途径，从狭义或微观的角度理解服务型制造意义重大。如无特别说明，本报告所指服务型制造均为狭义或微观意义上的服务型制造。

**（三）相关概念比较**

在我国政策文件中，经常出现与服务型制造有关联且相似的概念，如生产性服务业、"互联网+"、智能制造等。这些概念很容易造成混淆，有必要区分服务型制造与它们的不同。

**1. 生产性服务业**

生产性服务业是指市场化的中间投入服务，即可用于商品和服务的进一步生产的且不属于最终消费的服务，包括科研开发、管理咨询、工程设计、金融、保险、法律、会计、运输、通信、市场营销、工程和产品维修等多个方面。与服务型制造相比，生产性服务业有以下几个显著的不同：第一，范围更广。生产性服务业的范围不局限于制造业，可以是农业、建筑业、采掘业、公用事业以及其他服务性行业等更为广泛的经济部门。第二，对象不同。生产性服务业的服务对象是企业，是为商品和服务进一步生产而提供的服务；而服务型制造的服务对象既可以是企业，也可以是最终个人用户，是为了增加产品带给用户的价值。第三，分工程度不同。在企业组织形态上，从事生产性服务业的企业多是独立的服务企业，因此生产性服务业属于服务业范畴；而从事服务型制造的企业以制造企业为主，因此服务型制造多看作制造业。

2."互联网+"

"互联网+"是把互联网的创新成果与经济社会各领域深度融合，推动技术进步、效率提升和组织变革，提升实体经济创新力和生产力，形成更广泛的以互联网为基础设施和创新要素的经济社会发展新形态。"互联网+"是一个动态的概念，强调互联网在其他领域的应用，形成与各领域的深入融合和创新发展，"+"的范围主要是各个产业。"互联网+制造"是"互联网+"的重要应用领域，互联网技术的应用使制造业的价值链、供应链实现了连接，并使数据的及时采集、传输、存储、分析成为可能，为服务型制造许多模式的创新提供了支撑。但与"互联网+"强调互联网技术的应用不同，互联网技术之于服务型制造只是手段，开发基于产品的增值服务才是服务型制造的重心。

3. 智能制造

智能制造"是基于CPS（赛博物理系统）与软件定义技术，构建'状态感知—实时分析—自主决策—精准执行—学习提升'的数据闭环，以软件形成的数据自动流动来消除复杂系统的不确定性，在给定的时间、目标场景下，优化配置资源的一种制造范式"。智能化（智能制造）与服务化（服务型制造）同为制造业的发展方向，二者有内容上的交叉，但智能制造更加强调制造系统具有智能，从而提高制造过程的资源配置效率；而服务型制造在微观上是企业选择的一种商业模式，在宏观上是产业的一种新型业态。

### （四）服务型制造的普遍性与多样性

服务型制造之所以重要，是因为它不仅是少数行业或少数优秀企业的选择，而且具有普遍性、多样性，能够为制造业开拓新的发展空间，提升制造业的发展质量。

1. 普遍性

有一种观点认为，服务型制造只是少数高端产业中行业领先企业的事情，大部分产业没有发展服务型制造的条件，大多数企业也没有必要发展服务型制造。实际上，无论从理论层面还是实践层面来看，服务型制造在几乎任何一个产业、任何一个企业都大有可为。

在许多情况下，无论是个人还是企业所需要的并不是产品本身，而是产品所提供的使用价值或带给用户的效用。著名营销大师西奥多·莱维特在其1969年的著作中引用了一位工具销售人员 Leo McGivena 的话："去年销售了100万个1/4英寸钻头——不是因为人们需要1/4英寸的钻头，而是因为他们需要1/4英寸的孔。"这句话的精简版"人们不是需要1/4英寸的钻头，而是需要1/4的孔"成为营销领域最著名的引语之一。管理大师彼得·德鲁克也曾指出，"顾客所购买并认为有价值的决不是一件产品，而始终是其效用，即一件产品或一项服务对他所起的作用"。从用户的角度看，"人们花钱既不是买产品也不是买服务，而是为了获得购买行为赋予他们的价值满足"（Levitt，1969），制造企业向他们提供产品还是向他们提供能实现同等效用的服务是无差别的。用户购买电钻是为了打出符合规格的孔；电视是为了收看视频节目；汽车是为了实现商品、货物和人的空间位置移动；机器是为了加工生产出各种产品。因此，制造企业既可以按照传统的做法向用户销售产品，由用户亲自使用产品从而获得蕴含在产品中的使用价值；或者直接向用户提供能够为他们带来相同效应的服务。许多传统产业完全可以通过开发各种各样的服务，为用户创造更多的价值（见表1）。

2. 多样性

服务型制造是制造企业以制造能力为基础，向用户提供的基于自有产品的增值服务。一方面，制造企业的价值创造过程包括产品的研发设计、原材料和零部件采购、局部装配和总装、营销、零售、售后服务和产品的回收处理，以及相关

表 1 传统行业发展服务型制造的典型做法

| 行业 | 服务型制造的做法 | 代表性企业 |
| --- | --- | --- |
| 酿酒 | 酒的外包装根据各种场景、人群进行个性化设计、印刷 | 江小白 |
| 服装 | 量体裁衣个性化定制，用工业化的效率和成本生产个性化的定制服装 | 红领西服 |
| 化肥 | 从原来大规模生产各种大宗常规化肥，向对规模化种植户提供测土配方施肥服务，即在测量土壤肥力的基础上，根据作物品种、生长阶段的不同，开发生产不同成分的肥料，并制定施肥方案 | 美盛化肥 |
| 特种材料 | 根据下游企业的产品用途，为其专门开发设计产品配方、加工工艺 | 杜邦 |
| 家具 | 根据房屋结构和用户爱好个性化定制家具，充分利用房屋空间 | 尚品宅配、索菲亚 |
| 家电 | 针对用户的需求来设计产品，让用户参与产品从用户交互、方案设计、模块研发、虚拟验证，到样机制造、预约预售、生产制造、交付体验的全流程 | 海尔 |
| 汽车 | 开展汽车分时租赁服务 | 戴姆勒、宝马 |

辅助性活动，构成制造企业的价值链（见图2）。在价值链的每一个环节，都有有关产品的专门知识，都可能为用户创造额外的价值。具体的服务型制造模式可以是制造企业价值链各个环节与用户的互动，由此衍生出额外的高级服务活动，也可以是多个环节的组合与用户的互动，从而形成更为复杂的价值增值服务。另一方面，从用户的角度看，服务相对于产品是更加个性化的，产品本身的差异、产品应用场景和用户需求不同，也会造成服务型制造具体模式的差异化。从这个角度看，《发展服务型制造专项行动指南》所提出的十种服务型制造模式，仅是

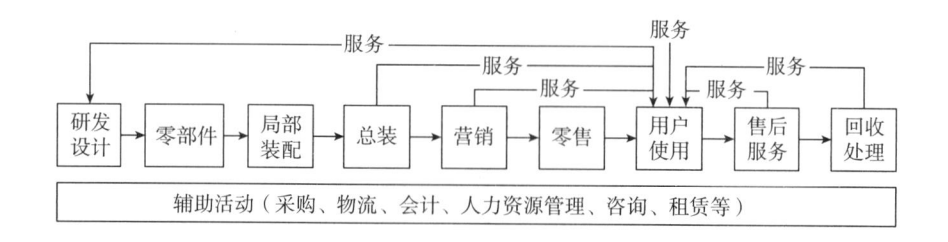

图 2 制造业价值链与服务型制造模式

对目前企业既有服务型制造实践的概括，在未来制造企业服务化转型的实践中，还会有更多的服务型制造模式被创造出来。

## 二、服务型制造的影响因素与重要意义

服务型制造是产品、技术、用户需求、企业战略等内外部因素共同作用的结果，对于解决新时代我国制造业发展面临的突出矛盾和问题具有重要意义。

### （一）服务型制造的影响因素

服务型制造的产生与发展既受到产品复杂度提高、客户个性化需求增长、新一代信息技术发展的推动，也是企业寻求差异化竞争优势，开拓新的市场空间和利润来源的重要战略选择。

1. 产品复杂性的增加扩大服务型制造需求

经济发展的过程就是社会分工不断深化、迂回生产程度不断提高、产品复杂程度不断增加的过程。当前时代的工业产品，少则数十个零部件，多则数百万个零部件，每一种中间产品和最终产品整体的设计、制造都需要专门的知识和技能。虽然制造企业在设计之初就尽量使产品易用，但产品复杂性的增加仍然使用户越来越难以掌握产品的操作，更难以了解产品内部的结构、参数，从而无法很好地完成精密设备的安装调试、维护维修等工作。甚至与制造企业相比，用户由于不具备"知道产品如何设计、制造的知识"，在保持产品的高效运转上也存在差距。此外，一些产品用户由于产品用量少，保持完整的产品操作、检修团队也不具有规模经济性。因此，许多工业产品的用户为了专注于自身的核心能力、降低成本或使产品更好地发挥效能，越来越愿意把这些服务性质的工作外包出去，即对专业化服务的需求越发强烈，需要制造企业提供更大范围的"产品+服务"的组合。

2. 消费升级使个性化的服务需求不断增长

在经济发展水平低、居民收入有限的情况下，追求低价格、性价比是社会消

费的主流，与之相适应的是大规模生产方式，制造企业大规模地生产标准化产品，从而使产品加工制造成本尽可能地降低。随着经济发展水平的提高和可支配收入快速增加，消费者已经不再满足于吃得饱、穿得暖，而是希望能够消费以前无力购买的差异化商品，市场也因此被分割为很小的细分市场，推动企业开始从"大规模生产"向"大规模定制"转变。但是"大规模定制"时代，消费者所需要的是低成本、高质量且达到他们需求的产品，企业主要是通过增强制造过程的柔性和适应性来实现。经济的发展和生活水平的进一步提高，消费者的需求真正进入个性化阶段，消费者购买商品已经不再满足于实物产品的使用价值，而是对产品所包含的附加价值以及从中获取的心理满足越来越关注。随着顾客需求的服务属性不断增强，以客户为导向的制造业企业不得不从单纯的提供产品，转向提供"产品+服务"的组合而走向"服务化"。

3. 新一代信息技术的发展扩展了服务空间

新一代信息通信技术在工业领域的广泛渗透，拓展了服务型制造的发展空间。随着计算机、软件、互联网技术的发展，一方面IT硬件的成本大幅度下降，另一方面IT硬件的性能以指数增强，使得办公自动化系统（OA）、客户关系管理系统（CRM）、供应链管理系统（SCM）、企业资源管理计划（ERP）、计算机辅助设计和制造（CAD/CAM）、生产过程执行系统（MES）在企业生产经营的各个方面获得越来越广泛的应用。特别是在物联网、移动互联网、大数据、云计算、人工智能等新一代信息技术的推动下，制造业正在向数字化、网络化、智能化的方向演进，形成资源、信息、物品和人紧密联系的信息物理系统（Cyber-Physical System，CPS），未来的制造企业将能够实时产生、传输和分析包括物料、设备、产品等在内的工业大数据，具备状态感知、实时分析、自主决策、精准执行、学习提升的能力。在此条件下，制造企业可以整合利用自己、供应商、客户的资源、信息、数据等进行服务模式的创新。例如，制造企业可以实时监控产品的工作状况，即时预警出现的故障并提供快捷的技术支持；通过大数据分析，可以改进产品参数，提高运行效率，提出产品维护和更新的建议；依托基于大数据的产品开发系统和高度柔性化的生产线，能够低成本地为用户提供按需定制；通过软硬融合的产品，可以根据用户的使用特征提供个性化的服务。

## 4. 制造企业追求成长和提高利润率的需要

产品的模块化、企业的专业化以及市场竞争的白热化，使得最终产品在质量、功能、外形等方面的差异越来越小，同质化问题越发突出，不但造成客户的转换成本降低，制造企业获得和维护客户的成本不断提高，而且造成产品价格不断下降，制造企业的利润率不断被摊薄。在这种情况下，客户在服务方面的差异化需求不但为制造企业提供了新的增长空间，而且通过提供增值服务，能够增加用户的黏性，提高企业的利润率。表2的调查结果显示，在许多行业中，服务的边际利润比产品制造高得多，在造纸机行业服务/产品的边际利润比高达3.9。用户对服务需求的增加以及价值中心向服务环节的转变，促使越来越多的制造企业开始实施服务化转型，由以产品为中心转向以客户为中心，由加工组装为主转向以"制造+服务"为主，由一次性交易产品转向长期提供服务，由以产品为价值来源转向以"产品+服务"的组合为价值来源，服务业务成为企业提升竞争力和盈利能力的重要方向。世界贸易组织的数据显示，服务增加值占发达国家制造业出口额的32%，占发展中国家出口额的26%。在制造服务化程度最高的美国，制造与服务融合型企业占制造企业总数的58%。在世界500强企业中，56%的企业从事服务业，美国制造与服务融合型企业已占其全部制造企业总数的58%。

表2 2010年来自服务业务的潜在利润机会

| 行业 | 产品制造的边际利润（%） | 服务的边际利润（%） | 服务/产品的边际利润比 |
| --- | --- | --- | --- |
| 造纸机 | 3.4 | 13.1 | 3.9 |
| 电力装备 | 7 | 9.9 | 1.4 |
| 乐器 | 4.9 | 12.3 | 2.5 |
| 机床 | 5.3 | 8.9 | 1.7 |
| 铁轨 | 6.3 | 12.6 | 2.0 |

资料来源：[英]蒂姆·贝恩斯，霍华德·莱特福德. 为服务而制造：高级服务的兴起[M]. 李靖华，毛丽娜译. 浙江大学出版社，2017：26.

5. 服务型制造的行业差异

整体而言，产品复杂性、经济发展水平（收入水平）、信息技术进步是推动制造企业服务化转型的重要因素。由于各个行业的特征不同、企业间优势各异，因此也就造成了服务化水平在行业间、企业间的巨大差异。

服务化水平随着产品复杂性（专业化知识）的增加而提高。机械装备等行业的产品复杂程度高，产品的安装调试、操作、维护保养等需要大量专门化的知识，而基础原材料、轻工产品的复杂程度相对较低。有数据显示，荷兰广播、电视和通信设备业的服务化产出比例高达59.68%，但基础金属制品业、纸浆及纸制品业的服务业产出平均比例分别只有1.61%和2.82%。德勤的一份研究报告也显示，在被调查的80家跨国制造企业中，航空和国防领域、汽车制造领域、工业自动化领域、通信设备制造领域、生命科学和医药设备领域，服务业务对制造企业利润的贡献更大。

服务化水平随着数字化程度的提高而提高。数据是服务型制造的核心驱动力，在线监测、信息增值服务、全生命周期管理等服务型制造模式都需要以设备运营和用户数据为核心；个性化定制等服务型制造模式需要制造企业的生产线、供应线具有高度的柔性，其基础也是制造业的数字化、网络化、智能化。因此，制造过程数字化水平高和产品数字化程度高的行业，通常可以衍生出更多的增值服务。

服务化水平随着物质效应强度下降而提高。如前所述，用户购买、使用产品并不是要获得产品本身，而是要获得产品能够带来的效用。不同的产品，其物质属性能够带给用户的效应是不同的。有些产品的物质效应强度高，产品效用的发挥需要产品本身的消耗，例如，解决饥饿问题需要吃掉食品和饮料，提高土壤肥力需要施加化肥，在此基础上延伸服务的空间就小；有些产品的物质效应强度低，用户效用的满足并不是从该产品的直接消耗获得的，而是来自于产品使用的结果，如汽车提供人或物品空间位置的转移、电钻打出的符合标准的孔，在此基础上延伸服务的空间就大。

服务化水平随着产品可扩展性增强而提高。有些物质产品本身就是能够直接带给用户效用的完整产品，有些产品本身只能提供基本的价值，需要与互补品（既可以是硬件也可以是软件）配合使用才能带来更多的价值。对于后一种可扩展性更强的产品，就具有更大的增值服务扩展空间。制造企业既可以帮助用户在基础产品的基础上定制硬件，拓展新的功能；也可以为用户直接提供基于基本产品的软件，通过软件满足用户的需要。由于现在的软件或APP大都具有云端化的特征，因此企业可以在不改变硬件产品的条件下，通过软件参数设置的变化或软件所提供服务的变化，为用户提供差异化的服务。

### （二）服务型制造的重要意义

从微观上看，发展服务型制造是制造企业适应用户个性化和服务化需求增长，从而开拓新的成长和利润空间的需要。在宏观和产业层面，服务型制造依然具有重要意义。《发展服务型制造专项行动指南》指出：发展服务型制造"是增强产业竞争力、推动制造业由大变强的必然要求"，"是顺应新一轮科技革命和产业变革的主动选择，是有效改善供给体系、适应消费结构升级的重要举措"。在当前我国制造业发展阶段和国内国际环境下，发展服务型制造对制造业的重要意义体现在重塑竞争优势、推动产业绿色发展、提高全要素生产率和应对贸易摩擦等方面。

1. 发展服务型制造有利于重塑竞争优势

改革开放以来，我国制造业的快速发展主要得益于劳动力成本丰富、工资水平低等要素成本优势，通过参与全球分工，快速发展成为世界最主要的加工制造基地。但是随着经济发展、人口红利消失、房价快速上涨、环保力度加大等方面的影响，包括工资在内的要素价格提高很快，中国制造业正在丧失低成本这一传统优势。中国制造业还面临着发达国家重振制造业、发展中国家致力于发展劳动密集型产业从高、低两端的双重挤压。中国制造业在先天资源要素优势削弱的同时，以能力为基础的后天优势也正在形成，制造业竞争优势正从价格优势、规模优势向创新型制造优势转变。创新型制造依托于完善的基础设施和产业配套体系、模仿创新能力和快速商业化能力。服务型制造是制造企业研发设计、加工制造能力向服务领域的延伸，具有较高的知识含量和技术创新要求，能够成为中国制造业新的竞争优势的重要组成部分。事实上，以红领、如意等为代表的一些纺织、服装企业通过服务型制造已经实现了向全球价值链高端的攀升，而以泉州为代表的服装集聚区通过发展服务型制造促进了传统劳动密集型产业的蝶变。

**2. 发展服务型制造有利于推动产业绿色发展**

长期以来，制造业都是推动我国经济高速增长的主要力量，但是也造成了资源能源过度消耗、生态和环境破坏等问题。资源、能源的大量消耗不但造成国内资源和能源采掘业发展对自然资源的破坏，而且由于国内资源储量不足、品位低，还需要从国外大量进口，例如，我国原油进口依存度已经超过70%，存在重大的能源安全隐患。重工业部门如果环保措施不到位会产生并排放大量的污染物，由于我国重工业的总体规模大——如钢铁产量约占全球的一半，且落后产能大量存在，造成有机水污染物（BOD）、氮氧化物等污染物排放量都是世界第一，同时也是世界最大的$CO_2$排放国。服务型制造意味着在制造业部门中有更多服务化内容，在同样的产出（以增加值衡量）下，会消耗更少的资源、能源，排放更少的污染物和温室气体，个性化定制模式会使供需更加吻合，减少因为产品滞销、积压而造成的浪费，从而推动制造企业本身的绿色化。在线监测、全生命周期管理等模式下，制造企业可以利用自己的专业技能，提高设备的运转效率和利用效率，同样会促进下游用户的绿色化。

**3. 发展服务型制造有利于提高全要素生产率**

工业和制造业在国民经济中的比重逐步下降、服务业在国民经济中的比重逐步提升是工业化后期的一般规律，但是金融、房地产等服务业的过度发展会造成"脱实向虚"问题，经济面临泡沫化、缺乏发展后劲，而餐饮、住宿、物流等服务业部门的生产率水平一般较低。服务型制造不是"去制造业化"，而是通过制造业与服务业的高度融合增强制造业的竞争力，制造业服务化所衍生出来的服务活动，也不是属于虚拟经济的服务业，而是要发展能够给整个社会创造真正财富、能够满足人民日益增长的美好生活需要的服务业。由于服务业的技术创新不如制造业活跃，劳动生产率更难提高，因此，产业结构由以第二产业为主向服务业为主的转型一般会拉低整个经济的生产率增长，服务业在国民经济中比重的提高更多的是由于其价格上涨得更快。服务型制造的发展会通过分工的深化和专业化逐步衍生出新的服务活动甚至服务业部门，而这一部分新增的服务业知识含量高、技术进步快，可以减轻经济发展中的"成本病"，提高全要素生产率。

**4. 发展服务型制造有利于应对贸易摩擦**

自2018年3月美国决定动用301条款对中国出口商品加征关税以来，中美贸易战不断升级。7月6日和8月23日，美国分别对价值340亿美元和160亿美元的中国商品加征25%的进口关税，9月24日起对2000亿美元中国商品加征10%关税，2019年1月1日起附加关税提高至25%。中国对美国的贸易讹诈给予针锋相对的回应，分别于7月6日和9月24日对价值500亿美元和600亿美元的进口商品征收5%、10%和25%不等的关税。中美贸易战的一个重要诱因就是美国对中国存在巨大的贸易逆差。但是从中国的出口结构可以看到，中国商品出口虽然占全球的比重达到12.8%，居世界第一位，但是服务出口仅占全球的4.3%，比美国低10.1个百分点（见表3）。中美之间，在美国对中国存在巨大商品贸易逆差的同时也存在着巨大的服务贸易顺差。据美国方面统计，2007～2017年，美国对华服务出口额由131.4亿美元扩大到576.3亿美元，增长了3.4倍，美国对华服务贸易年度顺差扩大30倍，至402亿美元。通过发展服务型制造以及提高我国服务型制造的国际竞争力，可以通过服务贸易形式规避关税等贸易壁垒，扩大服务贸易出口，减少贸易摩擦的影响；同时也可以通过由出口产品转向出口服务的形式，缩小中美货物贸易差额。

表3 世界主要经济体的出口情况（2017年）

| | 产品和服务出口（亿美元） | 比重（%） | 商品出口（亿美元） | 比重（%） | 服务出口（BoP，亿美元） | 比重（%） |
|---|---|---|---|---|---|---|
| 世界 | 229861.1 | | 177067.1 | | 52794 | |
| 中国 | 24897.59 | 10.8 | 22633.7 | 12.8 | 2263.894 | 4.3 |
| 美国 | 23079.94 | 10.0 | 15462.7 | 8.7 | 7617.239 | 14.4 |
| 德国 | 17479.99 | 7.6 | 14481.7 | 8.2 | 2998.29 | 5.7 |
| 日本 | 8781.368 | 3.8 | 6981.31 | 3.9 | 1800.058 | 3.4 |
| 荷兰 | 8680.998 | 3.8 | 6516.28 | 3.7 | 2164.718 | 4.1 |
| 英国 | 7883.76 | 3.4 | 4410.31 | 2.5 | 3473.45 | 6.6 |
| 法国 | 7832.932 | 3.4 | 5350.49 | 3.0 | 2482.442 | 4.7 |
| 韩国 | 6601.629 | 2.9 | 5736.94 | 3.2 | 864.689 | 1.6 |
| 中国香港 | 6538.729 | 2.8 | 5502.72 | 3.1 | 1036.009 | 2.0 |
| 意大利 | 6165.028 | 2.7 | 5063.1 | 2.9 | 1101.928 | 2.1 |

续表

| | 产品和服务出口（亿美元） | 比重（%） | 商品出口（亿美元） | 比重（%） | 服务出口（BoP，亿美元） | 比重（%） |
|---|---|---|---|---|---|---|
| 比利时 | 5468.217 | 2.4 | 4301.42 | 2.4 | 1166.797 | 2.2 |
| 新加坡 | 5376.408 | 2.3 | 3732.37 | 2.1 | 1644.038 | 3.1 |
| 加拿大 | 5067.67 | 2.2 | 4211.01 | 2.4 | 856.6604 | 1.6 |
| 印度 | 4825.222 | 2.1 | 2991.63 | 1.7 | 1833.592 | 3.5 |
| 西班牙 | 4585.659 | 2.0 | 3200.63 | 1.8 | 1385.029 | 2.6 |

资料来源：WTO数据库。

# 三、中国服务型制造发展的政策体系

经过2015年《中国制造2025》发布以来工业和信息化部和地方工业和信息化部门的积极努力，我国已经形成较为成系统的服务型制造发展促进政策。

## （一）服务型制造支持政策的提出

我国政府高度重视服务型制造的发展。国务院层面发布的有关服务型制造的文件可追溯到2009年发布的《装备制造业调整和振兴规划》，该文件提出"围绕产业转型升级，支持装备制造骨干企业在工程承包、系统集成、设备租赁、提供解决方案、再制造等方面开展增值服务，逐步实现由生产型制造向服务型制造转变。鼓励有条件的企业，延伸扩展研发、设计、信息化服务等业务，为其他企业提供社会化服务"。此后，2012年1月发布的《工业转型升级规划（2011～2015年）》（国发〔2011〕47号）提出"充分发挥信息化在转型升级中的支撑和牵引作用，深化信息技术集成应用，促进'生产型制造'向'服务型制造'转变，加快推动制造业向数字化、网络化、智能化、服务化转变"。"按照'市场化、专业化、社会化、国际化'的发展方向，大力发展面向工业生产的现代服务业，加快推进服务型制造，不断提升对工业转型升级的服务支撑能力。"2013年5月印发的《"十二五"国家自主创新能力建设规划》（国发〔2013〕4号）提出"根据行业技术发展要求，培育和发展网络制造等现代制造模式，促进'生产型制造'向'服务型制造'转变"。2014年8月发布的《国务院关于加快发展生产性服务业促进产业结构调整升级的指导意见》（国发〔2014〕26号）提出："以产业转型升级需求为导向，进一步加快生产性服务业发展，引导企业进一步打破'大而全''小而全'的格局，分离和外包非核心业务，向价值链高端延伸，促进我国产业逐步由生产制造型向生产服务型转变。"

2015年5月19日发布的《中国制造2025》在指导思想部分提出"推动生产型制造向服务型制造转变"，在战略任务和重点中提出"积极发展服务型制造和生产性服务业"，具体包括"加快制造与服务的协同发展，推动商业模式创新和业态创新，促进生产型制造向服务型制造转变"，"推动发展服务型制造。研究制定促进服务型制造发展的指导意见，实施服务型制造行动计划。开展试点示范，引导和支持制造业企业延伸服务链条，从主要提供产品制造向提供产品和服务转变。鼓励制造业企业增加服务环节投入，发展个性化定制服务、全生命周期管理、网络精准营销和在线支持服务等。支持有条件的企业由提供设备向提供系统集成总承包服务转变，由提供产品向提供整体解决方案转变。鼓励优势制造业企业'裂变'专业优势，通过业务流程再造，面向行业提供社会化、专业化服务。支持符合条件的制造业企业建立企业财务公司、金融租赁公司等金融机构，推广大型制造设备、生产线等融资租赁服务"。可见，《中国制造2025》不但将服务型制造作为制造业结构优化调整的方向，而且提出若干种服务型制造的具体模式。在2015年12月18日，习近平总书记在中央经济工作会议上的讲话中提出："要培育发展新产业，加快技术、产品、业态等创新，支持节能环保、新一代信息技术、高端装备制造等产业成长。按照高端化、智能化、绿色化、服务化的方向，实施好《中国制造2025》、'互联网+'行动计划。"

### （二）服务型制造政策体系的特点

2015年5月发布的《中国制造2025》将"积极发展服务型制造和生产性服务业"列为中国从制造大国向制造强国转变的九大战略任务之一，标志着中国服务型制造发展进入新阶段。此后的两年多时间里，逐步形成多层级、成体系、广覆盖的服务型制造政策体系。

1. 多层级

近年来，我国产业政策体系不断完善，以《中国制造2025》为代表，国务院出台政策后，地方政府快速跟进，形成多层级的政策体系。2016年7月，工业和信息化部、国家发展和改革委员会、中国工程院三部门联合印发了《发展服务型制造专项行动指南》。《发展服务型制造专项行动指南》发布后获得地方政府的积极响应，许多省（直辖市）、市级地方政府纷纷出台推动服务型制造发展的"专项行动计划""实施方案""意见""实施细则""行动指南"等专项文件（见表4），形成国务院—工业和信息化部—省—市多层级的服务型制造发展政策。

表4　部分省（直辖市）和地级市出台的服务型制造专项文件

| 层级 | 文件名称 |
| --- | --- |
| 工业和信息化部 | 《发展服务型制造专项行动指南》（工业和信息化部联产业〔2016〕231号） |
| 省级 | 《重庆市发展服务型制造专项行动计划（2016~2018年）》<br>《辽宁省发展服务型制造专项行动推进方案》<br>《吉林省推进制造业与服务业融合发展行动实施方案》<br>《浙江省服务型制造工程实施意见》<br>《安徽省发展服务型制造专项行动推进方案（2017~2020年）》<br>《福建省发展服务型制造实施方案（2017~2020年）》<br>《福建省人民政府办公厅关于加快推进主辅分离积极发展服务型制造的若干意见》<br>《福建省加快推进主辅分离积极发展服务型制造资金扶持和奖励实施细则》<br>《江西省发展服务型制造专项行动实施方案》<br>《河南省发展服务型制造专项行动指南（2017~2020年）》<br>《湖北省发展服务型制造专项行动实施方案（2016~2020年）》<br>《四川省发展服务型制造专项行动实施方案》<br>《云南省发展服务型制造实施方案（2017~2020年）》<br>《中国制造2025甘肃行动服务型制造专项实施方案（2016~2020年）》 |

续表

| 层级 | 文件名称 |
| --- | --- |
| 地市级 | 《厦门市发展服务型制造和生产性服务业专项行动计划》<br>《绵阳市制造业服务化发展行动计划（2017~2020年）》<br>《郑州市发展服务型制造实施方案（2017~2020年）》<br>《郑州市人民政府关于加快发展服务型制造若干政策的意见》<br>《嘉兴市加快发展服务型制造指导意见》<br>《泉州市人民政府关于发展服务型制造专项行动计划的实施意见》 |

注：省（直辖市）、地市为不完全整理。

### 2. 多层次

《中国制造2025》不仅是单一的文件，而是形成了"1+X"的政策体系。"1"是指《中国制造2025》，"X"包括5大工程实施指南、2个行动指南、4个发展指南。5大工程实施指南包括国家制造业创新中心建设、智能制造、工业强基、绿色制造、高端装备创新；2个行动指南包括质量品牌、服务型制造；4个发展指南包括新材料、信息产业、医药工业、制造业人才。一方面，《发展服务型制造专项行动指南》是《中国制造2025》"1+X"政策体系的重要组成部分，另一方面，围绕《发展服务型制造专项行动指南》在一些地方也形成了多个层次的服务型制造促进政策。例如，福建省经信委先是在2016年3月发布《2016年服务型制造工作专项的通知》，接着在2016年12月发布《福建省发展服务型制造实施方案（2017~2020年）》，2017年3月福建省人民政府办公厅发布《加快推进主辅分离积极发展服务型制造的若干意见》，此后在2017年6月，福建省经信委、财政厅、发改委又联合发布《福建省加快推进主辅分离积极发展服务型制造资金扶持和奖励实施细则》。

### 3. 广覆盖

服务型制造对于我国制造业转型升级、做大做强、高质量发展具有重要意义已成共识，促进服务型制造发展的政策不仅体现在关于服务型制造的专项文件中，在其他政策文件中也多有体现。从国务院、国务院办公厅发布的文件来看（见表5），"互联网+"、消费、加工贸易、开发区、产业融合、消费品、东北振兴、战略性新兴产业、信息化、新动能、就业、自贸试验区、供应链等方面的文件中，也都提及服务型制造的有关内容。这既体现了服务型制造的重要性，也说明了服务型制造的融合性，与产业和区域发展、消费和创新、新模式新业态等经济、产业发展的重点领域和主要趋势密切联系在一起。服务型制造的广覆盖性也体现在地方政府的有关政策中，在地方落实《中国制造2025》的政策、工业发展、工业转型升级、两化融合、先进制造业、现代服务业、"互联网+"、商业模式创新的文件中，服务型制造也多有涉及。

表5 国务院发布的涉及服务型制造的文件

| 发布时间 | 文件名称 | 主要内容 |
| --- | --- | --- |
| 2015年7月4日 | 国务院关于积极推进"互联网+"行动的指导意见（国发〔2015〕40号） | 在重点领域推进智能制造、大规模个性化定制、网络化协同制造和服务型制造 |
| 2015年11月23日 | 国务院关于积极发挥新消费引领作用加快培育形成新供给新动力的指导意见（国发〔2015〕66号） | 支持制造业由生产型向生产服务型转变，引导制造企业延伸产业链条、增加服务环节 |
| 2016年1月18日 | 国务院关于促进加工贸易创新发展的若干意见（国发〔2016〕4号） | 推动制造业由生产型向生产服务型转变。促进加工贸易与服务贸易深度融合，鼓励加工贸易企业承接研发设计、检测维修、物流配送、财务结算、分销仓储等服务外包业务。在条件成熟的地区试点开展高技术含量、高附加值项目境内外检测维修和再制造业务 |
| 2016年4月1日 | 国务院办公厅关于完善国家级经济技术开发区考核制度促进创新驱动发展的指导意见（国办发〔2016〕14号） | 发展较好的国家级经开区要构建新型产业体系，推动制造业由生产型向生产服务型转变，引导制造企业延伸服务链条、增加服务环节，引领中国制造业核心竞争力和国际分工地位跃升 |
| 2016年5月20日 | 国务院关于深化制造业与互联网融合发展的指导意见（国发〔2016〕28号） | 大力发展个性化定制、服务型制造等新模式 |
| 2016年5月30日 | 国务院办公厅关于开展消费品工业"三品"专项行动营造良好市场环境的若干意见（国办发〔2016〕40号） | 重点消费品行业智能制造、绿色制造、服务型制造、"互联网+"协同制造取得积极进展 |
| 2016年9月12日 | 国务院办公厅关于印发消费品标准和质量提升规划（2016~2020年）的通知（国办发〔2016〕68号） | 推动消费品标准由生产型向消费型、服务型转变 |

续表

| 发布时间 | 文件名称 | 主要内容 |
| --- | --- | --- |
| 2016年11月16日 | 国务院关于深入推进实施新一轮东北振兴战略加快推动东北地区经济企稳向好若干重要举措的意见（国发〔2016〕62号） | 支持东北地区开展"中国制造2025"试点，提高智能制造、绿色制造、精益制造和服务型制造能力 |
| 2016年12月19日 | 国务院关于印发"十三五"国家战略性新兴产业发展规划的通知（国发〔2016〕67号） | 推动制造业向生产服务型转变、生产性服务业向价值链高端延伸 |
| 2016年12月27日 | 国务院关于印发"十三五"国家信息化规划的通知（国发〔2016〕73号） | 鼓励企业利用互联网推动服务型制造发展，开展个性化定制、按需设计、众包设计等服务，创新生产制造和经营销售环节，提供网络化协同制造、全生命周期管理等业务 |
| 2017年1月20日 | 国务院办公厅关于创新管理优化服务培育壮大经济发展新动能加快新旧动能接续转换的意见（国办发〔2017〕4号） | 支持制造业与互联网融合发展新型生产方式，促进从生产型制造向服务型制造转变，构建供给与需求精准衔接的机制 |
| 2017年2月6日 | 国务院办公厅关于促进开发区改革和创新发展的若干意见（国办发〔2017〕7号） | 促进生产型制造向服务型制造转变，大力发展研发设计、科技咨询、第三方物流、知识产权服务、检验检测认证、融资租赁、人力资源服务等生产性服务业 |
| 2017年2月6日 | 国务院关于印发"十三五"促进就业规划的通知（国发〔2017〕10号） | 推动传统制造业由生产型向生产服务型转变，延伸产业链条，增加就业岗位 |
| 2017年3月31日 | 国务院关于印发中国（陕西）自由贸易试验区总体方案的通知（国发〔2017〕21号） | 大力发展生产性服务贸易，引导出口企业从生产型企业向生产服务型企业转变，推动金融、保险、物流、信息、研发设计等资本和技术密集型服务出口 |
| 2017年10月13日 | 国务院办公厅关于积极推进供应链创新与应用的指导意见（国办发〔2017〕84号） | 发展服务型制造。建设一批服务型制造公共服务平台，发展基于供应链的生产性服务业。鼓励相关企业向供应链上游拓展协同研发、众包设计、解决方案等专业服务，向供应链下游延伸远程诊断、维护检修、仓储物流、技术培训、融资租赁、消费信贷等增值服务，推动制造供应链向产业服务供应链转型，提升制造产业价值链 |

### (三) 服务型制造政策的主要内容

在工业和信息化部、地方政府和地方经信部门发布的服务型制造文件及推动服务型制造的实践中，形成了多种政策工具，体现出引领方向、优化环境、强化激励的特点。

1. 引领方向

作为《中国制造2025》"1+X"的组成部分，《发展服务型制造专项行动指南》提出"以制造业提质增效和转型升级为导向……支持企业聚焦核心业务和产品，加快服务模式创新、技术创新和管理创新，延伸和提升价值链。推动服务型制造向专业化、协同化、智能化方向发展，形成国民经济新增长点，打造中国制造竞争新优势"，体现出对企业发展服务型制造的引领性。一是在深入调查国内外服务型制造发展实践和理论研究的基础上，总结和提出创新设计、定制化服务、供应链管理、网络化协同制造、服务外包、产品全生命周期管理、系统解决方案、信息增值服务、相关金融服务、智能服务十种典型的服务型制造模式。特别是在《发展服务型制造专项行动指南》发布后，工业和信息化部产业政策司又组织专家编写了《服务型制造典型模式解读》一书，分别就十种模式进行了内涵解释，对国内外现状和趋势、产生和发展的原因、形成和发展的条件、运作机制进行了阐释，并提出该模式发展的对策建议。这十种模式，代表了当前国内外企业服务型制造的典型实践方向，可以供我国企业学习借鉴。二是提出实施"5155"示范，计划在三年之内，培育50家服务能力强、行业影响大的服务型制造示范企业，支持100项服务水平高、带动作用好的示范项目，建设50个功能完备、运转高效的公共服务平台，遴选5个服务特色鲜明、配套体系健全的示范城市。服务型制造示范遴选，并不是直接给予遴选出的优秀企业、项目、平台、城市直接的资金奖励或税收优惠支持，而是借示范遴选，树立服务型制造发展的优秀典型，扩大服务型制造的影响，供更广泛的企业学习借鉴优秀企业的成功经验和做法。三是提出2016~2018年三年阶段性目标。在定性目标方面，"通过三年的发展，服务型制造水平明显提升，对企业提质增效和转型升级的促进作用进一步增强。制造与服务全方位、宽领域、深层次融合。基本实现与制造强国战略进程相适应的服务型制造发展格局"。针对服务型制造各种模式的共性特征，强调创新设计引领作用进一步增强,协同融合发展水平进一步提高,网络化服务支撑能力进一步拓展。在定量发展目标方面,提出"到2018年,力争完成'5155'示范任务","示范企业服务收入占销售收入的比重达到30%左右"。

2. 优化环境

与"选择性产业政策"选择特定产业、企业、技术路线或产品进行支持的做法不同,"功能性产业政策"更加强调竞争环境的塑造和对企业的引导,让市场机制发挥在资源配置中的决定性作用。随着我国企业的发展壮大和向技术前沿的迈进,越来越需要从选择性产业政策转向功能性产业政策。我国促进服务型制造发展的政策体现出典型的功能性产业政策特征。在《发展服务型制造专项行动指南》提出的强化组织保障、加强政策引导、完善平台支撑、开展示范推广、深化国际合作、加快人才培养六项支撑保障措施中,后四项都与优化环境有关。

工业和信息化部在《发展服务型制造专项行动指南》的实施过程中主要做了以下工作:

(1) 推动成立服务型制造联盟。为推动服务型制造发展,由服务型制造领先企业、相关科研院所、高等院校、金融机构、媒体等领域的107家单位在2017年2月26日发起成立服务型制造联盟。中国服务型制造联盟接受工业和信息化部指导,其核心任务是整合优质的工业服务能力资源,形成服务体系;建立制造企业、生产性服务企业、科研服务机构、金融机构和地方政府良性互动的产业生态系统,传递优秀的工业服务能力,为制造业转型升级提供核心动力。

(2) 组建服务型制造专家库。依托中美工程技术论坛、服务型制造联盟、服务型制造示范遴选等活动组建服务型制造专家资源库,专家资源库经历了从无到有、从小到大的过程,目前已经涵盖了国内大部分研究服务型制造的专家学者。专家库为服务型制造促进政策的实施提供了重要的智力支撑,同时专家们依托服务型制造相关活动加强了交流。

(3) 组织实施"服务型制造万里行"。2016年7月29日,"服务型制造万里行"活动在南京正式启动。截至2018年10月,"服务型制造万里行"已举办"走进江苏""走进四川""走进辽宁""走进福建""走进广东""走进鞍山""走进河南""走进甘肃""走进江西""走进山东""走进泉州"11场分站活动。"服务型制造万里行"通过官员解读、专家演讲、企业经验分享等形式,使更多企业了解服务型制造的政策、认识服务型制造的重要意义、掌握服务型制造的基本模式，有力促进了服务型制造在基层的推广。

（4）提供服务化转型咨询诊断。工业和信息化部产业政策司、中国服务型制造联盟在组织"服务型制造万里行"等活动中，还组织专家深入企业调研、与地方经信部门和企业交流，为地方服务型制造发展、为企业服务化转型提供咨询、诊断等服务。

从地方层面看，地方经信部门做了大量优化发展环境的工作，具体包括以下内容：

（1）成立服务型制造服务平台。许多省市经信委推动成立服务型制造公共服务平台，为制造企业发展服务型制造提供管理咨询、业务拓展、创新设计、信息技术、应用推广、人才培训、产业研究等方面的咨询服务。例如，甘肃省提出组建甘肃省服务型制造研究院。

（2）加强宣传推广。许多省市承办工业和信息化部"服务型制造万里行"，举办"服务型制造进市（州）"，服务型制造峰会、论坛、展会等活动，进行专家主题演讲、专题座谈、案例展示，积极发布和推广服务型制造典型案例，广泛宣传服务型制造的效果、模式与成功经验，推动企业转变观念，培养从加工制造向服务型制造转变的意识。

（3）推动示范。除组织本省、市企业参加工业和信息化部服务型制造企业、项目、平台遴选外，许多省、市也组织开展了本地的服务型制造示范遴选，在一些重点模式领域遴选出一批服务化转型起步早、成效大的企业，形成良好的示范效应。

（4）加强人才培训培养。由于服务型制造在我国还是一个新事物，一些行业主管部门和许多企业对此还比较陌生，因此许多省、市经信委组织对经信部门、企业谋划建立服务型制造专家库，推进服务型制造学科体系建设，大力引进高层次人才，并已经进行了各种形式的服务型制造政策、内涵、模式等方面的培训班和宣传会。例如，江苏省、江西省、安徽省、湖北省和河南省在相关文件中提出建立本省服务型制造专家库；福建省和辽宁省提出鼓励高校围绕重点产业和市场需求设置相关专业，开展服务型制造学科体系建设；河南省提出建设线上线下相结合的培训平台，开展人才培训、在线咨询等服务；重庆市除了鼓励多层次培养服务型制造人才外，还提出建立人才培养开发、评价发现、选拔任用、流动配置和激励保障机制，鼓励研发设计、创新咨询等高层次人才来渝创新创业，享受人才引进和培育的各项优惠政策。

（5）夯实基础设施。服务型制造的发展需要物联网、移动互联网、大数据、云计算等新一代信息基础设施的支撑，因此许多地方政府加强了以新一代信息技术为重点的信息基础设施建设，推动光纤、4G 移动网络的广泛覆盖，提前布局 IPv6 网络，积极推动本地云平台发展或引进外部云计算服务，支持本地企业上云。

3. 强化激励

尽管服务型制造主要是企业这一市场微观主体根据市场竞争环境的变化做出的决策，但是企业在服务化转型过程中也面临一些客观困难。一方面，服务型制造是建立在对产品运行以及用户使用数据收集基础之上的，这就要求企业具有较高的信息化水平。但我国制造业发展存在着不平衡，有少数企业已经在数字化、网络化、智能化发展的路上，实现了无人工厂、个性化定制，但更多的企业处于机械化、自动化阶段，研发、生产和产品的数字化水平都很低。另一方面，受国际国内环境影响，当前我国制造业发展面临较大的下行压力，产能过剩问题突出，企业增长乏力、经济效益下降。特别是在劳动密集型行业和劳动密集型环节，由于我国劳动力等要素成本快速上涨，传统上赖以依存的低成本竞争力正在削弱，企业经营困难。一些企业有服务化转型之心，却无服务化转型之力。因此，通过给予企业一定技术改造资金支持，可以助推企业走入转型升级、良性发展的通道。

一些地方单独设立服务型制造专项资金，或者在工业发展资金、中国制造 2025 等资金中划拨服务型制造资金，重点支持服务型制造。例如，福建省在省级工业和信息化发展资金中设置有服务型制造专项；辽宁省提出主动对接国家服务型制造相关战略、规划，争取示范企业（项目、平台）等国家专项资金和政策支持，鼓励有条件的地区设立服务型制造专项发展资金；吉林省指出要充分发挥专项资金的扶持和引导作用，对制造业与服务业融合发展的项目及试点单位予以重点支持；安徽省提出融合政府投资基金、组合投资和市场化投资等多种模式，探索组建服务型制造投资基金；湖北省表示要利用现有资金渠道积极支持服务型制造发展；重庆市提出市级各类产业专项资金要加大对服务型制造的支持力度，同时融合政府投资基金、组合投资和市场化投资等多种模式，探索组建服务型制造投资基金。

**（四）全国各省发展服务型制造的政策比较与启示**

1. 全国各省服务型制造政策发布概况

2016年7月，工业和信息化部、国家发展和改革委员会、中国工程院共同印发了《发展服务型制造专项行动指南》，提出到2018年，力争完成"5155"示范任务，即培育50家服务能力强、行业影响大的服务型制造示范企业；支持100项服务水平高、带动作用好的示范项目；建设50个功能完备、运转高效的公共服务平台；遴选5个服务特色鲜明、配套体系健全的示范城市。根据检索全国各省经济和信息化委员会网站发布的信息，截至2018年6月，全国共计有12个省（直辖市）先后发布了服务型制造专项行动实施方案与细则（如表6所示），从各省（直辖市）实际情况出发进一步细化与落实《发展服务型制造专项行动指南》的各项任务要求。

按照国家确定的东、中、西部划分标准，东部11个省级行政区有3个省发布了推动服务型制造发展的地方政策，西部12个省级行政区有4个省发布了制造业与服务业融合发展的行动实施方案，而中部8省中有5个省（直辖市）相继出台了发展服务型制造的专项实施方案和细则，所占比例最高，显现中部省份地方政府推动当地制造企业服务化转型的积极性更高。从发布的政策绝对数量看，12个省（直辖市）中福建省发布的数量最多，其次是江苏省和四川省，体现了这些省份发展服务型制造的殷切期望。

表6 全国主要省份服务型制造政策发布一览

| 省份 | 数量 | 备注 |
| --- | --- | --- |
| 东部地区 |||
| 福建省 | 11 | ·《关于组织申报2018年省服务型制造公共服务平台的通知》<br>·《关于组织开展第二批服务型制造示范遴选工作的通知》等 |

续表

| 省份 | 数量 | 备注 |
| --- | --- | --- |
| 江苏省 | 6 | ·《关于创建全省重点骨干企业"双创"平台示范工程的通知》<br>·《关于印发〈制造业"双创"平台建设三年行动计划〉的通知》等 |
| 辽宁省 | 2 | ·《辽宁省发展服务型制造专项行动推进方案》<br>·《转发工信部办公厅关于开展第二批服务型制造示范遴选工作的通知》 |
| 中部地区 ||||
| 吉林省 | 3 | ·《吉林省推进制造业与服务业融合发展行动实施方案》<br>·《吉林省工业和信息化厅关于转发工业和信息化部开展服务型制造示范遴选工作的通知》等 |
| 江西省 | 4 | ·《江西省发展服务型制造专项行动实施方案》<br>·《江西省工信委关于征集服务型制造典型案例的函》等 |
| 安徽省 | 3 | ·《关于开展省级服务型制造示范遴选工作的通知》<br>·《关于征集安徽省服务型制造典型案例的通知》等 |
| 湖北省 | 4 | ·《湖北省发展服务型制造专项行动实施方案（2016~2020年）》<br>·《省经信委关于推荐服务型制造和生产性服务业专家的函》等 |
| 河南省 | 2 | ·《河南省发展服务型制造专项行动指南（2017~2020年）》<br>·《关于开展第二批服务型制造示范遴选工作的通知》 |
| 西部地区 ||||
| 重庆市 | 2 | ·《重庆市发展服务型制造专项行动计划（2016~2018年）》<br>·《关于转发工业和信息化部办公厅关于开展第二批服务型制造示范遴选工作的通知》 |
| 四川省 | 5 | ·《四川省发展服务型制造专项行动实施方案》<br>·《关于推动四川省制造业主辅分离促进生产性服务业发展的实施意见》等 |
| 云南省 | 4 | ·《云南省工业和信息化委员会关于组织申报2018年服务型制造、工业设计中心、制造业单项冠军示范企业奖补资金的通知》<br>·《云南省发展服务型制造实施方案（2017~2020年）》等 |
| 甘肃省 | 4 | ·《中国制造2025甘肃行动服务型制造专项实施方案（2016~2020年）》<br>·《甘肃省工业和信息化委员会关于举办全省服务型制造培训班的通知》等 |

资料来源：《发展服务型制造专项行动指南》。

下面从总体目标、主要任务和保障措施三方面对各省市发布的有关服务型制造政策进行比较分析。

2. 总体目标

为贯彻落实《发展服务型制造专项行动指南》任务，大部分省（直辖市）发布的服务型制造政策都设置了培育示范企业（项目、平台、园区）具体数量及要求，部分省（直辖市）政府还提出了具有地方特色的发展目标。在东部地区中，江苏省提出面向全省50%的工业企业实施服务型制造推进工程，重点打造服务型制造集聚发展、示范推广、专业培训、智力支撑四大平台。辽宁省提出，到2018年，对全省1000家规模以上重点工业企业开展服务型制造的辅导和模式引导。

在中部地区中，吉林省强调打造服务型制造试点城市，提出到2020年，推动形成3～5个具有较强示范作用的制造业和服务业融合发展试点城市（含省扩权强县试点市）。河南省细化了公共服务平台的培育目标，提出到2020年，推动建设100家智能产品远程服务平台，培育50家在全国有影响力的细分行业服务云平台。

在西部地区中，重庆市强调，重点围绕汽车摩托车、装备制造、电子信息等"6+1"支柱产业加快服务型制造新模式和新业态培育，初步形成服务型制造生态体系。四川省要求，到2019年，80%规模以上的工业企业开展服务型制造。甘肃省设置了总体目标和分类目标，提出强化现代物流、科技服务、信息服务和商务服务四大行业的生产性公共服务平台建设。

整体而言，各省（直辖市）在发布的服务型制造发展目标中，普遍强调点、面结合，既注重典型示范企业（项目、平台、园区）的培育，也强调面向规模以上工业企业的理念宣贯和模式引导。

3. 主要任务

各地区制造业和生产服务业的基础不同，发展服务型制造的环境和条件各异，比较各省（直辖市）服务型制造政策制定的主要任务，可以看到不同区域重点发展的服务型制造模式。对12个省（直辖市）发展服务型制造的主要任务整理如表7所示。

在表7中展现：各省（直辖市）制定的任务大都围绕《发展服务型制造专项

表7 全国主要省（直辖市）发展服务型制造的主要任务比较

| | 创新设计发展 | 推动个性化定制服务 | 优化供应链管理 | 推动网络化协同制造服务 | 支持服务外包发展 | 实施产品全生命周期管理 | 提供系统解决方案 | 实施合同能源管理 | 创新信息增值服务 | 发展相关金融服务 | 把握智能服务新趋势 | 开展在线支持与诊断服务 | 鼓励制造企业提供专业化、社会化服务 | 培育制造业共享经济 |
|---|---|---|---|---|---|---|---|---|---|---|---|---|---|---|
| 福建 | * | * | | | | | | | | | | | | |
| 江苏 | * | * | * | | | * | * | | | * | | * | * | * |
| 辽宁 | * | * | * | * | * | * | * | | | * | * | * | * | |
| 东部地区 | | | | | | | | | | | | | | |
| 吉林 | * | * | * | * | * | * | * | * | * | * | | | | |
| 江西 | * | * | * | * | * | * | * | * | * | * | * | | | |
| 安徽 | * | * | * | * | * | * | * | * | * | | * | | | |
| 湖北 | * | * | * | * | * | * | * | * | | * | | | | |
| 河南 | * | * | * | * | * | * | * | * | | * | | | | |
| 中部地区 | 培育一批制造业服务化新产业，加快发展生产性服务业，着力加强要素支撑能力 | | | | | | | | | | | | | |
| 重庆 | * | * | * | * | * | * | * | | | * | * | * | | |
| 四川 | * | * | * | * | * | * | * | | * | * | * | | | |
| 云南 | * | * | * | * | * | * | | | | | | | | |
| 甘肃 | * | * | * | * | * | * | | | | | * | | | |
| 西部地区 | | | | | | | | | | | | | | |

注：*表示该省（直辖市）的行动任务中有涉及。
资料来源：《发展服务型制造专项行动指南》。

行动指南》提出的设计服务提升、制造效能提升、客户价值提升和服务模式创新四项行动展开，涉及创新设计发展，推动个性化定制服务，优化供应链管理，推动网络化协同制造服务，支持服务外包发展，实施产品全生命周期管理，提供系统解决方案（实施合同能源管理），创新信息增值服务，发展相关金融服务，培育智能服务（开展在线支持与诊断服务）等，同时还出现了推进主辅分离，提供专业化、社会化服务，培育制造业共享经济等不在《发展服务型制造专项行动指南》中列示的任务。

分地区看，在东部地区，除了落实《发展服务型制造专项行动指南》界定的10项任务，福建省创新提出了培育制造业共享经济，鼓励制造企业充分利用信息通信技术，突破研发设计、生产制造、销售服务的资源边界和运营边界，推动生产和消费、制造和服务、产业链企业之间全面融合，促进产业、人力、技术、金融等资源高度协同，实现社会制造资源广泛共享与集成。同时，福建省和江苏省都鼓励本省大中型制造企业发挥技术或人才方面的比较优势，为行业提供检验检测、采购、研发设计、咨询管理、仓储物流等专业化、社会化生产性服务。另外，福建省和江苏省都不约而同地提出开展在线支持与诊断服务，这也是对《发展服务型制造专项行动指南》中信息增值服务的具体化。

在中部地区，江西省、湖北省都将《发展服务型制造专项行动指南》建议里的提供系统解决方案任务进行了细化，将推行合同能源管理作为一项重点工作推进，希望引导节能设备、通用设备制造企业实施合同能源管理，由设备制造商向综合节能服务提供商转变，通过加大节能技术和产品研发力度，创新合同能源管理融资模式，提升综合节能服务水平。此外，中部地区各省都较为关注服务外包的发展，江西省、安徽省、湖北省和河南省都提出，引导制造企业通过业务流程再造和商业模式创新，在信息技术、研发设计、能源管理、财务管理、人力资源管理等领域广泛采用服务外包。相对而言，吉林省推进制造业与服务业融合发展行动实施方案推进的重点工作，更多从发展制造业服务化新产业和生产性服务业的高度入手，一方面，培育本省具有比较优势的遥感卫星及应用、量子通信、云服务、智能网联汽车、智能装备制造、医药健康云、精密仪器与装备七大产业中的优势企业服务化转型；另一方面，着力加快工业设计、节能环保、维护维修、软件和信息服务、现代工业物流、检验检测与人力资源服务等生产性服务业发展。

在西部地区，重庆市的工业制造基础较为雄厚，强调围绕汽车摩托车、装备制造、电子信息等"6+1"支柱产业，以总集成总承包、个性化定制服务、在线支持服务等为重点发展方向，加快服务型制造新模式和新业态培育。西北的甘肃省发展服务型制造重点推进六大行动，即服务型制造示范推广行动、创新发展突破行动、智能服务提升行动、促进产业链融合行动、"服务型制造陇原行"主题系列行动和工业设计推进行动。通过这些系列行动突破六个关键环节，分别是外包服务、节能降耗服务、专业维修服务、检验检测服务、专业中介服务和职业教育培训服务。

整体来看，东部地区制造业已形成产业集聚比较优势，正处于提质增效的关键时期，地方政府鼓励行业领先企业加大信息通信技术应用，加快制造资源与生产性服务资源的共享与整合；中西部地区制造业各有特色，成长可期，地方政府更为关心服务型制造理念的宣贯，区域服务型制造示范企业（项目、平台、园区）的培育，以及生产性服务业及公共服务平台的建设。

4. 保障措施

各省（直辖市）服务型制造政策提出的保障措施主要涉及资金扶持、平台支撑和人才建设三方面。

（1）资金扶持。部分省（直辖市）已经设立发展服务型制造的专项资金，其他一些省市正在探索组建。以东部地区为例，福建省在省级工业和信息化发展资金中设置有服务型制造专项；江苏省有省级中国制造2025专项资金预留；辽宁省提出主动对接国家服务型制造相关战略、规划，争取示范企业（项目、平台）等国家专项资金和政策支持，鼓励有条件的地区设立服务型制造专项发展资金。

在中部地区，吉林省指出要充分发挥专项资金的扶持和引导作用，对制造业与服务业融合发展的项目及试点单位予以重点支持；江西省设立有省级中国制造2025专项资金；河南省设置有先进制造业发展专项资金；安徽省提出融合政府投资基金、组合投资和市场化投资等多种模式，探索组建服务型制造投资基金；湖北省表示要利用现有资金渠道积极支持服务型制造发展。

在西部地区，重庆市提出市级各类产业专项资金要加大对服务型制造的支持力度，同时融合政府投资基金、组合投资和市场化投资等多种模式，探索组建服务型制造投资基金。四川省和云南省设立有省级工业发展资金，重点支持国家级和省级服务型制造示范企业（重点项目、公共服务平台），以及聚集基地和示范城市，同时创新提出财政资金支持方式，逐步提高"事后奖补"比例，提高财政资金使用绩效；鼓励有条件市（州）设立服务型制造专项资金或投资基金。甘肃省提出利用现有科技专项资金，重点支持科学研究、技术服务业等关键领域、薄弱环节的发展，提高自主创新能力。同时，充分发挥战略性新兴产业和工业转型升级专项资金的引导、带动作用，吸引银行信贷和民间资金投入，加快服务型制造基础设施建设。

在具体扶持措施方面，福建省、四川省和云南省制订了奖励细则。福建省鼓励制造业企业采购智能软硬件及相关设备对生产线进行服务化改造，对于实施在线监测、个性化定制、整体解决方案等服务的企业，按投资额一定比例给予补助。对年服务营业收入达到一定规模且占主营业务收入比例首次超过15%的服务型制造企业，给予一次性奖励。鼓励制造业企业利用自有工业用地兴办促进企业转型升级自营生产性服务业，对厂房进行加层改造或开发地下空间提高容积率用于生产性服务业的企业，不再增收土地出让金。四川省探索推动服务化收入占比超过40%的服务型制造企业享受西部大开发优惠政策。甘肃省提出了系列财政优惠政策，对满足一定条件，实施主辅分离的企业（非房地产企业）免征土地增值税，对涉及服务型制造的行政事业性收费一律按下限收取等。

（2）平台支撑。发布了服务型制造发展政策的12个省（直辖市）都提出要加强公共服务平台的建设，东部地区的福建省、辽宁省以及中部地区的江西省都制订了完善平台支撑的详细计划。福建省和江西省提出针对重点行业生产性服务需求，加快建设行业性公共服务平台；在特色产业集聚区、重点工业园区建设一批区域性综合服务平台；培育一批聚焦生产性服务领域的"双创"服务平台。福建省还提出了详细的奖励措施，对列为省级服务型制造公共服务平台，给予一次性奖励；对省级服务型制造公共服务平台新增投资信息化建设项目，按项目投资额的一定比例给予补助。辽宁省提出创建一批面向制造业的专业服务平台并发展一批综合服务平台。

(3) 人才建设。制造与服务的融合急需高端化、复合型人才的培养和引进，亟待建设"经营管理人才+专业技术人才+技能人才"的服务型制造人才发展体系。梳理12个省（直辖市）出台的发展服务型制造行动方案，在人才建设方面各地的典型举措比较如表8所示。

表8 全国主要省份服务型制造人才建设举措比较

| | 支持设立培训机构，建立教学实践基地 | 鼓励高校设置相关专业 | 加强引进人才 | 加强人才服务保障 | 建立本省服务型制造专家库 | 组织全省服务型制造培训 | 鼓励搭建国际交流平台 | 企业家培训计划 | 建设线上线下相结合的培训平台 | 组建服务型制造研究院 |
|---|---|---|---|---|---|---|---|---|---|---|
| 东部地区 ||||||||||||
| 福建 | * | * | * | * | | | | | | |
| 江苏 | * | | | | * | * | | | | |
| 辽宁 | * | * | * | | | | * | | | |
| 中部地区 ||||||||||||
| 吉林 | | | | | | | | | | |
| 江西 | * | * | * | * | | | | | | |
| 安徽 | * | | | | * | * | | | | |
| 湖北 | * | | * | | | | | | | |
| 河南 | | | | | * | | | * | * | |
| 西部地区 ||||||||||||
| 重庆 | * | | * | * | | | | | | |
| 四川 | * | | | | * | * | | | | |
| 云南 | * | | | | * | | | | | |
| 甘肃 | | | * | | | | * | | | * |

注：*表示该省的政策中有涉及。

人才队伍建设方面，东部地区的福建省、江苏省、辽宁省都提到加强产学研合作，支持企业设立培训机构或与科研院校合作建立教学实践基地，有针对性地开展服务型制造人才培训。福建省和辽宁省提出鼓励高校围绕重点产业和市场需求设置相关专业，开展服务型制造学科体系建设，拓宽人才引进渠道，加快高端化、复合型人才的培养和引进。江苏省提出建立本省服务型制造专家库，组织全省服务型制造培训。辽宁省鼓励行业组织积极搭建国际交流平台，提高人才流动的便利化水平，探索通过服务外包、项目合作等形式，提升人才的国际视野与专业能力。

在中部地区，吉林省提到切实加强对制造业与服务业融合发展人才培养方面的扶持。江西省、安徽省、湖北省和河南省制订了更为详细的人才培育计划，江西省与福建省均表示注重服务型制造人才的培训，服务型制造学科体系建设，并大力引进高层次人才。安徽省和湖北省都表示要建立本省服务型制造专家库，开展有针对性的人才培训。河南省除了提出建立省级服务型制造专家库，还指出要依托先进制造业发展专项资金，启动企业家培训计划。建设线上线下相结合的培训平台，开展人才培训、在线咨询等服务，培育多层次服务型制造人才队伍。

在西部地区，四川省和云南省的人才培养举措大体相似，从三个方面展开：一是开展全省服务型制造培训、宣传；二是建立服务型制造专家库；三是着眼制造强省建设需要，支持有关科研单位、高校与企业建立服务型制造研究工作站、实训基地，加大专业技术人才和技能人才的培养力度，多层次建设服务型制造人才队伍。重庆市除了鼓励多层次培养服务型制造人才外，还提出建立人才培养开发、评价发现、选拔任用、流动配置和激励保障机制，鼓励研发设计、创新咨询等高层次人才来渝创新创业，享受人才引进和培育的各项优惠政策。甘肃省指出要围绕构建全方位对外开放目标，以"向西开放"和"丝绸之路经济带"黄金段建设为契机，加大服务型制造对外开放力度，积极引进资金、技术、人才和管理，同时组建甘肃省服务型制造研究院。

5. 启示与建议

当前，我国已进入工业化中后期，工业制造增长越来越依赖于技术进步和创新驱动。作为制造业调结构、转方式的重要路径，发展服务型制造已成为新常态下制造企业提质增效的重要举措，也是制造业与服务业融合发展的路径探索。2016年以来国家和各省（直辖市）"指南"与专项行动实施方案的陆续出台，引导中国服务型制造发展进入新阶段。

对标《发展服务型制造专项行动指南》确立的服务型制造发展方向和三年目标任务，可以看到12个省（直辖市）发布的地方性行动方案着力从营造良好的产业发展环境，提供公共服务等方面开展工作，不仅大力宣贯服务型制造发展理念，为制造企业指明转型升级的前瞻方向，同时也注重政策目标引导，加强与双创、两化深度融合等政策措施的协调衔接；不仅把握区域行业特色，选取适应地区企业特点、发展相对成熟的模式进行推广，也能紧扣本地制造业大多数企业发展阶段特征，引导解决中坚企业服务化转型中的共性问题。

经过近三年努力，中国的服务型制造已基本实现与制造强国战略进程相适应的发展格局，以技术创新为引领，以产品全生命周期管理、供应链管理、总集成总承包服务和信息增值服务为阶段性重点的服务型制造新模式得到拓展深化，产品和服务价值链显著提升，企业发展焕发新活力。

建议下一阶段的服务型制造政策在以下方面有所突破：

一是进一步加强服务型制造政策与财税、金融、土地、科技、人才等政策的协同。政府主管部门需要进一步强化向实体经济聚力发力的意识，为服务型制造发展成效显著，列为国家或省市示范的企业（项目、平台、园区）争取更多的财税优惠、资金扶持、技术转让与人才流动机会。进一步破解制约新动能成长和传统动能改造提升的体制机制障碍，强化制度创新。

二是以新一代信息通信技术为支撑，进一步推动制造与服务的跨业融合。当前，以知识、技术、信息、数据等新生产要素为支撑的制造新动能正在形成，呈现技术更迭提升，产业跨界融合，要素成果共享等新特征，一些行业领军企业或特色优势企业加速开拓研发设计、检验检测、解决方案等专业服务以及远程运维、技术培训、融资租赁等增值服务。有鉴于服务型制造地区发展的不均衡，建议结合"一带一路"建设、西部大开发、中部经济带等国家重大战略布局，鼓励有条件的地方先行先试，打造一批区位优势突出、融合成效显著、配套服务完备的服务型制造集聚区或制造业共享经济带，提升区域制造产业价值链层级。

三是进一步推动服务型制造公共服务平台建设，鼓励具有领域或专业优势的大中型制造企业搭建公共服务平台，为产业链上下游企业提供专业化、社会化生产性服务；引导具有新兴技术或用户优势的互联网企业构建电商、人工智能等综合性开放平台，促进跨界合作，跨业整合。

# 四、中国服务型制造发展情况

服务型制造是由制造企业提供基于产品的附加服务，具有高度融合性的特征。在产业层面，没有专门针对服务型制造的统计，在企业层面也很难划分制造活动与服务活动各自的规模。在缺乏统计数据的情况下，本报告采用调查问卷的形式并结合2017年、2018年服务型制造示范遴选的情况，对我国服务型制造发展情况做一个总体分析。调查问卷发放范围包括服务型制造联盟成员企业、部分2017年和2018年服务型制造示范企业与示范项目参评企业。调查采取在线答题方式，实际回收问卷82份。

## （一）中国企业的服务型制造实践

### 1. 服务型制造获得广泛认可

服务型制造在我国企业中获得越来越广泛的认可，也有越来越多的企业开始推动服务化转型。一方面，这既有企业开拓市场空间、增加利润的动机，也正好迎合了个人用户消费升级和企业用户对更高质量、更个性化需求增长的趋势；另一方面，各级政府、行业主管部门、行业协会、专家学者、媒体等的推动、宣传也发挥了非常重要的作用，使广大制造企业特别是中小企业逐步认识和接受服务型制造的重要意义。对企业的问卷调查也充分反映了这一情况。对企业开展服务型制造内在动因的调查显示（见图3），有92.7%的企业选择"增强市场竞争力"，85.4%的企业选择"提高用户满意度"，分别有76.8%、74.4%和70.7%的企业选择"创造新的收入来源""增加用户粘性"和"提高企业利润率"。

对于"开展了哪些模式的服务型制造"，分别有79.3%和75.6%的受访企业选择了个性化定制和全生命周期管理，分别有59.8%和54.9%的受访企业选择了信息增值服务和总集成总承包。这既反映出受访企业开展服务型制造的普遍性，也反映出许多企业同时开展了多种模式的服务型制造。作为企业转型升级的重要方向，服务型制造已经成为许多制造企业的公司战略并诉诸于具体的工作计划。对于"服务型制造在企业的哪些规划、计划中有所体现",分别有82.9%、86.6%的受访企业选择了"公司五年规划"和"公司年度计划",还有64.6%的企业选择了"董事长、总经理年度工作会议讲话"(见图4)。对于"企业参与服务型制造发展的人员包括哪些",分别有92.7%和91.5%的企业选择了"董事长、总经理"和"公司分管副总"。只有2.4%的受访企业,服务型制造未在公司五年规划、年度计划或董事长、总经理年度工作会议讲话中体现;只有4.9%的受访企业,公司管理层没有直接参与服务型制造。对这些问题的回答充分说明服务型制造成为许多企业中长期战略的重要组成部分,受到公司领导层的高度重视(见图5)。

| 选项 | 小计 | 比例 |
| --- | --- | --- |
| A. 提高用户满意度 | 70 | 85.37% |
| B. 增加用户粘性 | 61 | 74.39% |
| C. 增强市场竞争力 | 76 | 92.68% |
| D. 创造新的收入来源 | 63 | 76.83% |
| E. 提高企业利润率 | 58 | 70.73% |

**图3　企业开展服务型制造的内在动因**

| 选项 | 小计 | 比例 |
| --- | --- | --- |
| A. 公司五年规划 | 68 | 82.93% |
| B. 公司年度计划 | 71 | 86.59% |
| C. 部门年度计划 | 45 | 54.88% |
| D. 上市公司年报 | 15 | 18.29% |
| E. 董事长、总经理年度工作会议讲话 | 53 | 64.63% |
| F. 公司规划、计划和领导讲话中未被提及 | 6 | 7.32% |

**图4　服务型制造在企业规划、计划中的体现**

| 选项 | 小计 | 比例 |
| --- | --- | --- |
| A. 董事长、总经理 | 76 | 92.68% |
| B. 公司分管副总 | 75 | 91.46% |
| C. 公司部门负责人 | 76 | 92.68% |
| D. 具体业务人员 | 68 | 82.93% |

**图5　企业参与服务型制造发展的人员**

由于服务型制造的模式众多,企业情况各异,服务化转型的重点各有侧重,因此总体负责服务型制造的部门在不同企业间差异很大。例如,侧重创新设计的企业,技术研发部门在服务型制造中的作用更为突出;侧重信息增值服务的企业,信息技术部门需要承担更大的责任。受访企业的回答也呈现出这一特点。在对"企业总体负责服务型制造的部门"回答中,有51.2%将战略规划部作为总体负责服务型制造的部门,这表明大部分企业将服务型制造看作关系公司发展全局的战略方向。此外,总体负责服务型制造的部门,设在技术研发部的占18.3%,设在市场营销部和信息技术部的均为7.32%,设在售后服务部的为6.1%,设在生产管理部和计划财务部的均为1.2%,还有7.3%的企业选择其他(见图6)。

| 选项 | 小计 | 比例 |
| --- | --- | --- |
| A. 战略规划 | 42 | 51.22% |
| B. 技术研发 | 15 | 18.29% |
| C. 生产管理 | 1 | 1.22% |
| D. 计划财务 | 1 | 1.22% |
| E. 信息技术 | 6 | 7.32% |
| F. 物流管理 | 0 | 0% |
| G. 市场营销 | 6 | 7.32% |
| H. 售后服务 | 5 | 6.1% |
| I. 其他 | 6 | 7.32% |

图6 企业总体负责服务型制造的部门

2. 涌现出一批服务型制造优秀企业、项目和平台

2017年和2018年,工业和信息化部分两批开展了服务型制造示范遴选工作,经各组织单位推荐、专家组评审等环节,2017年遴选出30家服务型制造示范企业、60个服务型制造示范项目、30个服务型制造示范平台,2018年遴选出33家服务型制造示范企业、50个服务型制造示范项目、31个服务型制造示范平台、6个服务型制造示范城市。

在2017年、2018年遴选出的合计63家服务型制造示范企业中，共涉及四种服务型制造模式，其中，供应链管理12家、全生命周期管理31家、信息增值服务7家、总集成总承包28家，有9家企业包含2~4种不同的服务型制造模式；在110个示范项目中，共涉及四种服务型制造模式，其中，供应链管理23个、全生命周期管理34个，信息增值服务24个，总集成总承包31个，有2个项目包含两种服务型制造模式；在61个服务型制造平台中，其中14个区域综合服务平台，47个行业专业服务平台，涉及电子信息、工业设计、供应链、消费品、原材料、装备制造等领域。

2017年1月底，由工业和信息化部产业政策司发起的首届全国服务型制造示范企业（含项目、平台）遴选正式启动，2017年4月，产业政策司收到来自全国36个省、市、自治区和计划单列市（海南未申报），共计300多套申报材料。经过多轮评审，30家企业、60个项目以及30个平台脱颖而出并在9月25日召开的首届全国服务型制造大会上授牌。此次全国服务型制造示范企业（含项目、平台），主要从全生命周期管理、总集成总承包服务、信息增值服务和供应链管理模式突出的制造及生产服务企业中遴选。从地区数量分布看，入选企业（含项目、平台）以东部地区为主，总占比达40%左右，东北、中、西部地区偏弱，总占比约20%，反映出东部地区的制造企业服务化转型明显领先于中西部地区。从行业分布看，入选企业（含项目、平台）以装备制造业为主，同时涉及电子信息、消费品、原材料、节能与综合利用、信息化和软件服务业等多个领域，行业覆盖面比较广泛。从企业特征看，入选的企业既有根植于纺织服装业的传统制造企业，也有异军突起、成长迅速的新兴制造企业。

3. 服务型制造对企业发展起到积极作用

对于服务型制造对企业销售收入的影响，83%的受访企业认为服务型制造"显著促进了销售收入的增长"，只有15%和2%选择"对销售收入增长无明显影响"或"效果不确定"，没有企业选择"对销售收入增长有负面影响"（见图7）。从服务型制造业务占制造企业销售收入的比重来看，有48%的受访企业超过了20%，12%的企业选择10%~20%，17%的企业选择5%~10%，18%的企业选择小于等于5%，此外还有5%的企业选择"未明显体现为销售收入"（见图8）。由于制造企业的服务活动很难与制造活动完全分离，因此企业对这一问题的回答，可能更多的是指包含服务活动的制造产品销售收入所占的比重，从这个角度理解，有接近一半的企业选择超过20%就是合理的。这一结果既反映了我国服务型制造发展具有长足的进步，也反映出尚有巨大的发展潜力。

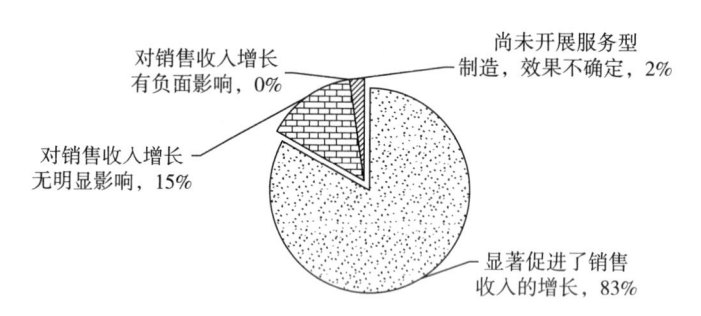

图7 服务型制造对企业销售收入的影响

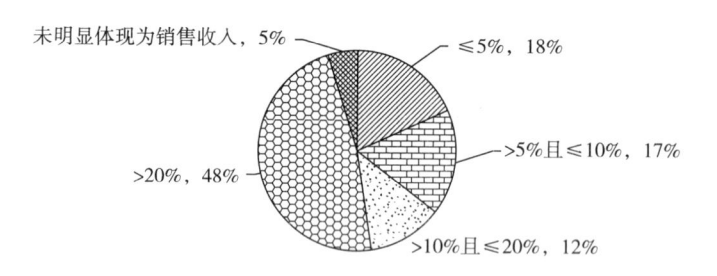

图8 服务型制造业务占制造企业销售收入的比重

由于服务型制造能够发挥扩大企业销售、增加用户粘性、降低制造成本等方面的作用，因此往往会对企业的利润增长起到积极作用。在"服务型制造对企业利润的影响"的回答中，78%的企业认为服务型制造"显著促进了利润增长"，只有21%的企业选择"对利润增长无明显影响"，1%的企业认为"效果不确定"（见图9）。

**（二）企业开展服务型制造的政策需求**

我国企业发展水平不同，服务化转型也处于不同层次。一些规模大、信息化水平高的企业率先开始商业模式和业态创新，服务型制造处于较高的发展水平，一些信息化基础差、底子薄的中小企业在服务化转型过程中存在较大的困难。同时，发展服务型制造不仅取决于企业自身的基础和意愿，外部环境、产业政策也会产生重要的影响。

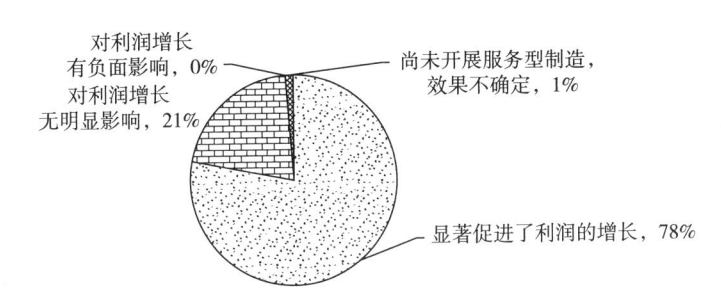

图9 服务型制造对企业利润的影响

1. 对服务型制造影响因素的看法

企业内外部的因素都会对服务型制造的开展产生重要的影响。对于企业开展服务型制造的重要影响因素，受访企业选择"企业管理的信息化、数字化水平"的高达86.6%，说明作为一种商业模式和业态创新，企业本身的管理水平特别是管理信息化水平是影响服务化转型最为重要的因素。72.0%的企业选择"企业生产过程和供应链的数字化水平"，69.5%选择"企业产品的数字化智能化水平"，62.2%选择"终端用户的智能设备普及率"，说明大多数企业都认可生产过程、供应链、产品、用户的信息化和数字化水平是影响服务型制造发展的重要因素。此外，68.3%的受访企业选择"国家或地区的信息技术设施水平"，说明信息化基础设施也会促进或限制服务型制造的发展（见图10）。

| 选项 | 小计 | 比例 |
| --- | --- | --- |
| A. 国家或地区的信息技术设施水平 | 56 | 68.29% |
| B. 终端用户的智能设备普及率 | 51 | 62.2% |
| C. 企业管理的信息化、数字化水平 | 71 | 86.59% |
| D. 企业生产过程和供应链的数字化水平 | 59 | 71.95% |
| E. 企业产品的数字化智能化水平 | 57 | 69.51% |
| F. 其他 | 1 | 1.22% |

图10 企业开展服务型制造的影响因素

建设功能完备、运转高效的公共服务平台是《发展服务型制造专项行动指南》提出的主要目标之一,也是服务型制造示范遴选的重要内容。对于"企业最看重服务型制造平台的哪些功能",受访企业选择行业共性技术研发、完善信息基础设施、提供技术支持、数据开放和共享、技术标准制定的均在60%以上,58.5%的企业选择了行业交流,28.1%的企业选择了计量检测标准制定和国际互认,反映出企业关注更具行业共性的基础设施、技术、数据等方面的支持(见图11)。

| 选项 | 小计 | 比例 |
| --- | --- | --- |
| A. 完善信息基础设施 | 59 | 71.95% |
| B. 行业共性技术研发 | 62 | 75.61% |
| C. 提供技术支持 | 57 | 69.51% |
| D. 行业交流 | 48 | 58.54% |
| E. 技术标准制定 | 54 | 65.85% |
| F. 计量检测标准制定和国际互认 | 23 | 28.05% |
| G. 数据开放和共享 | 57 | 69.51% |
| H. 其他公共服务 | 3 | 3.66% |

图11 企业最看重的服务型制造平台的功能

2. 企业获得的政策支持与政策评价

《发展服务型制造专项行动指南》发布以来,工业和信息化部和地方政府采取多种方式支持制造企业的服务化转型。有64.6%的受访企业"非常了解并积极参与"了工业和信息化部及所在省市推动服务型制造的政策与活动;17.0%的企业选择"非常了解",只有18.3%的企业选择"听说过"。对企业发展服务型制造获得过的政府支持的调查显示,受访企业选择"服务型制造成功案例宣传"和"组织企业参观服务型制造优秀企业"的最多,比例分别为51.2%和48.8%,有32.9%的企业选择"服务型制造专项资金",分别有24.4%和20.7%的企业选择"组建服务型制造联盟等社会服务组织"和"服务型制造人才培训",反映出当前政府对企业发展服务型制造的支持主要还是体现在引导和发展环境的创造方面(见图12)。

## 第一部分 服务型制造的理论与中国实践

| 选项 | 小计 | 比例 |
| --- | --- | --- |
| A. 服务型制造专项资金 | 27 | 32.93% |
| B. 服务型制造成功案例宣传 | 42 | 51.22% |
| C. 服务型制造人才培训 | 17 | 20.73% |
| D. 组建服务型制造联盟等社会服务组织 | 20 | 24.39% |
| E. 组织企业参观服务型制造优秀企业 | 40 | 48.78% |
| F. 其他 | 9 | 10.97% |

图 12 企业发展服务型制造获得过的政府支持

在受访企业中，有 54.9% 入选过工业和信息化部服务型制造试点示范，24.4% 入选过省级服务型制造示范，20.7% 没有入选过各级服务型制造示范。在智能制造试点示范支持方面，有 22.0% 的受访企业入选过工业和信息化部智能制造试点示范，20.7% 入选过省级，3.7% 入选过地市级，超过一半（53.7%）未入选过各级智能制造试点示范。在两化融合试点示范支持方面，有 32.9% 的受访企业入选过工业和信息化部两化融合试点示范，20.7% 入选过省级，8.5% 入选过地市级，37.8% 未入选过两化融合试点示范。在制造业与互联网融合发展试点示范支持方面，有 17.1% 的受访企业入选过工业和信息化部制造业与互联网融合发展试点示范，18.3% 入选过省级，3.7% 入选过地市级，一大半即 61.08% 未入选过各级制造业与互联网融合发展试点示范。

受访企业对支持服务型制造发展政策的评价整体趋于正面。81.2% 的受访企业认为，当前政府支持政策对企业发展服务型制造有积极作用，只有 18.3% 的企业选择"对企业发展服务型制造作用不明显"，没有企业选择"不利于企业发展服务型制造"。

### （三）企业对服务型制造发展趋势的认识

服务型制造之于制造企业的重要作用已经达成共识。在对服务型制造发展前景的调查中，96.3% 的受访企业选择"服务型制造是制造企业转型发展的重要方向"，97.6% 选择"服务型制造对制造企业增强竞争力、增加利润具有重要作用"，而选择"服务型制造只是少数行业的发展方向"和"服务型制造只是少数龙头企业的转型方向"的受访企业均只有1.22%（见图13）。

新一代信息技术与相关基础设施是服务型制造发展的重要支撑。在对服务型制造发展的主要支撑因素的回答中，98.8%的受访企业选择了大数据，分别有87.8%和85.4%的受访企业选择了物联网和云计算，75.6%和72.0%的企业分别选择了人工智能和移动物联网。可见，大部分企业认同"云大物移智"等新一代信息技术的重要支撑作用，在现阶段大数据、云计算和物联网的作用又尤显突出（见图14）。

| 选项 | 小计 | 比例 |
| --- | --- | --- |
| A. 服务型制造是制造企业转型发展的重要方向 | 79 | 96.34% |
| B. 服务型制造对制造企业增强竞争力、增加利润具有重要作用 | 80 | 97.56% |
| C. 服务型制造只是少数行业的发展方向 | 1 | 1.22% |
| D. 服务型制造只是少数龙头企业的转型方向 | 1 | 1.22% |

**图13 对服务型制造发展前景的看法**

| 选项 | 小计 | 比例 |
| --- | --- | --- |
| A. 大数据 | 81 | 98.78% |
| B. 云计算 | 70 | 85.37% |
| C. 3D打印 | 20 | 24.39% |
| D. 物联网 | 72 | 87.8% |
| E. 人工智能 | 62 | 75.61% |
| F. 移动物联网 | 59 | 71.95% |
| G. 绿色低碳 | 29 | 35.37% |
| H. 生命科学 | 13 | 15.85% |
| I. 其他 | 0 | 0% |

**图14 服务型制造发展的主要支撑因素**

受访企业也对政府在服务型制造发展方面提供的支持给予了期待。有98.8%的企业选择了专项资金，反映出企业在服务型制造的投入上存在较大的资金压力。有73.2%的企业选择"服务型制造标准体系"，68.3%的企业选择"人才培训"，选择"共性技术开发"和"成功经验交流"的比例都是62.2%，还有52.4%的企业选择"数字基础设施"，43.9%的企业选择"融资便利化"，这也反映出制造企业的服务化转型也需要良好的产业生态和外部环境的支持（见图15）。

| 选项 | 小计 | 比例 |
| --- | --- | --- |
| A. 专项资金 | 81 | 98.78% |
| B. 融资便利化 | 36 | 43.9% |
| C. 数字基础设施 | 43 | 52.44% |
| D. 共性技术开发 | 51 | 62.2% |
| E. 服务型制造标准体系 | 60 | 73.17% |
| F. 成功经验交流 | 51 | 62.2% |
| G. 人才培训 | 56 | 68.29% |
| H. 其他 | 0 | 0% |

图15　希望未来政府对于企业发展服务型制造给予的支持

## 五、中国服务型制造发展中存在的问题与制约因素

虽然近几年服务型制造在我国取得了较快的发展，但是服务型制造本身发展的问题以及一些制约因素依然存在，需要在未来的工作中加以解决。

（一）存在的问题

制造企业在推动服务型制造发展的过程中，存在服务化水平低、认识存在偏差、缺乏基础条件、技术水平约束、资金困难等多方面问题。

1. 制造业服务化处于较低水平

发达国家的制造企业早在20世纪90年代就开始了大规模的服务化转型，通过服务型制造实现差异化，提高利润率和股东回报。例如，IBM三任CEO郭士纳、彭明盛、罗睿兰先后提出"IBM就是服务""随需应变"以及向认知解决方案和云平台公司转型的战略，不断剥离PC、X86服务器等硬件业务，通过收购、内部培育壮大服务能力。早在2001年IBM全球服务部门的营业收入就占到IBM总收入的40%以上，成为公司最大的收入和利润来源，2009年服务业收入占比已达到60%。相比之下，中国制造业整体的竞争力以加工组装见长，制造企业服务化转型起步晚，多数企业存在重产品轻客户、重制造轻服务、重规模轻定制的现象，服务型制造发展处于较低水平，甚至还有许多制造企业所从事的服务活动局限于安装或维修等基本服务，还没有涉足高级服务领域。国际著名咨询公司德勤《基于全球服务业和零件管理调研》报告显示，在被访问的80家全球领先制造业公司中，服务收入占总销售收入的平均值为26%，服务净利润贡献率平均值则达到46%，有19%的制造业公司的服务收入超过总收入的50%。德勤与中国机械工业联合会联合发布的《2014中国装备制造业服务创新调查》报告显示，在被调查的中国198家装备制造企业中，78%的企业服务收入占总营业收入比重不足10%，只有6%的企业服务收入占总营收比超过20%；81%的企业服务净利润贡献率不足10%，其余企业的服务净利润贡献率基本在10%~20%徘徊。德勤公司的调查报告反映出我国服务型制造与国际先进水平存在较大差距。

2. 对服务型制造存在认识偏差

服务型制造是基于自有产品提供的增值服务，许多企业对此存在模糊的认识。根据本报告的问卷调查，对服务型制造内涵的回答中，虽然47.6%的被访者选择"制造企业提供基于自有产品的增值服务"，但仍有20.7%选择"制造企业跨行业融合发展"、18.3%选择"制造企业进入生产性服务业领域"、13.4%选择"制造企业开展服务性质的活动"。服务型制造的主体是制造企业，制造能力是服务型制造开展的基础。在对"服务型制造的核心要素是什么"的回答中，只有18.3%的受访者选择制造，35.4%选择服务，20.7%选择"互联网+"，13.4%选择数据，12.2%选择智能。

在具体的服务型制造模式上，企业的认识也存在偏差。在对"哪一项属于服务型制造的总集成总承包模式"的回答中，只有39.0%的受访者选择"某发电设备制造公司承接火力发电厂交钥匙工程"，42.7%选择了"某系统集成公司为发电设备制造公司开发用于交钥匙工程管理的信息化系统"，18.3%选择了"某系统集成公司承接火力发电厂交钥匙工程"。在后两个选项中，服务的提供主体都不是制造企业。在对"哪一项属于服务型制造的全生命周期管理模式"的回答中，分别有89.0%和67.1%的受访者选择了"装备制造企业为设备用户提供远程运维服务""环保设备制造企业提供合同能源管理服务"，但也有42.7%选择了"专业服务公司为耗能企业提供合同能源管理服务"、18.3%选择"互联网公司开展共享汽车业务"，后两个选项的服务提供主体同样不是制造企业。

对服务型制造的误读误解不仅存在于企业之中，地方经信部门也在不同程度上存在认识偏差。尽管服务型制造与"互联网＋"、智能制造、两化融合、转型升级等概念存在紧密的联系，但其内涵并不相同。在服务型制造示范城市申报材料中，许多城市把"互联网＋"、智能制造等发展的政策、实践作为反映本地服务型制造发展的素材。

3. 企业服务化转型的条件薄弱

发展服务型制造要求制造企业在经营理念、发展战略、运营模式等方面都要做出调整甚至变革，我国许多企业尚不具备这方面的条件。由于中国经济长期保持高速增长，产品销售不愁市场，因此许多制造企业秉承的是以产品为中心的经营理念，将提升产品性能或降低产品成本作为企业竞争战略的中心，缺少以客户为中心的理念。而服务型制造恰恰需要将客户放在中心的位置，即时掌握客户需求和产品的使用情况，并从产品开发到服务提供全方位进行适应性调整。同时，我国企业的信息化水平存在巨大差异。尽管以数字化、网络化、智能化或信息物理系统（CPS）为特征的第四次工业革命正在兴起，但我国真正进入数字化阶段的企业比重很低，大多数企业仍处于自动化甚至机械化阶段，即我国制造企业整体处于1.0、2.0、3.0和4.0共存，以2.0和3.0为主的状态。由于数字化水平低，制造企业就无法及时监控产品状态、获知用户需求，从而适时提供服务性质的活动。在回答"企业在发展服务型制造过程中遇到哪些困难"时，有25.6%的企业选择了"企业的信息化基础差"，18.3%的企业选择了"企业的管理水平低",也反映出我国制造企业发展服务型制造的基础比较薄弱(见图16)。

| 选项 | 小计 | 比例 |
|---|---|---|
| A. 投入大、资金匮乏 | 53 | 64.63% |
| B. 服务化转型对企业增收增效的作用不显著 | 20 | 24.39% |
| C. 用户不理解服务型制造的价值 | 42 | 51.22% |
| D. 企业的管理水平低 | 15 | 18.29% |
| E. 企业的信息化基础差 | 21 | 25.61% |
| F. 缺少专业化机构的帮助 | 36 | 43.9% |
| G. 其他 | 5 | 6.1% |

图16 企业在发展服务型制造的过程中遇到的困难

4. 技术水平制约服务型制造发展

服务型制造是基于企业核心产品和核心业务的服务创新,服务型制造的用户通常也对产品的质量、性能具有更高的要求,这就要求服务化转型的企业在同行业中具有较强的自主创新能力。从服务型制造在国外起步和发展时的条件看,推动服务型制造的企业已经具备了先进的管理理念,卓越生产、精益制造的管理方法已经被普遍接受,而我国制造企业长期以来采取的是规模取胜、价格取胜的竞争策略,在技术水平、质量控制等方面仍存在较大差距。虽然我国研发经费投入强度在2017年已达到2.12%,超过欧盟28国平均水平以及英国、意大利等发达国家,PCT专利申请量和授权量、SCI和EI论文发表量等指标已居于世界前列,并涌现出以华为为代表的一批具有世界领先技术水平的高科技企业,但是我国制造业技术水平的不平衡问题仍非常突出。根据《中国科技统计年鉴(2017)》的数据,2016年我国工业企业中,有R&D活动企业比重只有23.0%,其中,集体企业有R&D活动占比仅为8.8%,联营企业仅为9.9%,私营合伙企业仅为7.1%;我国规模以上工业R&D经费内部支出与主营业务收入之比只有0.94%。研发投入不足、技术水平低,特别是缺乏核心技术,使我国制造企业的服务化转型缺乏有力的支撑。同时,由于许多核心技术和产品依赖进口,造成核心零部件、高端装备、工业软件价格居高不下,加重了企业服务化转型的负担。

5. 企业无力投入、不敢投入

制造企业开展服务型制造需要对组织结构、业务模式进行重大调整,需要在研发设计、生产设备和工艺、产品架构等多个方面进行改造,这些方面都需要大量的资金投入。在总集成总承包模式下,与直接销售产品可以快速回款相比,需要作为总承包商的制造企业垫资,分期收回货款和服务费,加大了企业的资金压力;同样,在全生命周期管理模式下,制造企业将销售产品的一次性收入转变为产品全生命周期内持续性的收入,对企业的资金量也提出了更大的要求。但是近年来我国经济从高速增长进入中高速增长的新常态,制造业增速下降尤为明显,从增加值增速超过 GDP 增速数个百分点到低于 GDP 增速。广大制造企业虽然有通过服务化转型扩大销量、提高利润之心,但是由于企业增长速度和利润率下滑,甚至库存大量增加、处于亏损境地,没有力量进行服务化转型的投入。在回答"企业在发展服务型制造过程中遇到哪些困难",高达 64.6% 的企业选择了"投入大、资金匮乏",是所有选项中最高的。同时,由于制造业的许多行业普遍存在严重的产能过剩,整体市场增速放缓、竞争加剧,而服务化转型的短期投入大,未来收益存在诸多不确定因素,因此企业开展服务型制造时非常谨慎,担心大量资金投入难以收到预期效果。在回答"企业在发展服务型制造过程中遇到哪些困难"时,有 24.4% 的企业选择了"服务化转型对企业增收增效的作用不显著"。

### (二) 制约因素

除了企业内部因素,外部条件也对我国制造企业的服务化转型产生影响和制约。

1. 基础设施不完善

数据是在线监测、数字内容增值服务等服务型制造模式的基础,也是个性化定制、全生命周期管理等服务型制造模式高水平发展的必要条件。目前,一些制造企业所在城市、园区不能接入专线宽带,不具备建立本地私有云的条件,本地区缺少大数据、云计算的专业服务商入驻。产品用户所在地区宽带和移动互联网覆盖不到位,缺乏接入制造企业产品管理系统的条件。网络攻击频发,给企业和用户的生产线、产品和内部信息安全造成威胁。一些制造企业及其用户出于数据安全考虑,对发展服务型制造有抵触。5G移动网络尚未投入商用,限制了对数据有传输快、容量大、低延时要求的服务型制造发展。

2. 标准体系不健全

发展服务型制造要求制造企业的生产设备、供应链各环节、产品以及用户之间建立数字化连接。但是生产设备、零部件、传感器、软件等往往来自于不同厂家,具有不同规格的接口、不同的数据格式或不同的系统,软、硬件难以兼容。兼容的困难轻则造成服务化转型的成本大幅度提高,重则使制造企业无法对特定用户提供服务。特别是在智能家居、可穿戴设备、智能装备等一些新兴技术、产品领域,由于主导设计尚未形成,各种标准相互竞争,实现产品、软件、数据的兼容面临更大的挑战。此外,相对于标准化的实物产品,服务的个性化程度更高、质量判定也更加困难。

3. 管理体制不协调

我国的行业管理以条块为主,根据不同行业进行国民经济统计,制定财政、税收、监管、用地、环保等各种政策。服务型制造是制造业与服务业融合的产物,兼具制造业与服务业的特征,很难清晰划分服务型制造的行业归属。因此,当制造企业开展服务活动时就出现了既有管理体制或政策不协调的地方,或者是受到现有管理体制的制约,或者是无法享受到应有的行业支持政策。例如,我国制造业的增值税税率是16%,而服务业增值税税率一般是6%和11%两档;服务业在用地以及水、电、气价格上明显高于制造业。开展服务型制造的制造企业在制造与服务收入划分、是否成立独立的服务业公司等方面存在很大困扰。制造企业普遍缺少服务业务的资质,而服务业的准入门槛高或开放程度低,制造企业开展总集成总承包时难以获得工程资质,开展全生命周期管理时更是难以获得融资租赁等金融牌照。

4. 产业生态不适应

新产业、新业态的发展需要有一个良好的产业生态系统来支撑。产业生态系统不仅包括同行业的竞争者,也包括上游供应商、下游服务商和用户,以及提供金融、物流、法律、税务、广告、管理咨询等各类服务的生产服务企业。由于服务型制造在我国整体上还是一个新事物,因此能够与其发展需要相适应的产业生态还很不完善。作为一种商业模式或服务创新,服务型制造的产出不具有物质形态,产出不好评估,在我国金融机构偏好实物抵押的环境下,金融机构对采取合同抵押、应收账款或无形资产质押等融资方式的意愿不强。长期以来制造业以生产和产品为中心,高等学校没有设置服务型制造的专业方向或课程,缺少既懂技术又懂管理、既懂制造又懂服务、既懂产品又懂运营,适应服务型制造发展的创新型、复合型人才。同样,管理咨询机构的业务大多集中在生产、战略、营销、人力资源等企业内部流程的某个模块,缺少提供融合制造与服务的咨询能力。由于大多数制造企业特别是中小企业缺少对服务型制造深入的理解和实践经验,当它们在推动服务化转型时,需要对企业原有的业务流程、组织架构、管理模式进行调整和重构,制造企业对需要进行哪些调整不明白,而且也难以获得外部的智力支持。在本报告的问卷调查中,在回答"企业在发展服务型制造过程中遇到哪些困难"时,有43.9%的受访企业选择了"缺少专业化机构的帮助"。

## 六、推动中国服务型制造发展的对策建议

服务型制造作为一种新兴的商业模式和产业业态,其发展既要使市场在资源配置中起决定性作用,又要更好发挥政府作用,让企业成为服务型制造模式创新的主体,同时政府要给服务型制造创造良好的发展环境。

### (一)加快新版专项文件的制定

作为《中国制造2025》"1+X"政策体系之一,《发展服务型制造专项行动指南》在2016年7月发布后,在促进我国服务型制造发展方面发挥了重要的作用。但是《发展服务型制造专项行动指南》的指导期为2016~2018年,按照该指南的要求,相关系列文件"将根据服务型制造发展需要滚动发布"。因此,需要根据三年来我国服务型制造发展的经验、存在的问题、环境的变化等,及早编制新版服务型制造专项文件,一方面引导我国制造企业的服务化转型,另一方面也为服务型制造的发展创造更好的发展环境。当前,作为制造业发展方向的智能

制造已经获得广泛认知，地方和企业推动的力度也很大，而服务型制造还没有获得足够的重视，建议新版服务型制造专项文件能够在更高层级发布，将之放到与智能制造同等重要的战略位置，使服务型制造成为我国制造业质量变革、效率变革、动力变革的重要推动力。在政策的主要内容上，《发展服务型制造专项行动指南》重视服务型制造典型模式的划分，企业和项目的示范，以及平台、城市的遴选，建议在新的服务型制造专项文件中，结合我国产业转型和地方产业发展的实际需要，更加重视对服务型制造示范区的建设与重点行业典型模式的支持。例如，可以结合"一带一路"建设、西部大开发、中部经济带等国家重大战略布局，鼓励有条件的地方先行先试，打造一批区位优势突出、融合成效显著、配套服务完备的服务型制造集聚区。

**（二）构建一体化产业政策体系**

树立制造业与服务业融合发展的理念，将产业融合理念贯穿到工业高质量发展的指标体系、政策体系、标准体系、统计体系、绩效评价、政绩考核之中，消除服务业和制造业之间在税收、金融、科技、要素价格之间的政策差异。加快研究制定服务型制造的分类、核算标准，建立能够反映服务型制造发展的统计指标体系。在地方经济发展特别是工业主管部门的绩效评价和政绩考核中，将服务型制造作为重要的指标，以更全面地评价工业和制造业的发展成果。放宽制造企业拓展服务业务的准入门槛，为制造企业基于自有产品开发增值服务业务提供便利。对制造企业独立出来的服务型制造子公司，在水、电、气价格上执行与原企业相同的政策，在制造企业自有用地上经营的，可以继续按照原用途和土地权利类型使用土地。进一步扩大对外开放，积极吸引世界领先的服务型制造企业，为我国企业树立学习的榜样，促进服务型制造技术的溢出和人才的培养；同时鼓励国内企业"走出去"，在发达国家设立研发中心，收购服务型制造领域的世界领先企业，增强我国服务型制造的国际竞争力。

**（三）加强信息化基础设施建设**

积极推动新一代移动互联网、物联网、云计算的发展，加快布局IPv6网络和5G通信商用，支持智慧城市、智慧园区建设，促进云存储、云计算、云制造、云服务平台建设，加快互联网、物联网、云计算、大数据等新一代信息技术在经济社会各领域的普及应用。在工业转型升级资金、企业技术改造基金中设立专项子基金用于支持制造企业的数字化改造，加快推进工业设备、工业产品的数据接口、数据格式的标准化工作，破除工业零部件、生产线、产品的连接和数据传输障碍，使制造业中的数据流动起来，以信息流、数据流为核心开展增值服务。

（四）打造完善的产业生态系统

打造一批服务型制造共性技术平台，加大对服务型制造关键共性技术的支持力度，突破制约服务型制造发展的技术"瓶颈"。鼓励具有领域优势或专业优势的大中型制造企业搭建公共服务平台，为产业链上下游企业提供专业化、社会化生产性服务。引导具有新兴技术或用户优势的互联网企业构建电商、人工智能等综合性开放平台，促进跨界合作，跨业整合。支持服务型制造咨询、中介服务机构的发展和业务模式创新，为制造企业提供案例分析、企业诊断、服务型制造解决方案设计、服务型制造实施以及投融资等综合服务，打造具有软硬结合、产融结合能力的公共服务平台。委托服务型制造中介机构总结国内外服务型制造的成功经验，探索可复制、可推广的经验，通过编写案例、发布公开课等方式向全国推广。引导银行等金融机构进行产品创新，为制造企业提供供应链金融、项目融资担保等服务，解决制造企业服务化转型的资金压力。鼓励社会资本参与制造企业的服务化转型和服务型制造模式创新，探索市场化收益共享和风险共担机制。支持大学、职业技术学院开设服务型制造专业、专业方向或设置服务型制造课程，加大服务型制造人才的培养力度；鼓励社会培训机构开设服务型制造培训课程，通过政府购买服务等方式，帮助企业开展高级管理人员的服务型制造在职培训。

# 附录　中国服务型制造发展情况企业调查问卷

为准确掌握中国企业开展服务型制造的情况、企业向服务化转型中存在的问题以及企业服务化转型的政策诉求，更好地深化改革、完善市场环境、提供政策支持，从而促进我国制造业的转型升级和高质量发展，开展本次问卷调查。感谢您的大力支持！

注：未特别说明"可多选"的选择题，均为单选。

## 一、基本情况

1. 企业名称：_____
2. 总部所在城市：_____
3. 所属细分行业（请注明）：_____

说明：根据《2017年国民经济行业分类（GB/T 4754—2017）》31个二位数代码制造业行业填写。

4. 代表性产品（请注明）：_____、_____、_____
5. 2017年主营业务收入：

  A. ≤300万元　　　　　　　　B. >300万元且≤2000万元

C. >2000 万元且≤4 亿元　　　　　D. >4 亿元且≤10 亿元

E. 10 亿元以上

6. 2017 年从业人员数量：

A. ≤20 人　　　　　　　　　　　B. >20 人且≤300 人

C. >300 人且≤1000 人　　　　　　D. >1000 人且≤5000 人

E. 5000 人以上

7. 2017 年主营业务收入增长率：

A. 负增长　　　　B. ≤5%　　　　C. >5%且≤10%

D. >10%且≤20%　　E. >20%

8. 2017 年企业利润增长率：

A. 负增长　　　　B. ≤5%　　　　C. >5%且≤10%

D. >10%且≤20%　　E. >20%

9. 2017 年企业 R&D 强度：

A. ≤1%　　　　　B. >1 且≤2%　　C. >2%且≤5%

D. >5%且≤10%　　E. >10%

# 二、服务型制造发展情况

1. 下面哪个表述最能体现服务型制造的内涵？

A. 制造企业开展服务性质的活动

B. 制造企业进入生产性服务业领域

C. 制造企业提供基于自有产品提供增值服务

D. 制造企业跨行业融合发展

2. 服务型制造的核心要素是什么？

A. 服务　　　B. 制造　　　C. 数据　　　D. 智能　　　E. "互联网＋"

3. 下面哪一项属于服务型制造的总集成总承包模式？

A. 某系统集成公司承接火力发电厂交钥匙工程

B. 某系统集成公司为发电设备制造公司开发用于交钥匙工程管理的信息化系统

C. 某发电设备制造公司承接火力发电厂交钥匙工程

D. 发电公司建设新的火力发电厂

4. 下面哪一项属于服务型制造的全生命周期管理模式？（可多选）

A. 装备制造企业为设备用户提供远程运维服务

B. 环保设备制造企业提供合同能源管理服务

C. 专业服务公司为耗能企业提供合同能源管理服务

D. 互联网公司开展共享汽车业务

5. 企业开展了哪些模式的服务型制造？（可多选）

A. 个性化定制　　　　　　　　B. 全生命周期管理

C. 总集成总承包　　　　　　　D. 信息增值服务

E. 其他（请注明）＿＿＿＿、＿＿＿＿、＿＿＿＿、＿＿＿＿

6. 服务型制造在企业的哪些规划、计划中有所体现？（可多选）

A. 公司五年规划　　　　　　　B. 公司年度计划

C. 部门年度计划　　　　　　　D. 上市公司年报

E. 董事长、总经理年度工作会议讲话

F. 公司规划、计划和领导讲话中未被提及

7. 企业参与服务型制造发展的人员包括哪些？（可多选）

A. 董事长、总经理　　　　　　B. 公司分管副总

C. 公司部门负责人　　　　　　D. 具体业务人员

8. 企业总体负责服务型制造的部门有哪些？

A. 战略规划　　　　　　　　　B. 技术研发

C. 生产管理　　　　　　　　　D. 计划财务

E. 信息技术　　　　　　　　　F. 物流管理

G. 市场营销　　　　　　　　　H. 售后服务

I. 其他（请注明）＿＿＿＿＿＿＿＿＿＿＿＿＿＿

9. 企业开展服务型制造的内在动因是什么？（可多选）

A. 提高用户满意度　　　　　　B. 增加用户粘性

C. 增强市场竞争力　　　　　　　D. 创造新的收入来源

E. 提高企业利润率

F. 其他（请注明）_____

10. 服务型制造对企业销售收入的影响有哪些？

A. 显著促进了销售收入的增长　　B. 对销售收入增长无明显影响

C. 对销售收入增长有负面影响

D. 尚未开展服务型制造，效果不确定

11. 服务型制造业务占制造企业销售收入的比重为：

A. ≤5%　　　　　　　　　　　　B. >5%且≤10%

C. >10%且≤20%　　　　　　　　D. >20%

E. 未明显体现为销售收入

12. 服务型制造对企业利润的影响有哪些？

A. 显著促进了利润的增长　　B. 对利润增长无明显影响

C. 对利润增长有负面影响　　D. 尚未开展服务型制造，效果不确定

13. 企业最看重服务型制造平台的哪些功能？（可多选）

A. 完善信息基础设施　　　　　　B. 行业共性技术研发

C. 提供技术支持　　　　　　　　D. 行业交流

E. 技术标准制定　　　　　　　　F. 计量检测标准制定和国际互认

G. 数据开放和共享

H. 其他公共服务（请注明）_____

14. 以下哪些因素对企业开展服务型制造有重要影响？（可多选）

A. 国家或地区的信息技术设施水平

B. 终端用户的智能设备普及率

C. 企业管理的信息化、数字化水平

D. 企业生产过程和供应链的数字化水平

E. 企业产品的数字化智能化水平

F. 其他（请注明）_____

15. 企业在发展服务型制造的过程中遇到哪些困难？（可多选）

A. 投入大、资金匮乏

B. 服务化转型对企业增收增效的作用不显著

C. 用户不理解服务型制造的价值

D. 企业的管理水平低

E. 企业的信息化基础差

F. 缺少专业化机构的帮助

G. 其他（请注明）_____

## 三、政策支持与政策诉求

1. 是否了解工业和信息化部以及企业所在省市推动服务型制造的情况？

   A. 非常了解并积极参与　　B. 非常了解　　　C. 听说过　　D. 完全不知道

2. 企业入选以下哪一级别的服务型制造试点示范？（选择最高一级）

   A. 工业和信息化部　　　B. 省（市、区）　　C. 地级市　　D. 无

3. 企业入选以下哪一级别的智能制造试点示范？（选择最高一级）

   A. 工业和信息化部　　　B. 省（市、区）　　C. 地级市　　D. 无

4. 企业入选以下哪一级别的两化融合试点示范？（选择最高一级）

   A. 工业和信息化部　　　B. 省（市、区）　　C. 地级市　　D. 无

5. 企业入选以下哪一级别的制造业与互联网融合发展试点示范？（选择最高一级）

   A. 工业和信息化部　　　B. 省（市、区）　　C. 地级市　　D. 无

6. 企业获得过政府在哪些方面对发展服务型制造的支持？（可多选）

   A. 服务型制造专项资金

   B. 服务型制造成功案例宣传

   C. 服务型制造人才培训

   D. 组建服务型制造联盟等社会服务组织

   E. 组织企业参观服务型制造优秀企业

   F. 其他（请注明）_____、_____、_____、_____

7. 您认为当前政府支持服务型制造发展的政策效果为：

A. 对企业发展服务型制造有积极作用

B. 对企业发展服务型制造作用不明显

C. 不利于企业发展服务型制造

## 四、未来展望

1. 您认为服务型制造的发展前景有哪些？（可多选）

A. 服务型制造是制造企业转型发展的重要方向

B. 服务型制造对制造企业增强竞争力、增加利润具有重要作用

C. 服务型制造只是少数行业的发展方向

D. 服务型制造只是少数龙头企业的转型方向

2. 您认为以下哪些技术对服务型制造的发展具有重要支撑作用？（可多选）

A. 大数据　　　　B. 云计算　　　　C. 3D 打印　　　　D. 物联网

E. 人工智能　　　F. 移动物联网　　G. 绿色低碳　　　H. 生命科学

I. 其他（请注明）_____

3. 希望未来政府在哪些方面对于企业的服务型制造发展给予支持？（可多选）

A. 专项资金　　　　　　　　B. 融资便利化

C. 数字基础设施　　　　　　D. 共性技术开发

E. 服务型制造标准体系　　　F. 成功经验交流

G. 人才培训

H. 其他（请注明）_____

# 第二部分
# 中国服务型制造示范企业案例精选

# 服务型制造企业案例选择说明

## 一、服务型制造发展的新时代背景

制造业是世界各国经济增长、繁荣和创新的引擎,当前,中国制造业正处于全球新一轮科技产业革命与我国经济转型、产业升级的历史交汇期。

一方面,新一代信息技术加速与制造业深度融合,正在引发生产方式、产业形态、商业模式和经济特征的新变化。按照德国工程院、弗劳恩霍夫协会等的观点,相对于计算机硬件、软件和互联网推动的上一轮工业革命,以物联网、云计算、大数据和人工智能为代表的新一代信息通信技术与新材料、3D打印等先进制造技术一起,正掀起"新工业革命"浪潮。对各国制造企业而言,新的技术范式不仅加速其数字化进程(如产品、服务乃至生产过程的数字化),拓展其网络连接范围(从人与人连接到人、机、物的全面互联),引领其智能化发展(从产品、服务以及生产过程的有人主导向无人干预的延伸),也在解构与重构制造企业价值创造、价值交付与价值获取的方式。在此过程中,共创共享等产品与服务融合,制造与服务一体的新模式与新业态不断涌现。数字技术赋能的服务化转型(digitally-enabled servitization)推动制造企业跃迁升级成为可能。

另一方面,制造业体系转型正成为全球性挑战,未来全球制造业的两极化趋势可能日益加剧。西方发达国家纷纷将新工业革命时代的制造业回归与振兴视为重构实体经济竞争优势，抢占国际产业竞争制高点的重要战略。美国出台《先进制造业国家战略计划》，期望提升制造业智能化水平，同时将机器人、下一代清洁能源汽车、再生医疗以及3D打印技术作为制造业发展的重点领域。英国发布《工业2050战略》，指出未来制造将不是传统意义上的"制造之后再销售"，而是"服务+再制造（以生产为中心的价值链）"。未来的制造业价值创造如何在效率最优的同时实现效能最大，将成为发达国家和发展中国家制造企业共同面临的重大问题。

由世界经济论坛"塑造制造业的未来"行动倡议小组与美国科尔尼管理咨询公司联合发布的《2018年"制造业的未来"准备状况报告》从未来演进的视角为我们揭示了变化中的世界各国制造业竞争格局。报告从制造业结构（经济复杂性和制造业规模）和制造业驱动因素（科技与创新、人力资本、全球贸易与投资、制度框架、可持续资源、需求环境）等维度构建了59个测评指标，对全球100个国家和经济体进行了评估，并将它们划分为四类：领先国家（25个，如美国、中国、日本、德国等）、传统国家（10个，如印度、俄罗斯等）、高潜力国家（7个，如澳大利亚、挪威等）和初生国家（58个，如阿尔巴尼亚、阿根廷等）。报告认为，日本、德国和美国对于"塑造制造业未来"准备程度最高，其中，日本拥有最强大的制造业结构，美国的制造业驱动因素表现最好。现将该报告对中国、美国和日本三国制造业当下和未来的评述摘录如表1所示。

综合报告其他内容及对中美日三国的评述，我们有以下三方面启示：首先，100个受评国家和经济体中，对制造业的未来准备程度高的国家仅占1/4，显示各国制造业面向未来的转型基础并不均衡，新兴技术的应用尽管给后发国家迎头赶上提供了机会之窗，但做好准备的国家数量不多。其次，第四次工业革命正在引发全球制造价值链的结构性变革，由于各国发展制造业的内外部环境、资源禀赋和能力基础不同，各国面向未来的制造业转型探索道路将会产生不同的演进路径。中国沿着"高端化、智能化、绿色化和服务化"的方向推进制造强国建设，势必也将给全球制造业变革发展贡献中国智慧。最后，报告指出，中国制造业不同部门现代化水平差别显著，优秀制造商与低端制造商之间差异惊人，拉低了整个国家的准备程度。这既是中国制造大而不强现实的中肯反映，也提醒我们亟须坚持问题导向和发展导向，通过示范引领，以点带面，促进先进制造与传统制造，发达地区与欠发达地区相互交流、协同发展。

表1 中国、美国与日本制造业准备度评价

| 中国 | 美国 | 日本 |
| --- | --- | --- |
| 2010年超越美国之后，中国成长为全球头号制造业大国。中国2010年的制造业增加值总额接近3万亿美元，约占全球制造业增加值的1/4。尽管中国拥有庞大的制造业基础规模，但在制造业复杂性方面仍有改善空间。中国经济的复杂性在全球排名第26位 在过去的20年里，中国已经踏上了低成本产品到高端产品的升级之路。然而，由于中国的体量问题，其制造业不同部门的现代化水平差别显著，部分优秀制造商与低端制造商之间的差异更是惊人，因而拉低了整个国家准备程度 就制造业驱动因素而言，中国在需求环境与全球贸易和投资驱动方面表现尤为突出。中国在技术创新与人力资本方面排名前三，但仍有必要继续提升劳动力能力，培养未来行业所需技能，还需要提高企业内部的创新水平。体制框架和可持续资源是中国面临的最大挑战。身为世界上最大的碳排放国，中国已经承诺在未来继续节能减排，坚持走可持续发展之路。而新兴技术的应用有助于该目标的加速实现 | 美国拥有全球第二大制造业，2016年的制造业增加值规模接近2万亿美元，约占全球制造业增加值的16%，占美国国内生产总值的12%。美国是世界第八复杂经济体。然而，在过去20年里，美国本土产品竞争力下滑，作为制造目的地的吸引力遭受了严峻挑战。美国在塑造制造业的未来竞争中占据了有利地位，取得了制造业驱动因素最高加权评分，在除可持续资源和制度框架之外的其他驱动因素上得分排名居于前五位 美国的创新能力也是全球闻名，在第四次工业革命新兴技术重大发展的前沿领域占有一席之地。此外，杰出的高等教育机构为美国培养、吸引和留住高级人力资源提供了有力支持。美国目前正在努力重振制造业。2017年底的税制改革中，美国将企业税率从35%下调到21%，令企业将部分生产转移到美国的意愿有所增强，然而，与移民和自由贸易协定相关的政策和监管不确定性仍然存在。作为世界上最大的碳排放国之一，美国有必要优先解决能源方面的效率和可持续问题 | 日本拥有世界上第三大制造业，2016年的制造业增加值总额超过1万亿美元，占全球制造业增加值近9%。中国、美国和日本三国的总额占全球制造业增加值近一半 自1984年以来，日本一直是世界上最复杂的经济体。在制造业驱动因素方面，日本在需求环境方面表现特别突出，拥有成熟的消费基础、强劲的企业活动和巨大的市场规模。日本在技术创新和制度框架方面排名前20位。在2016年，日本政府推出了"社会5.0"战略，旨在通过新兴技术推动制造业转型，乃至实现整个社会的变革 日本政府还在2017年提出了"联结的产业社会"（Connected Industries）计划，支持日本制造业等产业通过资源、人员、技术、组织和其他社会元素的联结，创造新价值 日本所面临的挑战主要与人力资本有关，包括人口老龄化、人口萎缩以及移民数量低于同类可比国家的问题。另外，日本在可持续资源驱动因素方面也存在着改进空间 |

资料来源：2018年"制造业的未来"准备状况报告。

## 二、全国首届服务型制造示范遴选情况

按照国家制造强国建设领导小组的统一部署，2016年7月，工业和信息化部、国家发展和改革委员会、中国工程院联合印发了《发展服务型制造专项行动指南》（以下简称《行动指南》），提出以制造业提质增效和转型升级为导向，推动服务型制造向专业化、协同化、智能化方向发展，形成国民经济新增长点，打造中国制造竞争新优势。《行动指南》明确了2016～2018年的阶段性目标任务，同时从定性和定量角度提出了两类目标。在定性发展目标方面，针对服务型制造各种模式的共性特征，强调创新设计引领作用进一步增强，协同融合发展水平进一步提高，网络化服务支撑能力进一步拓展。在定量发展目标方面，提出到2018年，力争完成"5155"示范任务，即培育50家服务能力强、行业影响大的服务型制造示范企业；支持100项服务水平高、带动作用好的示范项目；建设50个功能完备、运转高效的公共服务平台；遴选5个服务特色鲜明、配套体系健全的示范城市。

2017年1月底，由工业和信息化部产业政策司发起的首届全国服务型制造示范企业（含项目、平台）遴选正式启动，2017年4月，产业政策司收到来自全国36个省、市、自治区和计划单列市（海南未申报），共计300多套申报材料。经过多轮评审，30家企业、60个项目以及30个平台脱颖而出，并在9月25日召开的首届全国服务型制造大会上授牌。

此次全国服务型制造示范企业（含项目、平台），主要从全生命周期管理、总集成总承包服务、信息增值服务和供应链管理模式突出的制造及生产服务企业中遴选。从地区数量分布看，入选企业（含项目、平台）以东部地区最多（占比48%），西部地区居次（占比26%），中部地区（占比15%）和东北地区（占比11%）居后，反映出东部地区的制造企业服务化转型明显领先于中西部和东北地区。从行业分布看，入选企业（含项目、平台）以装备制造业为主，同时涉及电子信息、消费品、原材料、节能与综合利用、信息化和软件服务业等多个

领域,说明具有复杂产品特性、技术密集程度高的装备制造企业具有更强的服务型制造转型动力。从企业特征看,入选的企业既有根植于纺织服装业的传统制造企业,也有异军突起、成长迅速的新兴制造企业。通过对示范企业申报材料的梳理及部分企业的实地座谈与调研,这些企业在服务化转型方面呈现以下共性特点:

### (一) 企业战略定位从产品制造商转向产品服务系统/解决方案提供商

传统的生产型制造企业多以产品售卖为主,服务作为产品的附属品或增值延伸,随着用户需求的复杂化和多样化,从产品中心转向客户中心的制造企业越来越重视加大服务要素的投入与产出,通过服务与产品、与制造的组合,响应并满足用户的个性化需求,这也促使企业重新审视产品与服务之间的关系,将企业生产的产品和服务作为一个系统,即产品服务系统(Product Service System,PSS)来整合发展,推动企业从产品导向的制造商转为客户使用导向的产品服务系统/解决方案提供商。在此过程中,制造企业通过有效的产品与服务组合设计,为客户提供专业性强、系统集成化程度高,面向客户需求的产品服务组合方案。从产品制造向系统解决方案的转变,不仅促进了产品与服务的融合,还实现了客户从价值主张到价值交付的价值共创。示范企业中的安徽阳光电源股份有限公司通过总集成总承包服务模式创新,实现从以光伏逆变器等设备为主营业务的制造企业,向提供新能源的系统解决方案服务商转变。江苏双良节能系统股份有限公司以合同能源管理为切入,成功由节能设备制造商转型为系统集成商、投资运营商和能源服务商。

### (二) 企业技术支撑从制造技术升级转向制造技术与信息技术的深度融合

30家示范企业广泛地应用了互联网、云计算、大数据等新兴技术,积极推动新兴技术向制造价值链各环节渗透,进而创新产品服务内容,优化内外部流程,开展产品服务共创共享,开拓产业链生态服务等新模式。以传统的钟表制造业为例,烟台持久钟表集团有限公司以钟表的智能互联改造为起点,打造基于互联网、物联网、云计算等新兴技术的钟联网服务系统,将企业安装在世界各地的时钟通过网络技术与企业的中控室联在一起,做到全世界时钟终端的互联互通,可以远程控制统一校时、统一监控，出现问题及时发出提醒，实现随时随地全面感知，不分地域集中管控，为用户提供从研发设计、生产制造、安装调试及远程运维的全生命周期个性化精准时间服务，助力企业从单一的钟表制造商向时间同步服务解决方案提供商转型。

制造业的转型升级离不开"两个IT、两个融合"。两个"IT"是信息技术的IT—Information Technology和工业制造技术的IT—Industrial Technology；两个"融合"是工业化与信息化的融合、制造业与服务业的融合。"两个IT、两个融合"才能形成"中国工业的4.0版"，实现中国制造业的转型升级。此外，以互联网、大数据和人工智能为代表的新一代信息通信技术正处于推动制造业向数字化、网络化和智能化纵深发展的窗口期，软件定义、数据驱动、平台支撑、服务增值、智能主导的特征日趋明显。传统的制造企业以物理产品的设计、研发、生产、销售为主线，基于人—物理系统观构建的服务多作为物理产品的功能附加。物联网、大数据及人工智能技术在制造企业的深度应用，正推动企业从人—物理系统为主的生产型制造向人—信息—物理系统融合的数字化、网络化和智能化的服务型制造演进。基于人—信息—物理系统观构建的智能服务具有实时互动、虚实融合、智能协同等特点，正成为服务型制造发展的新趋势。

### （三）企业发展愿景从制造价值链的协同走向产业生态链的共建

越来越多的制造业龙头企业意识到未来的竞争不单是企业之间的竞争，还是产业生态之间的竞争。以劳动密集型的纺织服装业为例，面料服装一体化的产业协同对于提升纺织服装企业的市场竞争地位意义重大。山东如意科技集团通过全球并购，打造集原料（棉花与羊毛）基地、印染纺织生产到服装设计与品牌营销于一体的垂直产业链，通过实施"五位一体、联动创新"，将巴黎、东京、伦敦和米兰等地的设计理念与本土的设计思想相结合，实现全球创意资源聚集。全产业供应链协同与以平台为中心的生态圈创新模式助力如意集团扩大服务群体，拓展服务范围，优化服务内容，引领其向全球知名时尚产业集团迈进。具有互联网与制造融合基因的北京小米通讯技术有限公司在智能终端制造商和信息服务提供商的基础上，站在智能硬件产业发展的高度，积极布局智能硬件生态链，一方面，基于自身已有的资本、品牌、平台、用户群、数据、运营技术等资源，延展产品服务;另一方面,整合业内资源,通过助力智能硬件产业中的初创企业和成长企业突破资金、技术和业务瓶颈,开创智能硬件产业生态服务。如意科技的全产业供应链协同与小米科技基于智能硬件的信息增值和产业生态链服务,反映了中国部分行业龙头与优势企业与上下游合作伙伴共建、共享、共治产业生态的决心。

### (四) 面向消费者的参与式定制服务推动生产制造与市场需求高度协同

年青一代用户的需求已从模仿型排浪式消费转向个性化定制消费,制造企业的个性化设计、大规模定制服务成为必然。成立于1999年的河南大信整体厨房科贸有限公司是专业从事全屋定制、家用橱柜、衣柜等个性化定制产品以及厨房电器等生产、研发和供应的大规模定制型企业。该公司将移动互联网、云计算及大数据等技术应用于产品设计、生产制造与销售服务等环节,构建"梦模块"、搭建"梦工厂"、实现"云设计",实现用户对厨房家居等产品的在线设计以及大规模个性化生产,企业近三年服务性收入和净利润持续增长。创新设计是企业内部重要的具有服务性质的活动,是发展服务型制造的典型模式。定制化服务是作为服务型制造特征之一的"生产性服务"的进一步深化,能够实现制造企业和客户价值的共同创造。开展定制化服务是制造企业与消费者共创价值,提升用户体验的必然途径。

### (五) 持续创新与人才保障是企业发展服务型制造的根本

根据30家示范企业的申报材料数据统计,2016年2/3的示范企业服务收入占营业收入比重超过30%,3/4的示范企业研发和设计人员占比在20%以上,86%的示范企业员工学历在本科以上,这些数字从一个侧面反映出转型中的制造企业对高技能知识型员工的迫切需求。山东如意科技集团从起步之初就矢志不渝坚定自主创新,经过多年积累研发的如意纺是一项颠覆传统纺织技术理论的新型嵌入式纺织技术,这一技术,不仅打破了欧美国家对高端纺织技术的垄断,它的应用还为纺织面料超高支、轻薄化提供了可能,而上游高端面料产业的优势,也给下游服装产品向高端化、时尚化升级带来全产业耦合效应,引领中国品牌走向世界。以如意纺技术为依托,如意集团聚焦消费者需求,将技术与艺术相结合,引导提升科技时尚消费理念,为消费者提供从原料到成衣的线上全流程个性化定制服务，以及从量体到交货的线下全方位零售店体验服务。这些创新举措使得企业从产品制造的"红海"走向服务与品牌塑造的"蓝海"。烟台持久钟表集团有限公司推出"钟联网"时间服务系统及全生命周期个性化服务需要对其原有产品、技术和服务能力做重大提升和持续创新，公司先后搭建了1个行业重点实验室、3个省级研发中心、1个省级工程实验室，引入外部资源开展产、学、研协同，为企业转型注入创新动力。从生产型制造向服务型制造的转变，离不开中高端复合型人才的培养与引进，新一代信息技术在制造企业的应用，也将带来高技能人才短缺的冲击，加强人才激励与梯队建设成为众多企业的必然选择。

总体而言，首批入选的示范企业不仅是主动拥抱、践行并推动中国服务型制造发展的先行者，也是新时代背景下中国制造企业调结构、转方式的排头兵。总结并推广这批示范企业的经验，既可以拓展广大制造企业服务化转型思路，也为政府主管部门探索新常态下产业精准施策积累经验，还能为国内外关心中国制造可持续发展的学术同行提供研究素材。

## 三、案例企业的选择与案例集撰写目标

秉持聚焦中国与放眼世界相结合，跟踪前沿与服务实践相统一的撰写原则，按照示范企业的申报模式，中国服务型制造联盟从2017年全国服务型制造示范企业中遴选了12家企业，按照全生命周期管理、信息增值服务、供应链管理和总集成总承包服务四个方面将企业进行归类（见表2），力求在地域、行业、申报模式等多个维度做到典型性和代表性。

表2 12家示范企业地域、行业与申报模式分布

| 申报企业名称/简称 | 地域 | 行业 | 申报模式 |
| --- | --- | --- | --- |
| 烟台持久钟表集团有限公司（持久钟表） | 山东 | 装备制造 | 全生命周期管理 |
| 宁夏巨能机器人股份有限公司（巨能机器人） | 宁夏 | 装备制造 | 全生命周期管理 |
| 江苏双良节能系统股份有限公司（双良节能） | 江苏 | 装备制造 | 全生命周期管理 |

## 第二部分 中国服务型制造示范企业案例精选

续表

| 申报企业名称/简称 | 地域 | 行业 | 申报模式 |
| --- | --- | --- | --- |
| 陕西汽车控股集团有限公司（陕西汽车） | 陕西 | 装备制造 | 全生命周期管理 |
| 广州广电运通金融电子股份有限公司（广电运通） | 广东 | 电子信息 | 全生命周期管理 |
| 北京小米通讯技术有限公司（小米科技） | 北京 | 电子信息 | 信息增值服务 |
| 河南大信整体厨房科贸有限公司（大信厨房） | 河南 | 消费品 | 信息增值服务 |
| 重庆长安汽车股份有限公司（长安汽车） | 重庆 | 装备制造 | 信息增值服务 |
| 深圳怡亚通供应链股份有限公司（怡亚通） | 深圳 | 供应链 | 供应链管理 |
| 山东如意科技集团有限公司（如意科技） | 山东 | 消费品 | 供应链管理 |
| 安徽阳光电源股份有限公司（阳光电源） | 安徽 | 电子信息 | 总集成总承包 |
| 福建龙马环卫装备股份有限公司（龙马环卫） | 福建 | 装备制造 | 总集成总承包 |

资料来源：企业申报材料。

针对选定的 12 家企业，本书构建了统一的分析框架（见图 1），从企业的发展背景、主要做法、转型成效、未来规划与经验启示 5 个方面展示分析成果，期

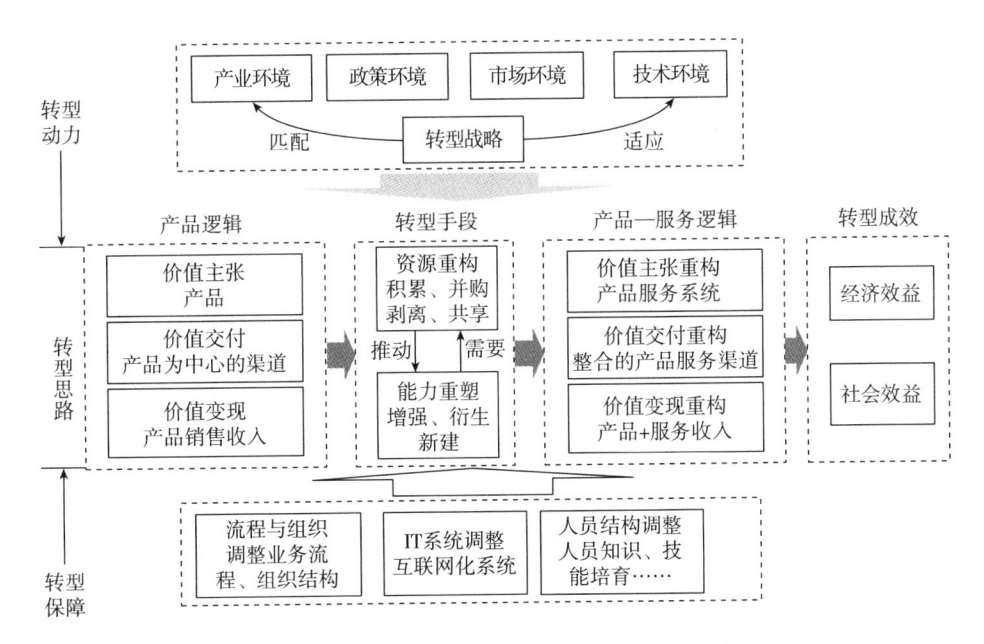

**图 1　服务型制造示范企业转型分析框架**

资料来源：自创绘制。

望展现中国优秀制造企业发展服务型制造的时代风采,进一步探索具有中国特色的服务型制造新业态、新模式与新经验。

特别说明的是,本辑案例主要服务于广大制造企业的中高层管理者,希望起到消除歧见,建立共识,了解同行、开阔视野的目的。感兴趣的学术同行可以密切跟踪中国服务型制造联盟后续深度案例研究成果的出版。

# 示范企业概述

12家服务型制造示范企业来自11个省（直辖市），分布于装备制造、电子信息、消费品和供应链等行业、领域，它们的转型经验概述如下：

（一）持久钟表：钟联网及时间同步服务。烟台持久钟表集团有限公司（以下简称持久钟表）是根植于中国公共用钟行业的龙头骨干企业。面对日益激烈的钟表竞争和日趋多样化的时间服务需求，持久钟表自主研发了钟联网系统，在国内首次实现对遍布各地时钟终端产品的远程实时监控。以钟联网时间服务平台为依托，为用户提供从研发设计、生产制造、安装调试及远程运维的全生命周期个性化精准时间服务，实现从钟表制造向公共用钟和时间服务提供商的转型。

（二）巨能机器人：装备延伸的全生命周期服务。深耕于工业零部件加工自动化领域的宁夏巨能机器人股份有限公司（以下简称巨能机器人），把握工业机器人产业方兴未艾的机遇，以客户加工零部件产品为对象，开展自动化生产线定制化生产和服务，通过实施全生命周期管理，成功由机器人研发、设计制造商转型为具有核心技术，生产和研发一体化，单元产品和成套装备一体化的大型成套智能装备应用服务提供商。

（三）双良节能：全生命周期能源管理服务。作为国内节能与环保服务业的知名企业，江苏双良节能系统股份有限公司（以下简称双良节能）通过精心布局节能环保全产业链，构建了"专家+管家+互联网"的全生命周期服务，依托于物联网、互联网、大数据等新一代信息技术打造"云平台"+节能环保能源生态圈，实现从节能设备制造商向系统集成商、投资运营商和能源服务商的转型。

（四）陕西汽车：商用车后市场全生命周期服务。随着国内商用车行业从高速发展步入平稳增长期，商用整车日趋同质化。陕西汽车控股集团有限公司（以下简称陕西汽车）以整车产品为基础，通过打造全生命周期服务——"车轮滚滚"O2O服务平台，在持续提升基础售后服务的同时，开拓商用车后市场，创新地开展融资租赁、经营性租赁、商业保理、保险经纪、车联网数据服务等一系列增值业务，成功从整车制造商向商用车移动服务解决方案提供商转型，逐步摆脱同质化竞争困境。

（五）广电运通：网络化、智能化金融外包服务。随着金融零售服务从线下向线上迁移，国内现金交易呈现逐步减少趋势。作为国内金融自助终端市场排头兵的广州广电运通金融电子股份有限公司（以下简称广电运通），通过推动金融自助终端设备的智能化和网联化，打造面向客户需求的全生命周期服务平台，从金融自助终端设备的维保服务起步，大力拓展全产业链金融外包服务，成功实现向定制化、智能化金融服务与产品解决方案商的转型，为金融终端设备制造商从产品竞争的红海走向新兴服务拓展的蓝海提供了有益借鉴。

（六）小米科技：基于智能硬件的信息增值与产业链生态服务。面向个人及家庭用户的智能硬件产品近年来发展迅速，倡导互联网与制造融合，专注移动互联网软件生态建设的北京小米通讯技术有限公司（以下简称小米科技），站在促进智能硬件产业发展的高度，一方面，基于自身已有的资本、品牌、平台、用户群、数据、运营技术等资源，延展硬件产品，将"触角"伸向公有云、数据智能以及娱乐、金融等信息增值服务；另一方面，整合业内资源，通过助力智能硬件初创企业和成长企业突破资金、技术和业务"瓶颈"，开创智能硬件产业链生态服务模式。

（七）大信厨房：用户参与式产品定制服务。随着互联网技术向居民生活消费领域的渗透，我国信息消费正从线上为主向线上线下融合的新形态转变。为满足年青一代的个性化、多样化消费偏好，河南大信整体厨房科贸有限公司（以下简称大信厨房）致力于大规模生产与个性化定制的有机结合。公司将互联网、大数据、云计算、物联网等技术应用于研发设计和生产制造，在将工厂、产品和消费者信息数据互联的同时，开创出用户参与式产品定制与服务模式，不仅实现了家居产品个性化定制的高品质、高效率和低成本，还为消费者提供多样、全面的信息增值服务，为传统家居企业开展O2O产品定制服务提供了新思路。

（八）长安汽车：基于整车后市场的O2O一体化服务。作为中国汽车四大集团阵营企业之一，重庆长安汽车股份有限公司（以下简称长安汽车）为应对技术迭代和用户需求多样的趋势，率先开展服务拓展与升级，通过自建汽车电商平台和车联网平台打造集新车销售、售后服务、乘用生活、金融保险、二手车、共享出行等于一体的整车后市场O2O服务，实现从乘用整车制造厂商向科技型智慧出行服务商的转型。

（九）如意科技：纺织服装全产业敏捷供应链管理。用户代际更替，居民消费升级和人民对更高品质生活的追求给劳动密集型的纺织服装企业带来结构转型的挑战。山东如意科技集团有限公司（以下简称如意科技）通过全球资源重构和人才汇集，打造集原料基地、印染纺织生产到服装设计与品牌营销于一体的垂直产业链。通过搭建"供应+制造"一体化平台，打造从消费者需求开始倒推生产、供应的个性化规模定制服务，有效地实现了全产业链供需敏捷协同。在此基础上，以消费者为核心，以敏捷供应链服务平台为载体，紧密聚合品牌企业、金融资本等资源，打造跨界融合、平台共享、共融共生的供应链生态圈。网络化、智能化的全产业供应链协同与平台为中心的生态圈创新模式助力如意集团扩大服务群体、拓展服务范围、优化服务内容，向全球知名时尚产业集团迈进。

（十）怡亚通："互联网+"全程供应链整合服务。中小制造企业的转型升级，需要借力第三方供应链服务商提供从采购到分销和物流管理的整合服务。作为国内首家第三方供应链服务上市企业，深圳怡亚通供应链股份有限公司（以下简称怡亚通）以客户需求为核心，向客户提供含有制造节点和服务节点网链的产品和服务，打造服务型制造混合供应链体系，与广大制造企业形成长期、稳定的供应链伙伴关系。进一步地，公司以供应链服务为载体、物流为基础、互联网为共享手段，实现从行业服务向平台型企业及生态型企业的转型，努力构建共融共生的O2O产业服务供应链生态，为向中小企业提供生产性服务保驾护航。

（十一）阳光电源："互联网+"新能源系统解决方案服务。随着经济的快速发展和传统能源的日益枯竭，以太阳能光伏发电、风力发电为代表的新能源行业快速崛起。作为国内新能源电源领域的先进制造企业，安徽阳光电源股份有限公司（以下简称阳光电源）从太阳能光伏逆变器制造起家，逐步从纯粹的设备制造商转型为一体化的系统解决方案服务商。通过开展太阳能光伏电站系统集成业务，为客户提供光伏发电项目的开发、设计、系统集成以及电站绩效优化与运营维护服务，满足客户个性化需求，提升设备使用价值。通过与阿里云跨界合作打造智慧光伏云，共同推动能源互联网新产业的兴起。

（十二）龙马环卫：环卫装备与解决方案一体化服务。随着新型城镇化的发展和居民物质消费水平的大幅提高，环卫装备与环卫服务行业进入快速发展期。福建龙马环卫装备股份有限公司（以下简称龙马环卫）由环卫装备制造延伸至环卫服务，借助环卫装备在全国的营销网络，通过环卫合同总承包的项目一体化模式承接各地环卫服务业务，为降低运营成本，提升精细化运营能力，进一步引入云计算、物联网、大数据等技术，打造智慧环卫解决方案，构建环卫装备—环卫服务—智慧环卫的全产业生态。

# 持久钟表：钟联网及时间同步服务

高精度的时间服务广泛应用于从工业产品的时间频率校准到各类公用场合的准确报时，对于社会经济的稳定持续发展意义重大。随着信息通信技术的发展，各类自动化、智能化产品设备的精准运行越发依赖时间的定期或实时校准，不同产品、设备之间的高精准时间同步需求也日益扩增。传统钟表制造企业如何在生产钟表的基础上响应不同类型用户差异化的时间服务需求，提供多层次的个性化时间同步服务，是钟表企业发展的重大机遇，也是从单纯出售产品向基于产品的全生命周期管理服务转型的关键。新一代信息技术的蓬勃发展推动了传统钟表向智能化和网络化升级，涌现出以持久钟表为代表的"钟联网"时间服务等新模式、新业态。

## 一、发展背景

持久钟表成立于1996年（前身烟台塔钟厂，始创于1988年），是以智能钟表制造和时间服务为主业，根植于中国公共用钟行业的龙头骨干企业。公司的主要产品时间同步系统、子母钟系统、塔钟和船舶用钟等广泛应用于机场、高铁、地铁、核电、场馆、船舶、城市景观灯领域，产品国内综合占有率超过80%，出口30多个国家和地区，是国内同行业出口量最大的企业。公司产品的客户群及市场份额情况如表1所示。

## 中国服务型制造发展报告（2018~2019）

表1 持久钟表客户群及市场份额情况

| 典型客户 | 客户群需求 | 产品/系统 | 销售区域 | 交付方式 | 市场份额 |
| --- | --- | --- | --- | --- | --- |
| 机场、高铁、地铁、核电 | 对时间同步要求高准确性、高精确性、高可靠性和高安全性；注重品牌和产品质量；售前、售中、售后技术支持，售后4小时以内响应 | 时钟同步系统及服务 | 国内一二线发达城市 | 总包/直接交付 | 机场90%<br>高铁85%<br>地铁80%<br>核电70% |
| 场馆、医院、楼宇 | 走时准确、可靠；注重品牌、产品质量、性价比及适用性 | 子母钟系统及服务 | 国内一二三线城市 | 直接交付 | 70% |
| 车站、海关、学校、房地产地标建筑 | 走势准确、可靠，维护维修方便；高端客户 | 塔钟 | 国内一二三线城市及县、乡镇 | 直接交付 | 80% |

资料来源：根据企业申报材料整理。

面对日益激烈的智能化产品竞争和日趋多样化的时间服务需求，持久钟表自主研发了钟联网系统，实现从单一卖产品到产品服务一体化的转型升级（见图1）。随着社会进步和经济发展，自动化和智能化设备越来越多，对时间服务的同步精度、可靠性和安全性等技术要求越来越高。以核电站的时间应用为例，核电站的时间同步系统对精度和准确性的要求极高，一旦时间出现差错，会给设备提供错误指令，导致核电运营紊乱，更严重地会导致核反应堆停堆，造成重大质量事故和经济损失。同样，机场、高铁等高流量的客运场所对时间服务的要求也很高，一旦时间出错，将造成机场不正常运营，严重者会导致飞机班次紊乱，甚至发生碰撞等事故和损失。为响应重要领域高精准、高可靠的时间同步服务需求，2012年持久钟表自主研发了钟联网系统，在国内首次实现对遍布各地时钟终端产品的远程实时监控。以钟联网时间服务平台为依托，为用户提供从研发设计、生产制造、安装调试及远程运维的全生命周期个性化精准时间服务，实现服务化转型升级。

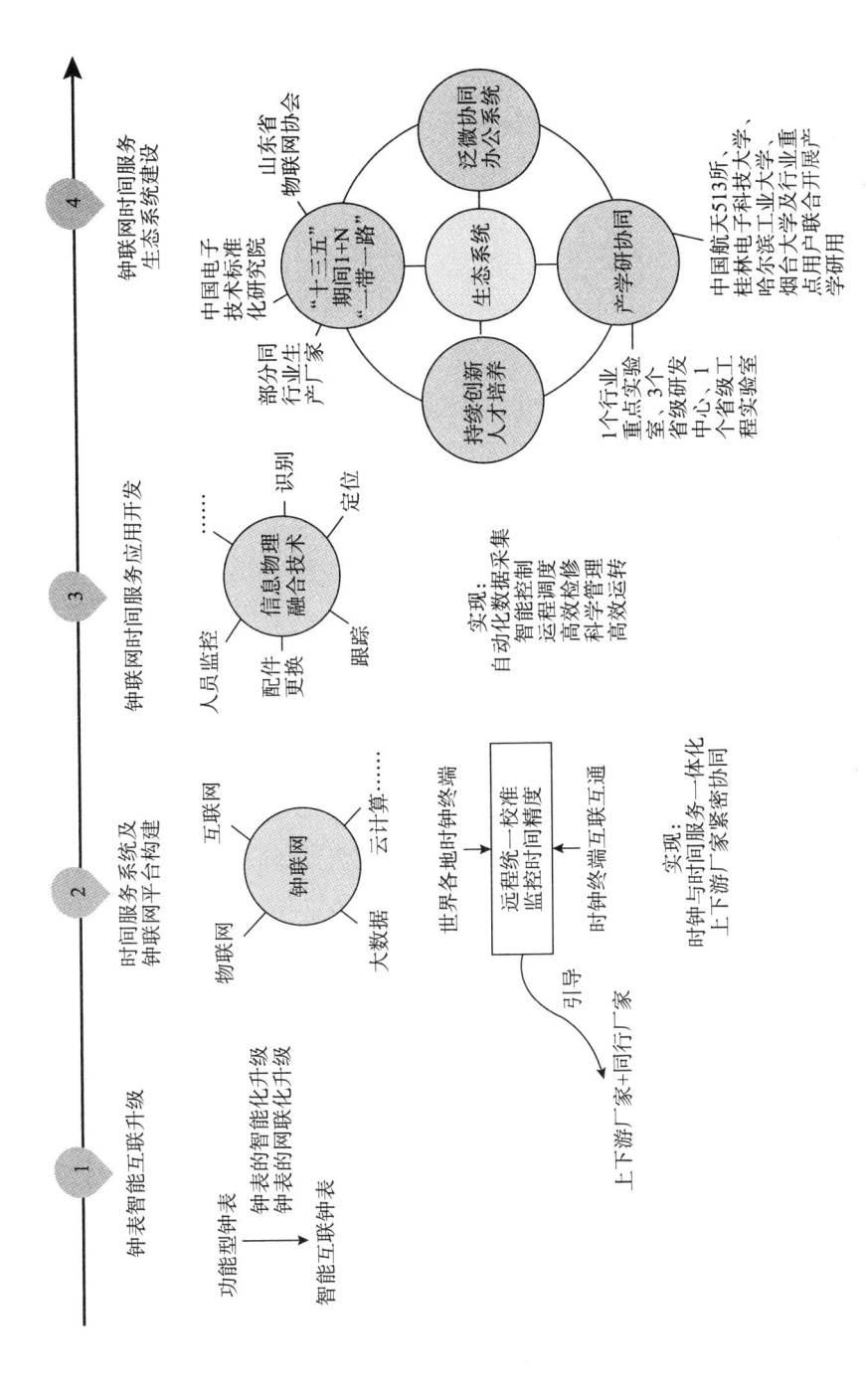

第二部分　中国服务型制造示范企业案例精选

图 1　持久钟表的服务型制造转型历程

资料来源：根据公开资料自行绘制。

## 二、主要做法

持久钟表以时钟系统为载体,以钟联网时间服务平台为抓手,在多年积累的技术和产品优势基础上,从单一的钟表制造商转型为时间同步服务解决方案提供商并跃升为国内公用时间服务领域的龙头企业。在转型过程中,打造具有个性化、精准化服务特征的全生命周期服务模式,不断引领和推动钟表和时间服务行业的创新突破,提高中国企业在民用时间服务领域的国际竞争力。其主要做法如下:

一是将新一代信息通信技术应用于传统钟表的智能网联化改造,在国内首创了钟联网时间服务系统。持久钟表创新性地将互联网、物联网及云计算技术应用于时钟服务行业,搭建了钟联网服务平台,并开发了时间服务应用,不仅实现不同地域时钟终端的互联互通与统一实时集中管理,还能引导产业链上下游厂家及同行厂家产品的接入,既提升了资源调配效率,还能促进服务价值链上的商业伙伴紧密协作、资源共享和优势互补。

二是不断推进钟表的智能、网络化升级,打造覆盖制造和技术服务的全生命周期服务模式。持久钟表对传统单一计时功能的钟表进行了智能网联改造,实现钟表的跨地域高精度、高稳定性时间同步,并实时采集、传输、分析和呈现钟表的状态数据和运维数据。基于智能化和网络化改造,开发云时间服务平台,满足新兴行业时间服务弹性化定制需求,提供基于产品全生命周期的预防性维护、托管维护服务、服务计划和远程监测等新兴服务内容,打造涵盖制造和技术服务的全生命周期个性化服务模式。

三是以技术创新平台为支撑,打造产、学、研协同创新机制。持久钟表持续进行技术创新平台建设,针对时间服务系统的需求管理、概念设计、工程设计、生产制造、售后服务等进行全方位的研发和工程试验,先后搭建了1个行业重点实验室、3个省级研发中心、1个省级工程实验室,为创新成果取得、转化、应用和推广提供平台支撑。此外,以这些技术创新平台为支撑,与中国航天513

所、桂林电子科技大学、哈尔滨工业大学、烟台大学及行业重点用户联合开展产、学、研、用合作，为创新注入新的活力。

## 三、转型成效

持久钟表以时钟系统为载体，以钟联网时间服务平台为抓手，通过打造产品全生命周期管理的服务模式，在拓展新领域创造细分市场等方面成效明显，有效带动了行业整体服务能力的提升。

### （一）经济效益

一是服务收入占比逐年递增。近三年服务收入分别为2379万元、2531万元和3107万元，分别占当年营业收入的30.2%、34.7%和35%，公司的服务性收入增幅明显。二是产品运维成本显著降低。基于钟联网时间服务平台的全生命周期服务模式的推广应用，将使遍布各地的时钟系统精确、安全可靠运行，平均无故障工作时间提高30%以上，大大降低时钟系统的运维成本。三是帮助企业拓增新兴业务。企业通过构建钟联网时间服务平台，实现由生产型制造向服务型制造转型，不仅引导存量客户群时钟系统的升级改造，还进一步拓展高端装备、智能电网、智慧城市等新兴客户领域，企业运营及代理维护业务量有望成倍增长，客户运营服务收入也逐年大幅增加。四是促进上下游产业链效率提升。基于钟联网时间服务平台，引导上下游企业厂家的产品接入钟联网，实现不同厂家多个品牌的集中运营维护，解决时钟系统终端维护费时、费力、费钱的难题，典型维修响应速度提高30%，资源调配效率提高35%以上，优化了产业链生态，降低了社会运维服务成本，提升了服务能力。

### （二）社会效益

一是提升国家要害领域对时间同步的自主控制权。持久钟表的钟联网服务满足了我国智能电网、核电、机场、地铁、高铁、智慧城市建设等重要领域对时钟服务精准性、可靠性和安全性要求，有力地保障了国家要害部门网络安全、信息安全和经济安全。二是提高了中国企业在全球民用时间服务领域的国际竞争力。作为国内公用时间服务领域的龙头企业，持久钟表不断引领、推动钟表和时间服务行业的技术及商业模式创新，有力地提升了中国企业在全球民用时间服务领域的国际影响力和竞争力。

## 四、未来规划

"十三五"期间，国家重点发展的核电、轨道交通、新机场、智慧城市、智能电网等行业的新增时间服务需求和改造升级需求将不断扩大，"一带一路"沿线国家市场需求不断释放，整体市场规模有望达到20亿元以上。持久钟表作为行业龙头企业，面临着重大的市场机遇。未来，持久钟表将重点在标准研制、资源对接等方面加大投入，助力企业更好发展。

一是参与相关标准研制工作，推动公共用钟领域不同品牌时钟共享经济的蓬勃发展。持久钟表将与中国电子技术标准化研究院、山东省物联网协会以及部分同行业生产厂家合作开展钟联网时钟系统的标准研制，发挥现有产品、市场和品牌优势，争取实现对全世界范围内任何品牌时间服务系统及相关维护人员的互联互通，实现从前期设计到代理维护的网上服务，从只对持久品牌的"一对一"服务变成对全世界所有时钟品牌的"一对N"服务。以钟联网服务平台建设项目为抓手，开发客户个性化定制需求。

二是充分对接科技、金融等资源，开发个性化精准服务产品，争做世界一流的时间服务运营商。通过产品的智能互联升级改造和平台化运营思路，实现跨领域、跨地域的协同，充分对接科技、金融等资源，打造合作共赢、互利互惠的产业与技术创新生态，加快培育新业态与新模式。通过研发个性化新产品，紧跟国家"一带一路"和"优进优出"发展战略，积极拓展海外渠道，力争发展成为时间服务领域世界一流的服务型制造企业。

## 五、经验启示

持久钟表以钟表的智能互联改造为起点，打造基于互联网、物联网、云计算的钟联网服务系统，实现企业的服务型制造转型升级。钟表行业的其他企业或相关行业企业可以从持久钟表服务型制造转型案例中获得以下经验借鉴：

一是企业发展服务型制造可从产品导向模式向使用导向模式过渡（见图2）。企业的服务型制造转型，需要企业重新审视产品与服务之间的关系，将企业生产的产品和服务作为一个系统，即产品服务系统（Product Service System，PSS）来整合发展，持久钟表打造的钟联网时间服务系统即是产品导向的产品服务系统向使用导向的产品服务系统的过渡。从产品导向到基于客户需求的使用导向演进，不仅体现了企业与客户之间从单一的产品交易走向产品和服务一体的关系维系，更是推动制造企业从价值独创走向价值共创，实现服务增值的重要途径。中国的领先制造企业应认识到从单纯产品制造向产品和服务系统提供转型的重要意义，进一步坚定发展服务型制造的决心和演进方向。

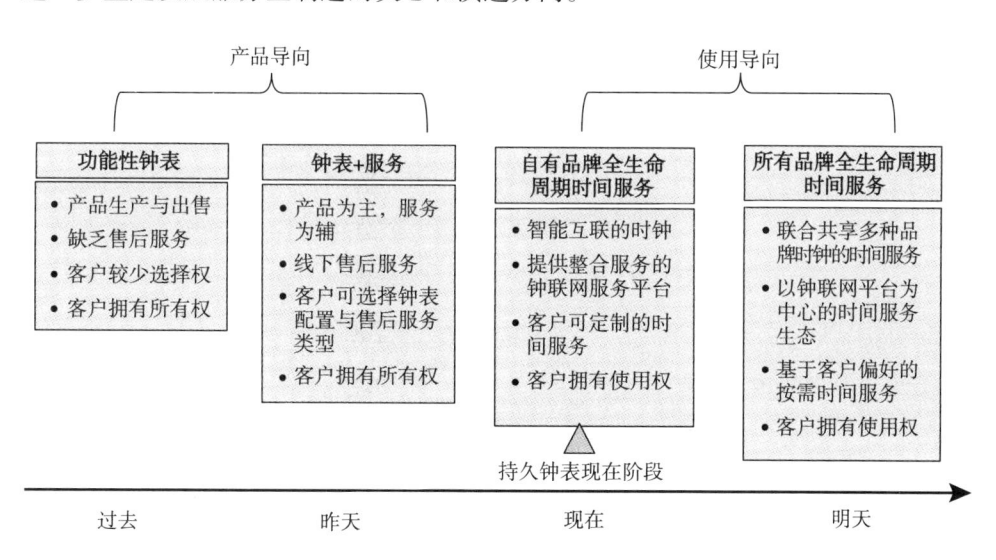

**图2　产品导向向使用导向的产品服务系统演进**

二是企业应加强与新一代信息通信技术的深度融合。持久钟表钟联网时间服务系统及平台的成功，主要基于钟表的智能互联升级改造和钟联网服务平台的构建。企业在发展服务型制造的过程中，需要拥有开放合作的视野，积极引入物联网、云计算等新一代信息通信技术，将其运用在产品的生产制造过程中，通过产品的智能互联升级改造和平台化运营思路，实现跨领域、跨地域的协同。

三是企业应重视持续创新与人才培养。持久钟表推出钟联网时间服务系统及全生命周期个性化服务需要对其原有产品、技术和服务能力进行重大提升和持续创新，需要建构一个包括计算机、嵌入式系统、网络通信、钟表计时、机械外观设计等在内的多学科紧密协作型创新研究体系，能够承担从时钟系统的立项调研、研发、设计、检测、加工、工艺研究、中试到产业化的各项研究工作。为此，建立人才激励机制，加快高效、合作、技术力量雄厚的创新团队和人才培养是关键。

# 巨能机器人：装备延伸的全生命周期服务

工业机器人是指在工业生产加工过程中通过自动控制来代替人类执行某些单调、频繁和重复性作业的多关节或多自由度机械手。近年来，全球机器人产业在基础技术、市场规模以及企业智能化、服务化转型方面持续提升。根据《中国机器人产业发展报告（2018）》统计显示，2018年全球机器人市场规模达298.2亿美元，2013～2018年平均增长率为15%，其中，工业机器人168.2亿美元，占机器人整体市场份额的56%。

日本、美国、欧洲等国家和地区的工业机器人发展历程表明，工业机器人产业的蓬勃发展离不开两个关键要素：其一，发展强劲的下游应用；其二，政府政策的引导与支持。当前，我国机器人产业发展总体向好，在多元应用场景下催生了一部分细分市场的"小巨人"企业。

巨能机器人深耕于工业零部件加工自动化领域，除了研发、生产和销售以实现智能工厂为目标的各类自动化生产线和智能工厂管理软件，还为客户提供透平机械系统的专业化解决方案与系统服务。通过交钥匙工程，为客户提供从生产线的加工、机床的改进、工装夹具改善、刀具优化、在线测量数据监控、物流传送系统到AGV和立体仓库的对接等一系列"一揽子"解决方案，解决整个自动化生产线、数字化车间系统乃至流程的协同问题，最大限度地满足客户的需求。巨能机器人公司基于机器人本体的产品全生命周期管理可为大型装备企业开展装备智能化延伸的增值服务提供经验与借鉴。

# 一、发展背景

巨能机器人是国内在零部件加工自动化领域中起步早、技术专业程度高的领军式企业，是拥有自主知识产权和核心技术的高新技术企业。巨能机器人成立于 2008 年 6 月，2010 年从精密加工企业转型开始建设发展机器人相关业务。2016 年 6 月，实施股份制改制，公司挂牌新三板。

巨能机器人主要业务为研发、生产和销售以实现智能工厂为目标的各类自动化生产线和智能工厂管理软件。主导产品为应用于数控机床自动化的门式工业机器人和关节式工业机器人；融合工业机器人的自动化生产线，基于物联网的智慧工厂管理系统，组建数字化工厂。产品系列包括 GS 系列轻型系列门式机器人、GS 系列中型系列门式机器人、GS 系列重型系列门式机器人、R 系列关节机器人等，由桁架机器人组成的生产线，关节机器人集成的生产线，用于自动线集成的各类辅助设备，以及为自动化生产线、智能工厂管理而开发的各类软件。

巨能机器人是西北第一家独立研究开发和制造智能机器人的专业公司，公司在国内金属加工机器人领域市场占有率排名第一，拥有近 800 条自动化生产线、制造单元、智能工厂的成功制造经验。公司客户涉及机床、汽车、摩托车、齿轮、电子、电器等多个行业，包括小巨人机床、MAZAK 机床、DMGMORI 机床、日本大隈机床、美国哈挺、韩国斗山、现代威压、台湾友嘉、沈阳机床、大连机床、重庆机床、无锡机床、东风日产、东风本田、长城汽车、中国重汽、天津一汽、陕西法士特、三一重工、日立电梯等国内外知名厂商。

巨能机器人的主要产品为数控机床相关的自动化制造单元，主要目标是以数控机床的加工和使用为对象，展开自动化上下料，机床加工在线检测、在线补偿，实现长时间的无人化自动加工工厂，并以产品的智能化、网络化的先天条件，组建数字化的制造工厂。

巨能机器人研制的工业自控机器人，是典型的机器人技术与数控机床行业的融合和应用，对巨能机器人公司而言，以客户加工零部件产品为对象，开展自动化生产线定制化生产和服务顺理成章。通过实施全生命周期管理，巨能机器人已发展成为工业自动化领域具有核心技术，生产和研发一体化，单元产品和成套装备一体化的大型成套智能装备应用服务提供商。

## 二、主要做法

从全球制造业发展趋势看，越来越多的制造企业不再仅仅关注产品的生产，而是基于客户需求，将行为触角延伸至产品的整个生命周期，包括产品开发或改进、生产制造、销售、售后服务、产品再制造等环节，为客户提供产品、服务、支持、自我服务和知识的"集合体"。互联网、云计算、大数据等新一代信息技术的发展，拉近了产品的最终客户与生产企业的距离，工业化和信息化的深度融合，也为构建服务型制造企业创造了条件。巨能机器人基于自建的"Robot Care"信息运营平台开展产品全生命周期管理，有力地促进了公司的四个转变：营销理念从以产品销售为中心向围绕产品提供服务为主的转变；组织结构向以客户服务为主的组织架构转变；产品盈利从单独的销售产品向售前设计服务、售后运维服务、生产线再改造服务的转变；从较低的产品利润率向具有较高利润水平的转变。

巨能机器人面向机器人和数控机床的产品全生命周期管理和服务转型升级是一个系统工程，涉及经营战略的调整，新商业模式和运营机制的探索，信息运营平台的构建，内部资源配置与人员培养诸多方面。

### （一）制订服务型制造发展战略

开展服务型制造转型之前，巨能机器人客户单一，以纯粹的产品销售为主，单独产品利润和价值不高。随着市场竞争的加剧，以产品为导向的企业发展模式面临严峻挑战：客户订单不稳，企业利润存在下滑倾向。

制订服务型制造经营战略后，巨能机器人尝试沿着制造价值链向两端延展，主动探索客户潜在需求，为客户提供更多的增值服务，提升客户的产品满意度，服务部分在产品价值构成比重逐步上升，客户生产线的设计方案以及客户生产线交付后的培训运维逐步成为企业重要的利润来源。通过深挖客户的潜在需求，产品运维服务与客户形成紧密关系，促进了"双赢"的局面。

巨能机器人建立服务型制造发展战略，目标是希望实现企业经营模式的根本转变，即以制造企业成熟的企业运营管理经验为核心，以众多自动化生产线设计以及多项核心技术为依托，向客户提供更多的专业化服务，真正做到制造与服务的融合，成为一家在数控机床自动化领域内技术较为专业的系统方案解决商、一家自动化生产线和数字化工厂的运维服务商。为此，巨能机器人规划按以下一些步骤开展全生命周期管理：

首先，建立"Robot Care"运行服务平台，开展远程在线监测/诊断、设备运行状况分析、远程维护、故障处理等质保服务。

其次，夯实从研发、生产到销售、维护的产品全过程管理信息技术基础。通过集成企业资源规划（ERP）系统、产品数据管理（PDM）系统、客户关系管理（CRM）系统、供应链管理（SCM）系统等，具备运行在线服务中心等服务体系，能够基于"Robot Care"网络服务平台进行远程监测、获取产品生产和使用全过程的数据信息；能够开展故障诊断、远程维修、趋势预测等在线支持服务。

再次，开展定制化的即需即供新经营模式探索。通过搭建"Robot Care"运行服务平台，在客户享受到在线服务的优势后，逐步引导客户建立按年计费的创新服务模式，解决客户在自动化生产线维护方面人员不足的问题。

最后，通过专业化系统服务为客户提供增值或差异化服务。建立稳定的客户服务体系和产品服务点，为客户自动化生产线提供长期稳定、高效协同的全生命周期管理服务，力争实现企业综合服务收入占比40%以上。

## （二）聚焦新商业模式和运营机制的探索

巨能机器人发展服务型制造聚焦于新商业模式探索和运营机制的转变。在商业模式探索方面，主要实现"定制化生产即需即供、产品全生命周期的服务"，即为客户提供专业化、系统化、集成化的系统解决方案，满足客户个性化定制自动生产线的需求。

数控机床自动化生产线的设计和使用必须要熟知行业的生产工艺方案，客户在不同机床设备组合生产线时,一般都会选择在行业内具有一定经验,有成熟案例的合作伙伴。经过多年努力,巨能机器人在汽车零部件、模具、3C 等行业已经成功实现了近 800 条自动化生产线,行业品牌知名度已经树立。巨能机器人在产品设计之初,就引入客户参与设计,依照客户的需求,定制符合客户现场情况的工艺路线,之后的生产过程与产品安装调试过程,始终是企业之间的合作,共同完成自动化生产线的投产。生产线投产后,巨能机器人基于建立的"Robot Care"信息运营平台,实现远程在线监测及故障诊断,通过互联网传输系统运行的数据,由技术专家诊断,全天 24 小时为用户提供在线技术支持,大大降低了用户维护检修成本。

巨能机器人从单纯的机器人生产,转型为集生产、科研和技术服务、金融运营为一体的服务型制造商,试图基于客户需求提供基于产品的服务,而不仅仅是销售产品。"定制化生产即需即供、产品全生命周期的服务"模式的变革不仅有利于企业深入洞悉客户的潜在需求,利用强大的服务能力为客户"一站式"解决个性化需求,还能为客户提供更多的增值服务和差异化服务。

运营机制转变方面,侧重于"细化组织机构,转变以客户为中心的运营机制"。主要围绕组织结构变换,成立新的部门,强化市场和营销部门的客户服务意识,以办事处为据点,辐射重点行业客户,开展客户潜在信息的识别,设计方案提供,售后服务运维等内容。

### (三)建立"Robot Care"信息平台支撑产品全生命周期管理

装备制造业的智能升级推动产品与装备的智能互联,巨能机器人搭建了"Robot Care"信息运营平台,实现从客户到工厂的 C2M 模式,满足客户生产线自动化的个性化需求。

"Robot Care"信息平台功能主要包括三个部分:

一是支撑客户的方案设计,依托"Robot Care"信息平台,实现快速方案设计。平台首先导入需求信息进行产品建模,之后通过 PDM 中心,自动导出生产指令明细,由 PDM 生产部门流转安排生产,满足不同工厂个性化定制自动化生产线需求。

二是支撑生产过程的交互,通过平台可以让客户与制造商直接交换信息,实时看到生产线的工序进展和现状，便于个性化定制信息的交流与修改。

三是支撑售后远程服务，"Robot Care"信息平台具有实时数据采集、远程在线监测与诊断功能，具有多通道并行接入能力，自动采集客户生产线设备运行数据与用户使用行为数据，并建模分析。同时，以云服务平台和软件应用为创新载体，为用户提供在线监测、设备故障预测与诊断、设备保养等增值服务。通过运用大数据分析技术，生成产品运行与应用状态报告，定期推送至客户端。"Robot Care"信息运营平台提供的增值服务能够与机器人产品形成实时、有效互动，不断对自动化生产线产品持续改进。

"Robot Care"信息平台综合了生产线RFID电子标签技术和二维码技术开展集成应用、智能监控应用和云制造应用。

在生产线RFID电子标签技术方面，通过在生产加工线上应用RFID电子标签，可以对生产加工零件进行全方位跟踪，系统能够自动采集生产数据和设备状态数据，为生产管理者提供生产线所有工序环节的"实时数据"，并且能够结合各工序设备的工艺特点和相关的工艺、质量指标参数，实现各生产重要环节的工艺参数和设备运行参数等生产信息的在线监测和分析，帮助企业实现生产过程中半成品工序、成品工序的计量，仓储的出入库管理的自动化和信息化集成，从而做到对生产操作自动实时跟踪，可有效地对各生产岗位进行监督、对产品质量的稳定性和工艺参数的执行率进行监督。

在二维码技术方面，公司针对较大件需要进行复杂工序的加工对象，如热处理加工不易粘贴RFID电子标签，采用激光精细精密二维码打标，根据需要配置二维码的打标和扫描装置，先在工件上打印二维码（包括零部件标识码、零部件号码、毛坯供应商代码和零部件序号等信息），再通过二维码扫描，借助于信息管理系统的数据采集和上传通道，由检测设备绑定工件的二维码及测量数据，上传至信息管理系统。流转到装配线后，通过上线二维码的扫描，进行总成匹配和采集，实现产品的精确追溯。

进一步地，根据不同客户的需求，提供基于二维码或者基于RFID电子标签技术，以及基于二维码和RFID集成一体的应用模式，为客户提供智能监控，当客户生产线及数控机床设备发生报警时，平台自动向智慧工厂生产智能管理系统在线服务中心发送报警信息以及设备机号，在线服务中心根据报警内容判断是否与客户联系,从而第一时间掌握设备故障状况,进入故障处理程序,保证顾客生产加工设备及时恢复。

## 三、转型成效

巨能机器人通过构建"Robot Care"信息平台开展基于机器人本体的产品全生命周期管理,将需求分析、方案设计、生产制造、售后服务等环节与机器人相关的数据、资源和业务流程集成在平台上统一管理,不仅促进了企业内部各单元技术与解决方案间的集成,还实现了企业与最终客户间的高效协同。通过对整个生产组织与业务流程的再造,以数据为中心,强化客户参与式设计,提供个性化增值服务,缩短了交货周期,赢得了更多经济效益。2016年相对2015年实现产能、销售收入、利润同比增长30%以上。

巨能机器人开展产品全生命周期管理主要依托于大数据、云计算、物联网等信息技术,从协同设计、参与制造、远程运维、现有产品再制造再升级四个方面入手,实现由产品引导消费到服务及技术引导消费的新模式,相应地,管理创新成效体现在以下几方面:

第一,满足个性需求的定制化服务。巨能机器人生产的机器人本体主要用于自动化生产线,由于面向的应用领域不同,客户的工件和工艺要求也不尽相同,因此,基于客户需求进行个性化定制成为巨能机器人业务发展的关键。一方面,巨能机器人建立的"Robot Care"信息平台,从产品定制、设计、制作工艺、生产流程、后处理到物流配送、售后服务全过程数据化驱动跟踪和网络化运作,实现了与客户的双向互动,建立了客户数字化工厂,自动化生产线生产、使用全过程解决方案。另一方面,对于制造企业,如何融合个性化定制与规模化生产是一大难题,基于"Robot Care"信息平台多年来积累的近万台数控机床加工工艺数据,顾客可以在平台上进行DIY设计,如生产线长度、防护整体高度、卡爪的类别、工艺夹具的定制等,可以实现自由搭配组合。此外,结构件的模块化设计也可以适应不同行业、生产线不同场景的自动化需求。

转型之前，公司的交货期从设计开始到发货平均是150天，开展产品全生命周期管理后，交货期缩减到120天；进一步地模块化产品定制设计甚至可以实现60天交货期。短交货期让公司的资金流速得到了快速的提升，技术的创新也进一步适应了客户不断更新的市场需求，而生产的机器人本体都是"以销定产"的产品，而不是建立库存中需要变相销售的标准滞销产品，加快了货物流转速度，也让企业加快了资金周转和创新节奏。

第二，支撑远程售后运维的增值服务。当生产的机器人本体发往客户现场后，巨能机器人帮助客户组建了智能化无人工厂，但如果不能够实时监控工厂设备运营，生产设备因故障停机，会带来生产工时减少、承担因维修而产生的服务费等问题。如果故障不能及时解决，还有可能会因此丢掉客户的订单。传统的售后工程师上门解决的办法，一般性故障的解决平均需要18小时，对于更换零部件的故障，加上物流配送等时间，最短也需要5天。

通过构建的"Robot Care"信息平台，可以为客户提供装备的智能化远程诊断。该远程诊断模块有三大功能：一是报警自动报告，当报警发生时，客户机床会将报警信息以邮件的形式发送到在线服务中心；二是数据诊断，在获得客户许可的情况下，工程师与客户机床进行远程通信，读取系统中的版本、报警、伺服监控、菜单截屏、主轴监控、维修菜单、IO存储器、画面截屏信息，但除此之外的程序、刀具等信息均无法读取，充分保护客户机密；三是短信收发，以短信验证的方式建立与故障机床的连接。通过使用智能远程诊断模块，一般故障的最短平均响应时间约1小时；对于需要更换配件的故障，最短2天就可以解决问题，恢复生产。

通过不断地积累数据和进行报警故障的分析，汇总，还可以为用户提供除在线监测、设备故障预测与诊断之外的设备保养等增值服务。

第三，支撑全业务全流程互联网转型的集成创新。随着互联网技术向工业制造领域的渗透，制造价值链诸环节，如新产品的设计、研发，部件的生产制造到成品的营销、服务，得到了充分的连接与协同，呈现出智能化生产、网络化协同、服务化延伸、个性化定制等特点。

"Robot Care"信息平台是基于虚拟仿真技术的数字化模拟工厂平台，是以产品全生命周期的相关数据为基础，采用虚拟仿真技术对工厂规划、建设到运行等不同环节进行模拟、分析、评估、验证和优化，指导智能工厂的规划和现场改善。

巨能机器人的"Robot Care"云平台包含了机器人设备及自动售前咨询定制系统、售后服务远程监控管理系统、设备资产管理系统、设备调度与决策系统及设备巡检子系统等，其中，前两者部署于云环境，后者部署于客户终端。通过采用"云+端"的架构模式，整合上下游客户资源，抢占工业大数据入口主导权，提升客户的使用黏性，构建基于工业云平台的制造业生态，不断巩固和强化自身的行业领先地位。

## 四、未来规划

巨能机器人认为，服务型制造是制造企业在提供产品的基础上衍生出越来越多的附加服务，通过延伸产业链服务体系创新增值服务的新型管理模式。

巨能机器人将以积累的典型行业自动化系统解决方案为基础，逐步推广并形成智能化工厂建设标准或行业标准，融合视觉、传感器、机器人等领域的关键技术，开展集成创新。将公司形成的技术成果向行业转移和扩散，通过技术转移带动整个产业链上下游企业共同发展。未来公司将继续丰富和完善"Robot Care"信息平台系统，加强系统方案设计和自动化生产线的远程运维，将公司已有经验形成的专有技术授权行业及客户使用，利用在线监测技术提供故障诊断、远程维修等服务，从机器人本体制造与提供商向机器人系统解决方案与集成商方向发展。

目前，中国自动化产品领域竞争激烈，国内企业成长势头非常迅猛。巨能机器人具有的优势在于完备的售后服务和较为领先的技术解决方案。这些是企业发展重要的制胜点。公司未来将进一步强化服务环节，将其作为提高产品附加值的重要手段，通过长期客户合作，树立客户至上的意识，逐步转型做到把"服务"作为企业盈利点，两年后实现40%以上的销售收入目标。

随着新一代信息通信技术在工业领域的广泛渗透，公司还将进一步加强两化深度融合和信息化基础建设，通过信息技术与制造技术的高度融合，构建资源、信息、物品和人紧密联系的物理信息系统，实现制造产业价值链子系统的互联互通、协同运行，提升面向客户的体系服务能力。

# 五、经验启示

作为先进制造业的代表之一，工业机器人行业具有技术壁垒高、研发周期长、领域专有性强等特点，这决定了机器人本体制造商单独依靠产品的技术创新难以维系企业持续发展，开发基于产品的增值服务或集成化解决方案，成为领先企业塑造核心竞争力，开辟竞争蓝海的有效途径。巨能机器人经过多年建设，开展基于"Robot Care"信息平台的机器人全生命周期管理服务，加速企业的服务化转型。我们可以获得以下启示：

首先，战略统筹，全员参与是企业开展服务化转型的重要基础。服务型制造是一种新的制造生产组织模式，是新工业背景下制造企业转型发展的管理创新。企业需要站在经营战略的高度，制订企业转型规划，统筹公司在发展愿景、战略定位、业务重心、组织保障、IT支撑等方面的任务，分阶段有序开展。巨能机器人通过战略统筹谋划服务型制造发展，能够统一管理层认识，坚定转型决心。

此外，巨能机器人采用全员参与方式，凝聚公司上下共识，开展以客户需求为导向，以服务延伸产品的转变，反映了公司全员客户意识的增强以及服务型制造理念的宣贯落实。

其次，技术引领实现个性化需求、定制化服务。实现个性化需求、定制化服务重点在于技术的不断创新与引领。在物联网、大数据等信息技术的推动下，制造企业可以实时监控产品的工作状况，实时预警出现的故障并提供快捷的技术支持；通过大数据分析，可以改进产品参数，提高运行效率，提出产品维护和更新的建议。新一代信息技术在巨能机器人的应用提升了创新设计效率和制造效能，密切了终端客户与企业之间的联系，生产企业在获知客户的个性化需求后，依托基于大数据的产品开发系统和高度柔性化的生产线，能够为用户提供按需定制的服务。

巨能机器人拥有丰富的行业经验，利用物联网、云计算、大数据等信息技术，让客户参与机器人设计，明晰客户需求，在生产制造相对柔性的环节，对产品标准化零部件、模块化部件进行动态的个性化重组，实现产需互动的高度协同。此外，通过"Robot Care"信息平台，加强产品设计、生产、服务等领域的产品和服务创新，增强了企业的市场竞争力和盈利能力。

再次，通过产品的全生命周期管理服务助力客户发展。作为面向机电行业的工业机器人应用，巨能机器人十分关注机电产品的全生命周期系统管理。公司通过搭载自动化生产线的远程监控终端，提升装备智能化水平，利用"Robot Care"信息平台，开展远程在线监测、故障诊断、远程维护、故障处理等售后增值服务。对于设备因换产换型、自动化设备需要重新设计改造的客户需求，巨能机器人通过实施现场改进、模块化设计来促进产品的兼容换产，让自动化生产线在完成设计目标后仍能继续使用和延续，为客户节约投资，助力可持续发展。

最后，开展交钥匙工程，提供系统解决方案。基于数控机床行业多年经验积累，巨能机器人具备整机技术、集成应用技术、产业化应用的优良条件，将工业机器人和数控机床有机结合，以"生产商+集成商"的角色，直接向最终客户提供自动化生产线、智能工厂整体解决方案。未来可以将更多的集成技术、产业化技术和组建智能工厂的实际经验与客户共享，实现互惠共赢。通过整合优势资源，从产品制造商转变为系统解决方案提供商，总体承包数控机床、刀具、夹具、自动化生产线、机器人、在线检测、打标工序、扫码读取设备、在线清洗机、自动化物流系统、AGV、立体仓库等，形成完整意义的智能工厂，通过软件生产管理系统如MES等，采集设备状态，自下而上地向客户管理中心传递数据，形成ERP系统管理接口，为企业客户提供设备状态监测、产品质量监测、生产运行分析等服务。在提供硬件集成方案的同时，也为客户提供信息增值服务。

巨能机器人通过提升增值服务来实施差异化竞争，积极向机器人产业价值链高端攀升，为企业拓展新的发展空间。

# 双良节能：全生命周期能源管理服务

资源环境制约是当前我国经济社会发展面临的突出矛盾。解决节能环保问题，是扩内需、稳增长、调结构，打造中国经济升级版的一项重要而紧迫的任务。加快发展节能环保产业，对推动产业升级和发展方式转变，促进节能减排和民生改善，实现经济可持续发展和确保2020年全面建成小康社会，具有十分重要的意义。节能环保产业的发展，一方面要培育再制造服务产业，另一方面也要发展并扩大节能与环保服务产业。双良节能通过精心布局节能环保全产业链，构建了"专家＋管家＋互联网"的全生命周期服务，实现从节能设备制造商向系统集成商、投资运营商和能源服务商的转型，为节能环保行业的众多制造企业转换思路、规划方向提供了借鉴。

## 一、发展背景

双良节能成立于1982年，地处经济繁荣的长江三角洲，成立30多年来，公司专注于节能、节水、环保领域的技术创新和业务拓展。主要业务包含冷热水机组、热泵、空气冷却设备、海水淡化节能设备、污水处理设备、压力容器、环境保护专用设备的研究、开发、制造、安装、销售；合同能源管理；自营和代理各类商品及技术进出口业务；对外承包工程项目。核心产品包括溴化锂吸收式冷（温）水机组、溴化锂吸收式热泵机组、空冷凝汽器、高效换热器等，在细分领域位居前列。30多年来，双良节能累计为社会提供了近2万套节能系统解决方案，3万多台节能设备，以节约电力供应为例，相当于少建了25个600兆瓦的火力发电厂。这意味着双良的节能设备每年将节约3800万吨标准煤，减排10000万吨$CO_2$，相当于再建27万公顷森林。目前，双良节能业务遍及全球50多个国家和地区，成为世界500强中300多家客户的战略合作伙伴。双良节能荣登2016年度节能服务公司百强榜第四名。2015年底，公司的服务业务收入达到1.5亿元，同比2014年增长140%，占公司营业总额的9.5%；2016年，服务性收入占比超过20%。

双良节能以溴冷机起家，经过30多年的创新开拓，成为国内节能环保领域的领先企业。在行业整体产能过剩的背景下，双良节能主动应对：一方面，拓展海外市场释放传统主业的过剩产能，放眼全球寻求更多发展机遇；另一方面，积极应用新一代信息通信技术，实现产品、制造与服务的数字化、网络化和智能化升级，通过技术研发、引进先进人才和团队以及投资并购等方式介入新兴产业，培育新的业务方向；在发展策略上，公司转换发展理念，通过系统集成、合同能源管理和服务托管的运营模式当好"管家"，并依托物联网、大数据、云平台等智能应用，促进线上线下互动服务，实现节能环保产品的全生命周期管理。

## 二、主要做法

经过多年的发展，双良节能确立从节能、节水、环保三大领域的设备制造商向系统集成商、投资运营商和能源服务商转型，提供基于设备/系统的全生命周期服务。转型举措主要体现在以下两方面：

一是构建以设备/系统全生命周期管理为核心的服务模式。双良节能的主打产品是以溴化锂余热利用为核心的制冷/制热系统、大型空气冷却系统，属于传统机械装备。如果单一销售产品，市场竞争激烈，大部分项目都要通过招投标获取，价格透明，企业盈利空间不大。企业从销售产品转向设备/系统全生命周期服务模式，原来的技术、生产、销售、服务流程也做出相应改变，体现在：首先，产品销售前移为顾问式销售，首要任务是了解客户需求，摸清客户现状，实现提前对客户服务。其次,业务流程以客户为导向,原来分隔的部门职责向技术、销售与服务一体化转变。销售人员技术化,技术人员市场化,技术、销售、服务一体化的要求,也对组织机构和功能进行了全面梳理和调整。最后,健全完善 CRM 客户关系平台、ERP 产品信息管理平台、SL-remote 双良云监控平台和 ESM 服务管理平台,以这些平台为支撑,形成以设备/系统全生命周期服务为核心的服务模式。双良节能以设备/系统为基础的全生命周期服务分为两个阶段开展。第一阶段,强基促进,搭建平台,储备人才。围绕"常规服务精益化、产业服务多元化、行政管理精细化"目标,凭借"质量+技术+服务"盘活存量市场。第二阶段,外引内育,创新变革,资源共享。围绕"服务系统化,系统智能化,业务多元化"借力"供给侧改革",引导增量市场。

二是根据传统业务和转型业务的不同特点构建运营模式。双良节能将公司的业务分为传统业务和转型业务两类,针对传统业务,采用非核心部件外包模式,公司严格按照 QES 体系要求,培养培育合格外购件及配套外包供应商,并与多家供应商签订战略合作协议。把机组/系统非核心部件进行外包生产,核心工艺包、核心部件及总装在公司进行,降低公司管理成本,实现与合作方的"多赢"。针对转型业务,采用国外代理、国内直销和定制相结合。由于公司产品属于大型工业装备,80%以上产品都属于非标定制,需要技术人员全面走入市场,了解客户需求,解决客户问题。公司在全国省会城市及直辖市都设有销售分公司,重点地级市设有销售办事处,共有销售业务员超 300 人,其中 80% 为工科专业毕业人员。国内市场占有率超过 35%。公司产品远销 50 多个国家和地区,海外代理超过 40 多家。国际市场占有率超过 20%。

# 三、转型成效

**(一)经济效益**

双良节能坚持以自主关键技术和核心产品为主导,以"务实、积极、开放、前瞻性"作为服务型制造转型的心态、意识、行动轨迹，围绕客户效益、社会效益、公司效益三个方面推出相关产品和商务模式，在市场上产生了一定的连锁效应和口碑效应。转型带来的经济效益体现在以下两个方面：一是服务性收入显著提升。2016年服务性业务占公司营业额比重达25%，公司拥有自主知识产权的系统集成工艺包30多项、100多个工艺点已经开始进行应用，这些成熟工艺包的应用与复制，已经成为公司开拓增量市场、引领节能技术发展的利器；节能诊断、节能改造、能源托管、运维托管、合同能源管理等以"互联网+"为支撑的全生命周期服务将全面盘活存量市场。二是转型过程中信息技术赋能企业降本增效。智能化和信息化的产品和管理平台降低了企业运营成本，提高了企业经营效益，同时提升了用户良好体验。

（二）社会效益

公司转型产生的良好社会效益表现在以下两个方面：一是紧靠"一带一路"，深耕海外节能市场。经过多年的深耕经营，双良节能稳坐巴基斯坦溴冷机市场的"头把交椅"，客户遍及商业、医疗、教育、纺织、金融、能源等多个行业，市场占有率高达50%以上。二是通过实施污水治理、排放等环保重点领域项目，树立示范标杆效应。在农村、乡镇污水治理方面，公司控股子公司依托Sunda污水管理云平台，将物联网和移动互联网技术不断升级应用于分散式村镇污水设施管理；在工业高盐废水零排放业务方面，针对工业废水高含盐、高浓度的特性，双良节能利用其高效蒸发结晶技术，实现最大限度的固液分离，回收纯水和盐分，达到无液体污染物的排放和资源回收利用，成为推动工业废水零排放产业发展的中坚力量。

# 四、未来规划

双良节能规划到2018年，服务性收入占销售总额比重达50%，服务型制造转型水平明显提升。到2018年底，实现新增工艺包10个，工艺应用点30个，销售收入超 25 亿元，利润总额超 3.5 亿元。其中，服务型制造（含工程总承包（EPC）/合同能源管理（EMC）/能源托管、托管运维）收入超 13 亿元，合同能源管理（EMC）全运行期合同总额超 25 亿元。制造与服务全方位、宽领域、深层次融合，实现与公司经营战略相符合的专业化发展格局。双良节能将积极响应国家节能环保相关政策，深耕"节能、节水、环保"领域，聚焦余热余压利用、工业循环水处理、电厂冷凝热回收、城镇污水处理、高盐废水零排放等产业，加大研发投入力度，加强核心技术攻关，促进科技成果转化。在"十三五"发展期间，双良将围绕"绿色化、智能化、服务化、高端化、国际化"五个目标，实现健康、稳定、可持续发展。

## 五、经验启示

双良节能从单一的节能设备"制造商"，转变为以设备全生命周期服务为核心的"智造商"。坚持以自主关键技术和核心产品为主导，为客户提供整体解决方案。以物联网和新信息技术为基础，依托自主开发的云平台系统，为客户提供全生命周期的能源管理服务，当好"智能互联、知能善用"的绿色专业管家。其转型的演进历程可总结如图 1 所示。

双良节能的转型实践关键在于以下几个方面：

一是把控"制造微笑曲线"中研发和现代营销的"两端"，调存量结构，拓增量市场。双良节能以研发创新为先导，以国家级企业技术中心和博士后科研工作站为研发平台，不断开拓创新，现拥有专利 400 多项，其中发明专利 85 项，公司每年拿出超过销售收入 4% 的经费用于研发。围绕专业化经营，实施新产品、新技术、新工艺包的自主研发和合作研发，使产品和系统具备企业自主知识产权。营销方面对存量客户建立资信数据库，按后台数据将客户市场地位等维度进行评价。按优质客户、一般客户、劣质客户进行分类。从产品和服务等方面给予优质客户最大限度的响应。对优质客户采用融资租赁、分期付款等金融手段或合同能源管理模式，确保优质客户在资金暂时短缺的情况下能尽快实现节能减排增效的目标。

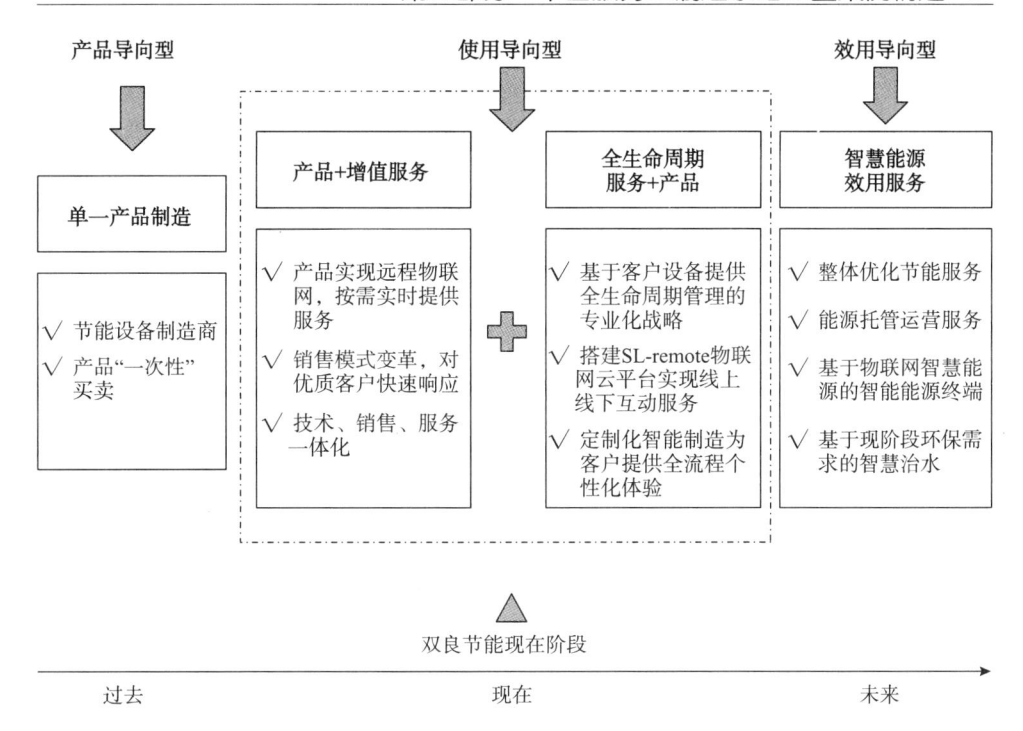

```
产品导向型              使用导向型              效用导向型
   ↓                      ↓                      ↓
              ┌─────────────────────────────┐
              │  产品+增值服务      全生命周期        智慧能源
              │                    服务+产品        效用服务
┌──────────┐  │ ┌──────────────┐ ┌──────────────┐ ┌──────────────┐
│ 单一产品制造 │  │ √产品实现远程物联 │ │ √基于客户设备提供 │ │ √整体优化节能服务│
└──────────┘  │ │  网,按需实时提供│+│  全生命周期管理的│ │ √能源托管运营服务│
┌──────────┐  │ │  服务         │ │  专业化战略    │ │ √基于物联网智慧能│
│√节能设备制造商│ │ √销售模式变革,对│ │ √搭建SL-remote物联│ │  源的智能能源终端│
│√产品"一次性"│ │ │  优质客户快速响应│ │  网云平台实现线上│ │ √基于现阶段环保需│
│  买卖     │  │ │ √技术、销售、服务│ │  线下互动服务  │ │  求的智慧治水  │
└──────────┘  │ │  一体化       │ │ √定制化智能制造为│ └──────────────┘
              │ └──────────────┘ │  客户提供全流程个│
              │                 │  性化体验     │
              │                 └──────────────┘
              └─────────────────────────────┘
                          ▲
                     双良节能现在阶段
─────────────────────────────────────────────→
   过去                   现在                   未来
```

**图 1　双良节能从设备制造向智慧节能服务商转型历程**

资料来源：根据公开资料自行绘制。

二是依托于新一代信息技术，打造"云平台"+节能环保能源生态圈。结合物联网、互联网、大数据等新一代信息技术打造四大管理平台，在传统产业的基础上，积极进行智能化的探索。公司新成立的慧居科技股份公司，就是在城市集中供热的基础上，依托传统领域的广大客户群体与供暖管理经验，结合互联网技术，以"布丁"智能机器人等软硬件为工具，为社区用户、企事业单位提供一站式智能居家整体解决方案与综合服务。以移动互联网技术为根基的 SL-remote 双良云平台，实现对海量客户数据的集成和长效管理，真正做到以客户为中心和导向的增值服务。利用物联网技术实现能源站的运营，将大数据运用于分布式能源站管理，基于物联网智慧能源实际的工作模式进行分布式能源站运营，依托物联网把现场服务与远程诊断相结合，实行远程监控系统。

三是积极开拓"一带一路"沿线国家市场，布局全球化、拓展新业务。为真正把双良节能打造成中国节能环保产业的标杆，打响向全球展示推广的国际品牌，双良节能与中国国际商会签署战略合作协议，通过借力，加快"走出去"步伐。在东南亚、中东、欧洲等重要市场加大品牌推广和营销策划活动。全球节能环保市场的深耕拓展，让双良节能的品牌影响力日趋增强，至今已成功在50多个国家和地区进行销售，并发展成为近300多家世界500强企业的合作伙伴，销售额以每年30%的增幅稳步增长。

　　四是夯实科技、人才为基础的转型升级"双引擎"。公司秉承"销售人员技术化，技术人员市场化，技术、销售、服务一体化"的人才培养方向，在人员组织机构方面快速实现"技术、管理"和"销售、服务"两头大、生产一线中间小的"哑铃状"结构。推行"以人为本、开放和谐、公平公正"的价值观，通过结构优化、激励变革和平台建设，持续开发员工潜能，打造满足时代发展的人才队伍，夯实服务型制造转型发展的人才资源保障。近年来，企业引进各类专业人才800多名，各类技术研发人员超过500人；双良节能联合著名学府及科研院所，跟踪行业技术最新趋势，合作研发、引进消化最新产品和系统技术；依托博士后科研工作站和国家级企业技术中心平台，结合自身产业化特点，建立三级研发创新体系，并成立低碳产业研究院，设立20亿元低碳产业发展基金，积极关注节能减排、资源综合利用、环境保护等领域的新技术。

# 陕西汽车：商用车后市场全生命周期服务

商用车是经济活动的运输设备，具有生产资料的属性，商用车市场的发展与国民经济宏观走势密切相关，被称为国民经济发展的"晴雨表"，而商用车后市场繁荣程度对经济生产活动的服务保障尤为重要。近几年，国内商用车行业度过高速发展期，进入市场饱和、缓慢增长的阶段。商用整车趋于同质化，产品价格成为企业之间的主要竞争手段，传统的整车制造和销售环节的利润正不断下降。商用车制造企业要获取更大的市场份额，必须深入挖掘服务价值。为用户提供除产品外非传统的服务内容已成为商用车企业未来发展的关键和核心竞争力的体现。这种市场竞争状况促使传统的商用车制造企业从以"生产型制造"为中心向以"服务型制造"为中心转变，将重心逐步聚焦到汽车销售后的配套服务中。

陕西汽车打造商用车全生命周期服务平台——"车轮滚滚"O2O服务平台，以整车产品为基础，在持续提升基本售后服务的同时，创新地开展融资租赁、经营性租赁、商业保理、保险经纪、车联网数据服务等一系列增值服务业务，成功从单一产品制造商向商用车移动服务解决方案提供商转型，彻底摆脱了同质化竞争困境。其转型经验可供其他商用车制造企业借鉴。

## 一、发展背景

陕西汽车总部位于陕西省西安市,前身是始建于1968年的陕西汽车制造厂,拥有员工2.7万人,资产总额368亿元,位居中国机械500强第20位,下辖陕西汽车集团有限责任公司、陕西汽车实业有限公司、金龙汽车(西安)有限公司等104家参控股公司,主要从事重型越野车、重型卡车、中轻型卡车、大中型客车、微型车、重微型车桥、康明斯发动机及其零部件的开发、生产、销售及相关的汽车服务贸易和汽车金融业务。除了在国内销售外,陕汽重卡也已走向海外,不仅出口欧洲、非洲、亚洲及中东等80多个国家和地区,还在南非、埃塞俄比亚、伊朗、哈萨克斯坦等国家实现了本地化生产,出口量连续多年位居行业前列。在新能源汽车领域,陕西汽车在节能与新能源商用车领域具有深厚的技术积累及产品研发沉淀,拥有38项LNG重卡专利技术,承担了国家863新能源商用车开发项目,具备新能源商用车系统集成及核心零部件开发能力。在LNG、甲醇、二甲醚等节能重卡领域市场占有率超过45%;纯电动码头牵引车成功进入美国市场,实现了中国重卡产品在欧美发达国家市场的突破。

2009年,陕西汽车面对行业和市场的变化,确立以服务型制造作为企业战略,融合制造手段和服务理念,为用户创造最大价值,提供整体解决方案。一方面,2008年下半年受行业排放法规以及愈演愈烈的全球金融危机的影响,国内外重卡需求出现了较大的波动和下滑。另一方面,国内商用车行业竞争激烈,仅靠汽车制造难以延续竞争优势。随着我国经济结构的调整,商用车市场趋于稳定,规模增长难以持续,过剩的产能使得竞争加剧。传统业务利润摊薄,亟须新的利润增长点。另外,客户群体发生变化,需求日渐复杂。过去陕西汽车的客户以散户居多,更多地关注产品本身的性能,如今物流大客户群体快速增长,他们除了产品性能,还关注产品全生命周期和经营全过程中的需求,期望获得整体解决方案。由于单纯的整车制造和销售方式已经不能满足客户的需求,陕西汽车需要新的客户价值的实现方式。这时"产融结合、两化融合、产业融合"成为制造业转型的大方向,国外先进企业制造大多选择向服务型制造转型。服务型制造以客户为中心,强调以客户为中心的关注产品全生命周期、客户经营全过程需求的战略。产品与服务相结合能够创造更高的客户价值,实现差异化竞争;不同的产品及服务组合、定制化的整体解决方案,能够满足不同客户的不同需求,陕西汽车也开始思考自己的服务型制造之路。

近年来,陕西汽车积极实施服务型制造战略,通过整合物联网、车联网、大数据、移动互联、智能交通等先进技术成果,于 2014 年打造了国内最大的商用车全生命周期服务平台——"车轮滚滚"。通过智能配货系统、动态车辆管理系统、智能行车服务系统,将产品与服务有机融合,为客户在车货匹配、车辆信息化管理以及行车服务等方面,提供了有竞争力的综合服务解决方案,实现了由单一产品制造商向商用车移动服务解决方案提供商的转变。

## 二、主要做法

陕西汽车于 2009 年提出发展服务型制造,确立以服务型制造作为企业战略,融合制造手段和服务理念,持续为用户创造最大价值,提供整体解决方案。发展模式由单一产品制造商向商用车移动服务解决方案提供商转变,组织模式从以产品为中心的组织结构向客户中心型组织转变,竞争手段由单一产品竞争向业务组合价值最大、整体解决方案创造最大价值转变,产品布局由制造向制造+服务转变,客户关系由有所需要、简单交易向深层次、高频、有黏性的合作伙伴关系转变,核心能力由研发制造向"发现需求、满足需求、创造需求、引领需求"的知识创新管理、资源整合与方案设计开发能力转变,利润来源由产品销售向产品+增值服务+客户价值共享转变。

2013 年,陕西汽车提出以建立价值营销体系为目标,确定了"总部—办事处—经销商"分层转型的思路,以渠道转型为指导,推动营销系统开始转型,至 2015 年,公司以关注产品全生命周期和客户经营全过程为出发点,前端加大科技投入,后端强化服务协同,成功构建起了以物流与供应链为主体、金融与车联网信息服务为两翼的后市场服务体系，实现了产品与服务的协同，营销模式成功向价值营销转变。2016年，以产品和增值服务协同为基础的综合解决方案促进销售能力稳步提升。陕西汽车打造产品全生命周期模式的主要举措如下：

一是建立正向研发体系，"政产学研"积极创新。逆向研发模式依靠引进消化国外技术、模仿跟随国外产品维持生存。这种模式在行业产能过剩、同质化竞争严重的商用车市场环境下，受到严峻挑战。陕西汽车搭建"产品和技术的战略性研究、应用型技术研究、产品平台的开发、应用工程"四个梯度的正向研发体系。其中，产品和技术的战略性研究，即研究分析客户潜在需求，找寻在产品与技术上的新机会；应用型技术研究，即发现了需求之后，企业联合开放的各方资源，研究用什么样的方法满足需求，把需求变成现实并产生价值；产品平台的开发，体现差异化获取竞争优势；应用工程，在满足客户的个性化需求与应用工程价值最大化过程中寻求统一。

为推进基于客户需求的正向研发，研究院制定了客户需求挖掘流程：从市场分析入手，对客户需求识别后，将客户需求转换为产品。陕西汽车坚持以客户需求为中心的正向研发理念，持续关注和寻求产品全生命周期及客户经营全过程中的机会，通过自主创新和广泛的对外合作，搭建起了全系列商用车研发平台及其支撑体系。建立了国家级企业技术中心、博士后科研工作站和陕西省院士专家工作站，建成了国内重卡行业唯一的"新能源研究开发与应用实验室"，拥有"商用车工业设计中心""陕西省石油特种车辆研究中心""陕西省汽车工程技术研究中心"等多个研发平台。

2016年，陕西汽车根据细分市场特征及使用工况等因素，重点围绕动力足、轻量化、低能耗、智能化、高可靠性、新能源等指标，成功开发了X3000、新M3000 6×2牵引车，在自重、油耗、经济性等方面精准满足了客户需求；针对国家政策法规的变化，陕西汽车提前做好产品准备，开发出性能与成本行业领先的6×4大马力牵引车，市场持续热销。HD10新一代平台产品开发取得突破性进展。L3000载货车成功上市，取得了良好的市场反响。依托产、学、研合作平台，稳步推进新产品开发和老产品优化，纯电动轻卡顺利完成开发试制，主要性能指标位居行业前列，6款车型列入《第四批新能源汽车推广应用推荐车型目录》。目前，公司已形成L3000、M3000、X3000、HD的全系列商用车产品平台，产品梯队建设更加完善。

二是开发"天行健"车联网服务系统，完成服务能力转型。车联网是汽车产业调整、转型、升级的突破口。陕西汽车在2011年推出"天行健"车联网系统，它是在陕西汽车服务型制造战略引领下，实现运营的首款后市场服务产品，通过Telematics技术（无线通信技术、卫星定位、网络通信技术、车载电脑）在重卡上的综合应用，向重卡用户提供基于车联网的信息服务解决方案。"天行健"能够及时、有效地处理车辆在运营过程中产生的维护、保养、修理、智能配货、油耗管理、路况信息反馈等事宜；借助呼叫中心、服务专家、健康热线等业务管理平台，用户服务更加便捷；凭借服务站、配送中心、配件直营店和配件经销商四位一体的服务配件网络，让客户一站式地享受最优的售后服务。"天行健"通过打造开放、透明的信息管理平台，面向不同的客户提供不同的车联网解决方案。"天行健"车联网系统将互联网技术应用于商用车物流行业，智能化服务贯穿于用户用车的全生命周期，探索商用车行业物联网大数据的挖掘分析服务，颠覆了国内商用车行业传统的服务模式。

三是整合资源，构建以物流与供应链为主体、金融与信息服务为两翼的后市场服务体系。陕西汽车后市场板块布局如图1所示。

商用车后市场是涵盖整车、发动机、零部件、经销商、维修企业、保险、车队司机等多种行业形态的庞大市场。基于产品的后市场服务领域能够以产品为载体，整合资源，为客户提供综合解决方案，实现企业的差异化发展。陕西汽车实施基于产品全生命周期管理，围绕终端客户需求，利用资源整合为手段的运营模式，自身无法提供的资源通过兼并重组外部企业，或与外部企业建立合作联盟方式联合提供。例如，在物流与供应链方面，陕西汽车与陕煤集团通过深度合作，成立煤炭运输公司——新丝路公司，通过为陕西煤炭运输客户提供煤炭运输整体解决方案，探索开展物流与供应链服务的业务模式。为煤炭运输的车队、散户提供"产品+售后服务+金融等服务+路线管理等"煤炭运输整体解决方案，实现客户、合作方与陕汽共赢。并且通过新丝路公司的成立，为煤炭物流企业提供整体解决方案，开启陕西煤炭绿色运输新篇章；以此项目探索物流与供应链服务模式，导入更多的陕汽产品及服务。

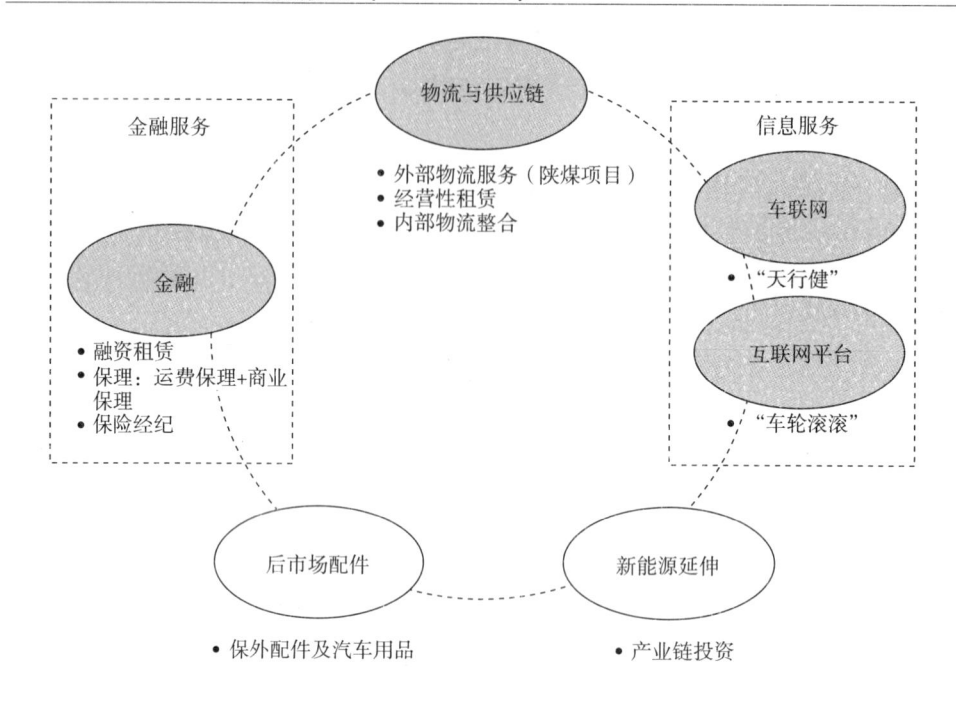

图 1　陕西汽车后市场服务体系

资料来源：根据企业申报材料总结绘制。

在金融服务方面，提供运营全过程的金融服务。在商业保理方面为物流客户提供保理服务；为陕汽供应链体系提供保理服务；在融资租赁方面为客户提供购车融资服务；在保险经纪方面，为客户提供差异化的保险方案。

在信息服务方面，为了支撑服务转型，陕西汽车采取互联网思维，整合增值服务资源，吸纳原先的"天行健"车联网系统，于 2014 年建立了"车轮滚滚"智能服务平台。"车轮滚滚"是国内首家基于卡车全生命周期与运营全过程的 O2O 服务平台，其以客户为中心，将产品和后市场服务高度融合，以大数据为依托，向客户提供了一种全新的整体运营解决方案。"车轮滚滚"平台定位为车主之家、物流专家、平台规则维护者。它的核心是为货主提供精准运力，为车主提供"全生命周期服务"——解决车主从买车、运营、车辆管理、后市场服务、金融等全产业链的无缝对接服务，使货主一键无忧下单，在"车轮滚滚"平台上迅速实现车货匹配，并且为车与货提供全程可视化跟踪，为该企业提供可视化车辆管理。陕西汽车打造"天行健"车联网平台以及"车轮滚滚"O2O平台，通过对众多车辆运营数据的采集、分析，为企业产品服务开发及企业运营模式的改善提供依据，同时实现了对客户价值的提升。这两个平台共同承担着延长产业链，整合重卡生态圈资源的重任。

在配件服务方面，为客户提供全生命周期的配件服务；为行业客户提供定制化配件服务；为客户提供油品及汽车用品服务。

在二手车服务方面，成立二手车辆信息交流平台，包括从信息发布、信息查询和知识培训三方面为客户及经销商提供服务。

在经营性租赁业务方面，陕西汽车成立了上海远行供应链公司，致力于满足不同客户群体的差异化需求。首先，实现了客户价值。降低了客户车辆采购及使用成本，灵活的租赁方式以及更加便捷地获得整套服务。其次，实现了陕西汽车价值。成为开发新客户的有效切入点，同时载入售后服务及多项增值服务，搭建产业链延伸与合作的平台，成为公司新的利润增长点。

# 三、转型成效

## （一）经济效益

陕西汽车借助内外部资源的整合利用，为用户设计交付整体的产品服务方案，与用户后期经营保持密切联系与交易，实现持续性收入回报，为此其关注的业务领域与空间获得空前增长。其转型的经济效益具体体现在服务性收入实现了从0到135.8亿元的跨越。2016年陕西汽车实现销售各类汽车11.7万辆，同比增长36%，实现销售收入368亿元，同比增长22%。其中服务方面贡献营业收入135.8亿元，支持车辆销售1.48万辆；融资租赁对营销的支持率达到20%，服务型制造对公司战略的支撑度稳步提升。

## （二）社会效益

转型带来的社会效益体现在以下两个方面：第一，"天行健"车联网系统促进了物流行业的发展。"天行健"探索如何利用物联网技术帮助物流企业从粗放式管理向量化精细方向转变，在解决了现代物流行业的安全问题、很大程度提高运营水平的同时，带动物流行业的健康飞速发展，把科技资源优势转化为产业优势，改变传统制造业目前发展的"疲软"状态，为国民经济的健康发展贡献力量。第二，商用车全生命周期服务平台的构建为商用车行业转型起到了良好的示范作用。有助于加快我国车联网技术的研究与开发，开拓汽车后市场的增值服务，使制造业向服务型制造业转型，延长汽车上下游辐射链，铺开现代科技服务业与传统制造业融合发展的新局面。传统商用车制造企业可以从产品需求分析到淘汰报废、回收再处置全生命周期的角度，着力统筹优化全价值链的产品服务。

## 四、未来规划

在发展思路方面，陕西汽车的服务型制造战略实施将从两条路径展开：一是产品技术升级，即现有价值链职能环节的改革升级；二是商业模式创新与服务业务的开发，即后市场服务业务的拓展、产品与服务协同。在企业目标方面，陕西汽车希望通过融合制造手段和服务理念，持续为用户创造最大价值，成为国内一流的商用车综合服务解决方案提供商，进一步提高服务性收入的增长点和利润来源，增强企业竞争力和抗风险能力。具体设定以下三个目标：第一，建立"互联网＋"商业模式，构建重卡生态圈，如图2所示；第二，推进整体解决方案业务模式全面落地；第三，实现以客户为中心的组织转型。

在关键举措方面，具体措施如下：第一，推进正向研发，构建全新研发体系，实现满足客户需求准、开发效率高、开发质量高、开发成本低的目标。具体地，设置产品经理，评估产品机会，并提升研发系统自身的能力。第二，推进价值营销。培养起客户细分、客户需求挖掘的能力；优化营销策略，将产品销售和

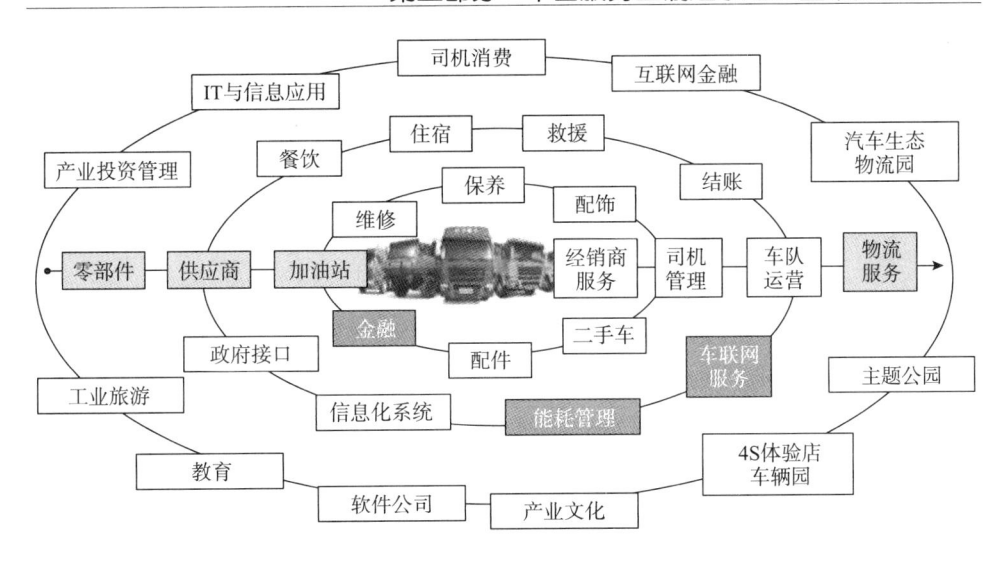

**图 2　陕西汽车重卡生态圈构成示意图**

资料来源：根据企业申报材料总结。

服务销售协同，实现由传统单一产品销售向整体解决方案销售的转变；销售人员从传统的卖车方转变为整体解决方案咨询师团队。第三，提升供应商评价能力。建立完善全面的评价标准和体系，包括对供应商的评价，对零部件性能的评价，对整车性能的评价。第四，提升成本控制能力。第五，提高与业务协同的职能管理，关注关键流程，塑造差异化优势；动态优化组织架构，使其与战略高度匹配；注重人力资源培养和绩效管理提升。

陕西汽车的服务系统整合上下游辐射产业链，将钢铁、煤炭行业、IT行业、电子行业、房地产行业、运输行业、金融保险行业等有效资源聚集起来，借助互联网技术建立虚拟产业生态圈，突破空间地域限制，促进产业上下游合作配套，营造了一种资源集聚保增长的发展氛围。服务型制造战略借助公司已有的营销服务体系进行推广示范和服务，利用陕汽重卡销售公司在全国已有的27个办事处、408家经销商、1200家服务站等营销服务网络进行推广和售后服务，未来还可借助陕汽进出口公司在全球50个国家的62家代理商营销服务网络进行推广及服务。能够为客户提供7×24小时全天候售前技术咨询、售中技术支持、售后跟踪服务的产品全生命周期的服务解决方案。

陕西汽车将围绕"实现整车产销25万辆、销售收入突破1000亿元"的"十三五"发展目标,致力于与产业链成员构建一个共生共赢的全新商用车产业生态圈,成为国际一流的服务型汽车企业集团。到"十三五"末,陕西汽车各项服务性收入力争达到总收入的40%以上。

## 五、经验启示

陕西汽车面向商用车后市场的增值服务拓展路径如图3所示:

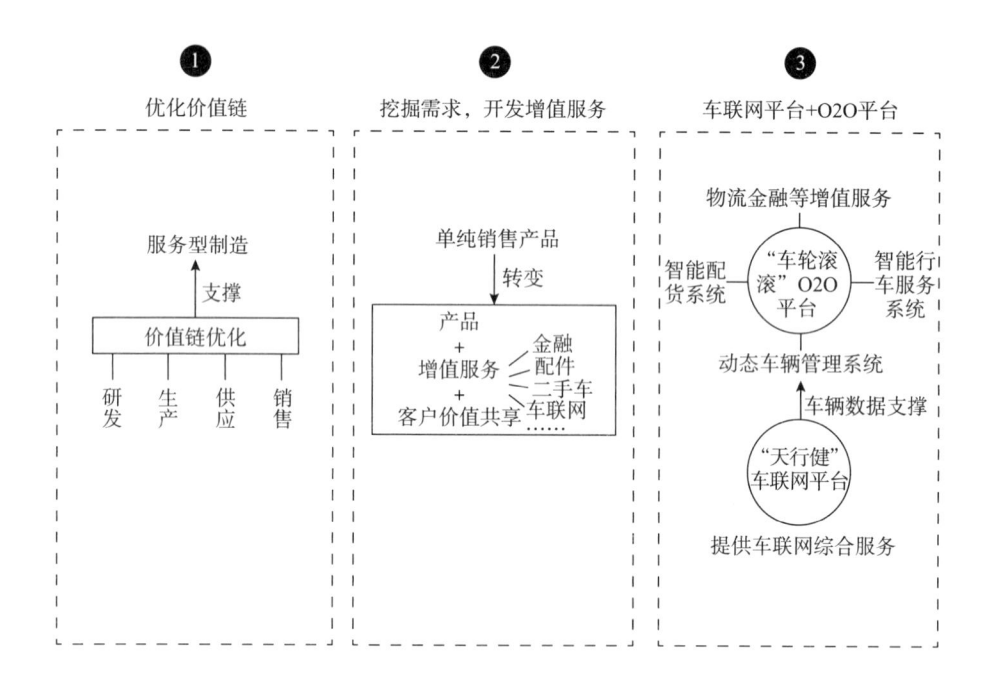

**图3 陕西汽车面向商用车后市场的增值服务拓展路径**

资料来源:根据公开资料自行总结。

陕西汽车实施产品全生命周期管理的总体思路为:"以满足客户价值的最大化为出发点,推进以生产、营销等系统的价值链优化,拓展增值服务以提升客户体验，搭建良性的增值的生态系统为客户提供整体解决方案。"具体地，陕西汽车的服务型制造转型可以为其他商用车制造企业带来以下经验借鉴：

首先，推进生产、营销等系统的价值链优化。实行服务型制造转型要以企业内部优异的运营流程为基础。基于此，企业在实施转型的同时要不断推进研发、生产、供应、销售价值链的优化。其中，生产和营销是重中之重，商用车制造企业应当加强这些能力以支撑转型。

一是坚持研发创新，积极参与标准制定。优秀的产品以及先进的科研技术永远是企业的核心竞争力。在实施服务型制造转型的同时不能忽视产品和技术。在研发方面，陕西汽车摒弃了逆向思维，建立了应用型技术开发等四个梯度的正向研发体系，基于正向研发，在技术研究开发的过程中集政、产、学、研的技术之力积极创新，随着服务型制造战略的实施，陕西汽车的创新形式也发生了改变。过去，先由销售部门提出需求，然后研发部门开发产品，最后由生产部门制造产品；如今，任何部门、任何人在任何一个环节上都能感知用户的需求，即时改进和优化产品服务。基于此，陕西汽车连续多年保持新能源重卡行业的领先地位。在标准方面，近年来陕西汽车充分参与国家标准制定，抢夺标准话语权，通过标准制定提升公司核心竞争力。近年共参与21项国家标准制定工作，主导制定3项，参与制定19项。公司已拥有"陕汽""汉德""贴心服务"等5项中国驰名商标。连续多年获得国家、省、市知识产权局多项荣誉。

二是推动营销系统转型。价值营销的本质是基于关注产品全生命周期，关注客户经营全过程给客户创造最大价值，同时企业分享价值。其核心是依靠"价值"赢得客户，而非主要依靠"价格"。2013年陕西汽车提出以建立价值营销体系为目标，确定了"总部—办事处—经销商"分层转型的思路。随着转型的推进，陕西汽车的销售理念、销售内容、销售渠道、促销模式、售后服务、大客户开拓业务等都成功转型。销售理念以价值营销和协同销售为指导思想，不再只考虑短期的利益；销售内容转变为产品和增值服务的营销；渠道转型，针对细分市场及客户类型，展开品系化，同时推进经销商整体解决方案业务能力提升；促销模式转变为站在客户角度提供服务，不再是简单地把车卖出去；售后服务除传统服务外还提供增值服务；探索大客户开拓业务。

三是打造精益的生产系统。在质量管理方面，陕西汽车通过将过程审核前移,狠抓产品实现过程质量控制,开展入库车辆、小毛病、空调等专项整顿活动,使生产过程中存在的质量问题得到了有效整改;开展CCC关键件质量控制,下线车辆100%检验、典型车辆检验等工作,有效降低了重复、批量性质量问题的发生,多项措施优化了生产保障管理,提高了生产作业精细化水平,质量问题大幅度减少。在生产管理方面,陕西汽车全面开展基于降低库存的生产周期管理,初步建立了覆盖整个生产过程的成本控制模型。通过对生产运行和销售信息的综合分析,使公司的资源和产能优势得到充分发挥,做到了资源有效平衡,在对生产质量的严格控制下,提高了生产组织效率,增强了制造板块的基础运营能力。陕西汽车对于价值链的优化为其实施服务型制造战略提供了良好的支撑。

其次,深度挖掘客户需求,拓展后市场增值服务。增值服务产品开发是传统汽车制造企业向服务型制造企业转型的关键。商用车制造企业应当针对细分市场、客户经营全过程和产品全生命周期的客户痛点,敏锐洞察商业机会,将企业内外部的资源能力进行有效的整合或改造。同时基于这些资源能力,吸引外部伙伴共同参与、共同为用户创造使用价值。企业可将增值服务与产品打包,实现合作伙伴共同分享从用户处获得的价值收益,并为客户提供包含经营全过程及产品使用生命周期内的整体解决方案,提升客户体验,实现产品经济价值和社会生态价值的最大化。例如,陕西汽车在服务方面已经有了一些创新以及相应的积淀。将先进的服务体系放在了与质量、技术、执行策略同样重要的地位,拓展了融资租赁、经营性租赁、商业保理、汽车金融、保险经纪、车联网服务、汽车配件、二手车等多个业务,将服务产品投入市场,不断完善商业模式,目前已构建较为全面系统的服务,为未来企业实现重卡生态圈的构建,推进整体解决方案业务模式全面落地打下了坚实的基础。

再次,依托信息技术搭建车联网、互联网等平台。企业应当夯实信息化基础,持续推进信息化建设。陕西汽车基于服务型制造转型,围绕相关能力的构建,正加快推进相应的信息平台建设,目前已具备对产品从研发、生产到销售、维护的全过程管理信息技术基础。除此之外,在互联网时代下,服务型制造战略具有了更加丰富的内涵,企业与客户之间的距离消失,关系更为紧密,追求智能化制造,采取多样化的手段为客户提供极致的产品体验,实现客户价值的手段更加丰富。商用车制造企业需要积极拥抱新兴信息技术,为客户创造更多价值。可学习陕西汽车积极运用物联网、车联网、大数据、移动互联、智能交通等先进技术，通过智能手机端、车联网终端、PC端为客户提供多样化服务。2011年搭建的"天行健"车联网系统不仅为陕西汽车的后市场服务和战略转型提供了落地点，还为用户提供了综合解决方案，是突破行业低端竞争的重要途径。2014年发布的"车轮滚滚"O2O平台则为客户实现了线上与线下服务的无缝对接，进一步成为线上体验一站式整体解决方案的窗口。其价值在于以下几个方面：第一，为车主提供货源信息，提高车辆出勤率；第二，为货主提供运力信息，降低运输成本；第三，依托平台，导入金融、租赁、供应链管理等增值服务，使客户更便捷地获得一整套服务；第四，透明的信息平台使得交易更安全可信。陕西汽车将"车轮滚滚"定位成中国最大的卡车全生命周期服务平台、最大的精准运力的提供商和智能物流的生态圈。

最后，注重人才队伍建设。发展服务型制造离不开优秀的人才队伍。企业应当加快人才培养，建立适当的人才激励机制。例如，陕西汽车为推动服务型制造战略落地，制定了"客户需求研究、物流行业研究、物流公司管理、车辆驾驶、产品配置、维护保养、车队管理、增值服务产品开发、整体解决方案设计"九类专家的任职资格标准，在公司内外部组织选拔专家，激发员工活力。通过任职资格标准和专家队伍的建立，加大对业务领域的重视和激励程度，激发员工不断提高胜任能力。另外，开展校企合作项目，联合职工培训大学、西安汽车科技学院，培养专门的服务人才。还有，构筑学习型组织，促进公司可持续发展，进一步促进了公司服务型制造战略的实施和落地。

# 广电运通：网络化、智能化金融外包服务

以大数据、云计算、区块链、人工智能为代表的新兴金融科技（Fintech）正在给金融行业带来深远的影响。数字化、网络化和智能化的金融科技在创造全新客户体验的同时，也带来金融零售服务从线下向线上迁移、现金交易逐步减少的趋势。作为国内金融自助终端市场"排头兵"的广电运通，通过推动金融自助终端设备的智能化和网联化，打造面向客户需求的全生命周期服务平台，从金融自助终端设备的维保服务起步，大力拓展全产业链金融外包服务，成功实现向定制化、智能化金融服务与产品解决方案商的转型，为金融终端设备制造商从产品竞争的红海走向新兴服务拓展的蓝海提供了有益借鉴。

## 一、发展背景

广电运通由广州无线电集团于1999年组建，2007年在深交所上市，是全球领先的金融智能设备及综合性服务解决方案提供商。公司成立18年以来，主要业务涵盖银行自动柜员机（ATM）、远程智能柜员机、智能柜台、清分机、自动售检票系统等高端金融自助设备制造，以及提供金融自助设备维保、金融武装押运、金融IT服务外包等高端金融服务，是集自主研发、生产、销售及服务于一体的自主创新型高科技企业。广电运通的主要产品及服务如表1所示。

## 第二部分 中国服务型制造示范企业案例精选

**表1 广电运通的主要产品及服务**

| 类别 | 产品及服务简介 |
| --- | --- |
| 自动柜员机（ATM） | 因大部分用于取款，又称自动取款机。广电运通开发出多种ATM，包括多功能取款机、存款一体机、全功能ATM、车载ATM、助农取款设备等，更加完美地契合了不同场景。这些ATM在为用户提供基础的现金取款功能外还可轻松扩展现金存款、信封存款、存折补登、A4账单打印、一卡通充值、支票存款、硬币找零、条码扫描等功能 |
| 远程柜员机（VTM） | 远程视频柜员机，也称虚拟柜员机、远程柜员机、视频柜员机等，是一种通过远程视频方式来办理一些柜台业务的机电一体化设备。广电运通VTM不仅可以办理查询、转账等ATM传统业务，还能通过远程柜员的视频协助，自助办理开户、电子银行签约、充值缴费等各项业务，延伸了服务时间，也将有效缓解柜台压力，带给客户便利的体验 |
| 轨道交通自动售检设备（AFC） | 一种专门用来清点、分选硬币或纸币的金融机具。广电运通智能纸币清分机不仅是清分机，更是可扩展的全流程智慧现金处理解决方案；通过灵活的扩展接口，接入集中的信息管理系统和智能控制系统，并结合人民币冠字号流转追踪管理系统Roto-Cash，实现现金清分作业自动化处理及钞票处理全流程追踪 |
| 设备配件销售 | 广电运通在制造银行自动柜员机（ATM）、远程智慧银行（VTM）、清分机、智能交通自动售检票系统（AFC）等自助设备的同时，也提供设备配件的销售 |
| 金融外包服务 | 围绕银行金融自助设备的营运、运维、现金、安防等管理提供一系列专业、智能、高效的金融科技外包服务。广电运通提供ATM调度指挥服务、清机加钞服务、现金清分服务、设备维护服务、网点建设服务等 |

资料来源：Wind资讯。

2016年，广电运通实现营业总收入44.2亿元，其中，金融服务外包收入占比达30%。截至2017年4月，广电运通ATM等金融自助设备及服务已经进入全球80多个国家和地区的1200家银行客户，全球ATM使用总量超过20万台，综合实力位列全球前4强，在中国ATM市场销售占有率连续九年稳居第一。广电运通从金融设备制造向金融外包服务商的转型，既受企业适应外部技术与市场环境变化驱动，也是主动响应国家政策指引的结果。

首先,金融科技的飞速发展推动金融外包服务的兴起。移动互联网、数字货币、区块链及人工智能等前沿新科技在金融领域的渗透应用,各类金融机构正面临重新定义用户体验、重构金融零售渠道、再造后台风控流程等挑战,各级金融机构的数字化、网络化和智能化转型,需要科技类和产业链上下游企业共同推动,带来金融外包服务巨大的市场空间。作为深耕金融设备领域多年的企业,主动求变才能把握金融外包服务的新兴机会。

其次,国家政策指明制造企业智能化、服务化发展方向。习近平总书记指示要按照"高端化、智能化、绿色化和服务化"方向推进制造强国建设,《中国制造2025》《发展服务型制造专项行动指南》和《关于深化制造业与互联网融合发展的指导意见》等系列文件从发展愿景、阶段目标及保障措施等方面给出了行动指引,广电运通积极推进企业的"高端制造+高端服务"转型,围绕金融服务外包构建全产业链布局,提供金融自助设备维保、金融武装押运、金融IT服务外包等高端金融服务,实现自主研发、生产、销售及服务一体化。

## 二、主要做法

广电运通的传统业务以现金类设备研发、生产与销售为主,为应对未来"无现金"社会的挑战,广电运通逐步从金融自助设备制造商转型为全产业链金融外包服务商,其转型举措主要体现在以下几方面:

一是紧跟金融科技潮流,持续开展技术创新。2002年,广电运通正式成立研发中心,形成"研发、生产、销售和服务"四大体系。2005年,广电运通研发了具有完全自主知识产权的钞票识别模块并顺利通过权威专家鉴定,改变了我国ATM钞票识别技术一直使用国外技术的局面。2009年,公司创办子公司广州穗通,开始进入金融外包服务领域。2010年,公司将战略定位于"高端制造+高端服务",成立全托管服务部。2011年,广电运通与中国银行正式签署《ATM流水与差错处理管理系统采购合同》,标志着从金融设备制造向金融外包服务提供商的正式转型。2012年底,成立子公司中智融通,提供清分流水线系统解决方案，进入现金清分领域。2015年，开始打造金融外包服务全产业链。广电运通依托国家级企业技术中心、博士后科研工作站，与中国科学院和中国工程院"两院"院士等专家进行紧密的合作，成立了广电运通研究院，负责公司整体研究开发活动的规划、实施、服务和支持，研发精英团队近800多人，是目前国内实力雄厚、最具成长力的金融智能装备研发队伍。

二是打造设备服务平台，开展全生命周期管理服务。广电运通以金融自助设备为载体，围绕设备的全生命周期管理探索一体化综合服务，解决设备物理地点分散与维保服务脱节问题。2011年2月，公司全资子公司广电银通建立了国内首个金融自助渠道运营管理系统平台（AOC系统平台），通过AOC系统对各业务模块的正常业务流程、故障处理流程和应急处理流程进行信息化管理，为银行提供集计划、执行、监控和解决方案为一体的自助渠道运营管理服务，平台搭建以来，有力地提高了设备维保效能，促进维保服务收入持续增长。截至2017年底，公司已在32个省、直辖市和自治区拥有超过890个服务网点，维保设备总量达16万余台（包括自有品牌和其他品牌的ATM），平台主要功能及维保服务拓展历程如图1所示。

该平台对外主要实现呼叫中心服务、售后服务管理、设备管理服务、客户反馈评价管理和数据分析挖掘五项功能。实现从用户需求开始，直到需求实现及服务评级的全过程管理，通过大数据分析，提供智能金融设备的在线监测、故障预警、故障诊断与修复、预测性维护、运行优化、远程升级等服务。此外，广电运通还将线下服务向线上服务延伸，构建以"1+1+2"为核心的网络化服务渠道。"1+1+2"主要指1个官网网站、1个后台运营平台以及微信公众号和APP，平台功能包含8个模块，10个配套运营体系机制。构建的服务体系如图2所示。

三是收购武装押运整合现金服务，切入金融终端外包服务产业链。2012年12月，公安部发布了《关于加快推进公安机关保安企业脱钩改制工作的通知》，要求武装押运保安企业脱钩改制工作最迟于2013年底完成。安保脱钩的政策出台给现金押运外包服务带来发展机遇。2014年，广电运通收购宜昌金牛押运，正式切入武装押运领域。此后公司接连投资了24家武装押运公司的股权，遍布国内多个省市，形成国内独一无二的安防服务网络，成为国内控股武装押运公司数量最多的企业。

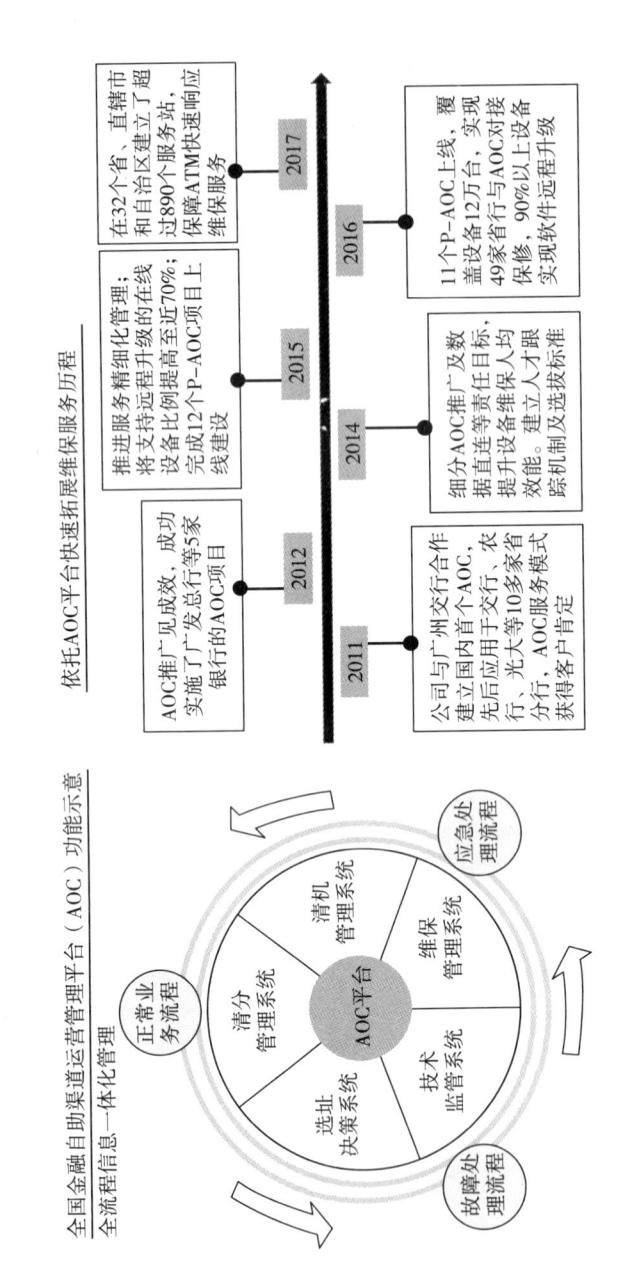

图1 广电运通的终端运营管理平台及设备维保服务历程

资料来源：根据公开资料整理绘制。

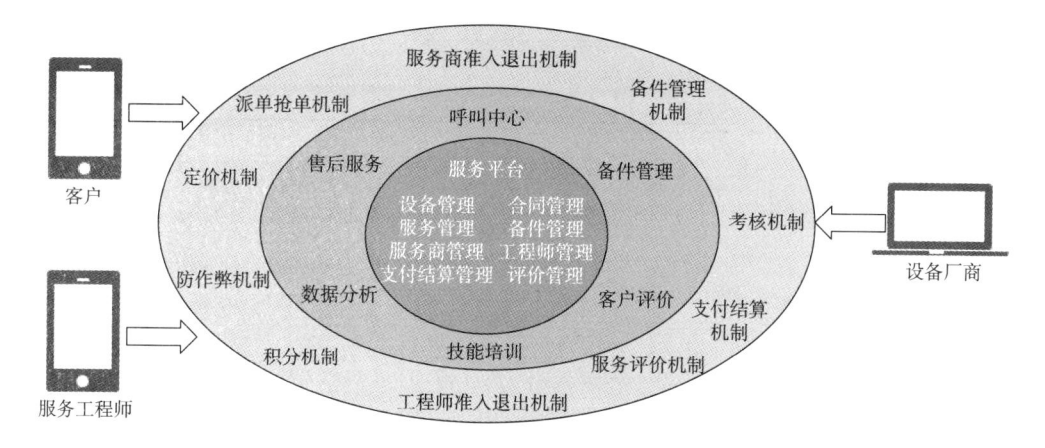

**图2　广电运通的"1+1+2"网络化服务体系**

资料来源：根据公开资料自行总结。

金融自助终端设备的运营包括从场地租用、装修、联网、配钞，到清机调度、押运，以及日常的清分、加钞、清洁、视频监控、安全管理、应急事件处理等众多环节，传统的终端设备运营分工割裂，银行人员负责现金清分等工作，武装押运公司负责现金的押送、终端设备厂商或服务商负责设备的维保及选址等。广电运通将产业链上下游打通，整合现金的押运、清分，终端的加钞、清点与设备的监控、维护，其中武装押运可看作金融终端运营服务的"物流"载体。

四是大力拓展服务范围，转型全产业链金融服务外包。在多年设备维保服务基础上，广电运通积极向基于自助设备的全产业链外包服务延伸，通过整合维保、押运与银行资源，完善全外包管理云平台，提供从网点建设、设备维保、武装押运、现金清分、视频监控到设备报废的全生命周期全产业链金融终端外包服务，构筑一体化集中管理体系。广电运通构建的全产业链金融外包服务平台及支撑的服务解决方案如图3所示。

这些金融外包服务普遍具有专业化、低成本、高效率、规避操作风险的特征，能够较好地解决资金与资产交易凸显的客户长尾、资产小额、交易高频、规模量大的问题。此外，广电运通还从业务与客户两个维度着手产业链布局：老客户—老业务维度，巩固领先优势，进一步扩大存量市场占有率，挤压竞品的生存

中国服务型制造发展报告（2018～2019）

| 服务对象 | 各大商业银行（建行、农行等）、武装押运公司、众多知名设备企业（汇金科技、浪潮等） |

**服务解决方案**

全产业链金融自助终端外包服务
- 营运管理：网点建设、网点管家
- 运维管理：调度指挥、设备维保
- 现金管理：武装押运、现金预测、现金清分、清机加钞、金库管理
- 安全管理：视频监控、动态密码

**金融外包服务平台**

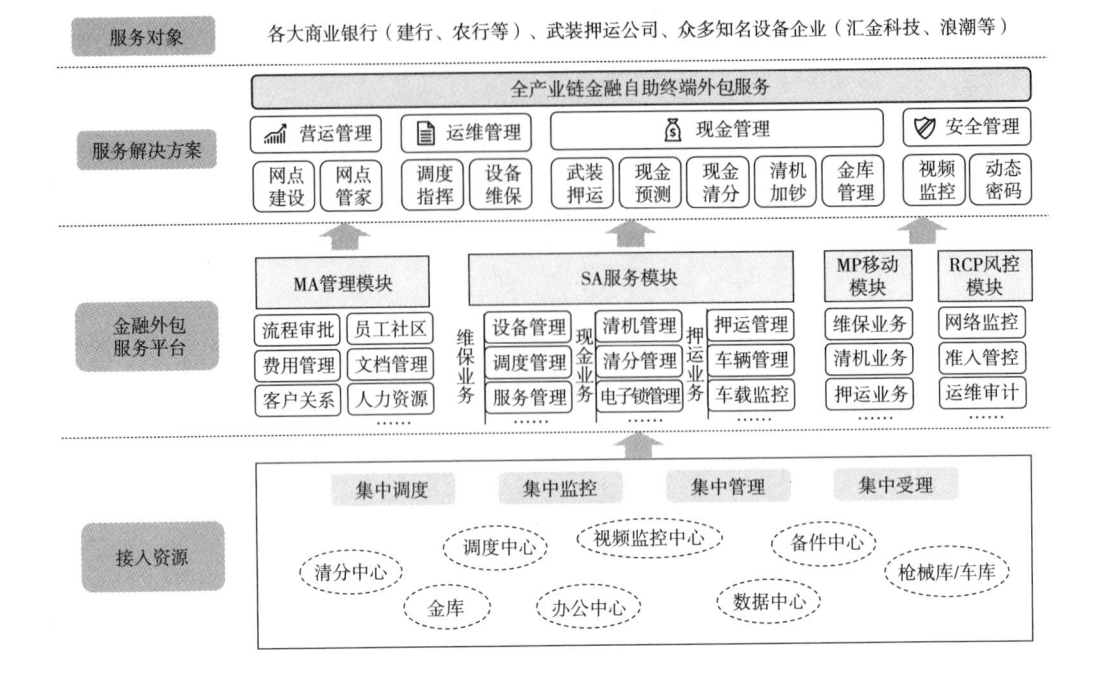

- MA管理模块：流程审批、员工社区、费用管理、文档管理、客户关系、人力资源
- SA服务模块：设备管理、调度管理、服务管理、清机管理、清分管理、电子锁管理（维保业务、现金业务、押运业务）
- MP移动模块：押运管理、车辆管理、车载监控
- RCP风控模块：网络监控、准入管控、运维审计

**接入资源**

集中调度、集中监控、集中管理、集中受理
- 清分中心、调度中心、视频监控中心、备件中心
- 金库、办公中心、数据中心、枪械库/车库

**图3 广电运通的全产业链金融外包服务平台及支撑的服务解决方案**

资料来源：根据公开资料整理绘制。

空间；新客户—老业务维度，开疆拓土，发展中东、亚太、非洲等现金交付为主流国家的金融自助终端设备与服务，借助国家"一带一路"政策拓展海外增量市场；老客户—新业务维度，齐头并进，借助资本市场力量，并购行业内公司，打造全产业链金融外包服务；新客户—新业务维度，蜕变重生，以金融智能科技为发展重点，通过与百度的合作，研发在前台可以用于人性化服务，在中台实现管理智能化，支持授信、各类金融交易和金融分析的量化决策，在后台实现基于区块链、云计算的风险防控和监督，提供智能投顾、智能合约、智能服务终端等个性化、智能化金融解决方案。

通过上述一系列服务化转型举措，广电运通逐渐规避了未来现金使用量下降及银行后台运营减少金融自助设备引入量的风险，以现有营运业务为基础，从开展设备回购与租赁业务开始切入，逐步过渡到独立负责银行自助渠道建设与运营管理工作，形成自主可控的自助设备网络。实现同网点多行、一机多行的应用，

整合行业资源，提高设备使用率，降低运营成本。

## 三、转型成效

### （一）经济效益

广电运通先后建立了"全国金融自助渠道运营管理平台"和"全产业链金融外包服务平台"，在国内率先实现货币智能处理设备制造的数字化、网络化和智能化，产生了显著的经济效益，主要体现在以下几个方面：一是营业收入稳步增长，2014年为31.5亿元，2015年为39.73亿元，2016年为44.2亿元；服务收入占比的增长，2014年为20%，2015年为24.78%，2016年为30%。二是创新远程运维服务模式，降低自助设备管理成本。通过对金融自助设备的智能互联升级，实现设备物理资源的全生命周期远程实时管理，降低了设备运营风险，减少了日常管理开销。三是开创了产业链金融外包服务新领域。将金融外包服务托管于自建服务平台的新模式，解决全国线下服务网络覆盖难、人员投入不足的难题，同时降低了运营成本。

### （二）社会效益

转型带来的社会效益体现在以下几个方面：一是将新一代信息通信技术与产业相结合，提升金融服务外包产业的技术性和先进性。作为全球领先的金融智能设备制造商，广电运通结合自身的产业链布局，与业内其他企业一起共同打造全产业链金融外包服务品牌，树立起"高端智造 + 高端服务 + 创新拓展 + 资本运作"的平台形象，有力地促进金融服务外包产业向高端化、智能化发展。二是积极开拓"一带一路"沿线国家业务，助力国家"一带一路"政策有效落地。广电运通瞄准"一带一路"沿线国家对金融自助终端设备需求量大的机会，定制了全套解决方案并成功入驻新加坡市场，在越南建设了当地最大的现金循环机网络，更是在土耳其建立了欧洲最大的VTM网络。这些举措有力促进了金融领域

"一带一路"沿线国家的深度合作。三是为金融设备制造领域的同行提供了服务化转型的典型示范，广电运通以金融自助设备的数字化、网络化和智能化改造为抓手，以金融外包服务平台构建为依托，逐步拓展服务对象、服务范围和服务内容，佐证了服务化转型的必要性与可行性。

## 四、未来规划

"十三五"时期，金融行业机构将继续按照"综合化、国际化、轻型化、数字化、集约化"的方向转型。多家ATM维保商共同为一家银行服务的现状，将逐步转变成集中式管理，打造成由数据直连"统治"，接入同一家供应商的同一个系统中"集中受理、集中调度、集中管理、集中监控"，达到优化服务过程、提高服务效率，实现服务质量可视化、可量化的目的。"十三五"时期，广电运通明确以资本为支撑，形成"智造+服务+创新"三足鼎立的产业结构，坚持"行业+技术"同心多元化发展路线，发展成为线上、线下的"联结者"，同时，以人工智能、大数据技术为驱动，从智能金融辐射至零售、文旅、交通、安防、政务等领域，利用强大的销售与运营渠道、人才与技术积累、龙头资源与品牌，致力于成为"AI+解决方案服务商"。

具体而言，在服务方面，着力推进现金链产品和全产业链服务的布局，积极发展非现金智能解决方案，做金融行业的垂直整合者，力争到2021年成为全球行业内的智造中心。在高端服务方面，广电运通将继续以金融行业为依托，在全国范围内基于"金融外包+押运模式"，深入推进全产业链布局，培育成为公司的核心业务和主要利润来源。在创新拓展方面，广电运通也将自主研发区块链、云计算、大数据、物联网和人工智能等新兴技术，创新全产业链孵化体系以决胜未来，助力推动金融业基础IT架构升级换代，引领金融服务模式变革。同时，在国际市场的本土化运作方面，将加强在全球各地的生产、研发、服务与经营，并以资本运作等手段，在全球范围内积极推进新业务的孵化和扩展，打造全球的品牌影响力。

## 五、经验启示

广电运通从金融自助设备制造商及设备维修服务商转型为金融产业链智能外包服务商和应用解决方案商，这一转型过程生动诠释了从产品导向到客户需求导向，从制造向服务延伸，将新一代信息通信技术与金融服务深度融合的特点，其演进历程可总结如图4所示。

广电运通服务型制造转型的特点，一是积极应对国内现金支付下降的挑战，通过向"一带一路"沿线国家输出具有核心技术的金融自助终端设备，有效化解了产能过剩，并开拓了海外市场；二是通过建设"全国金融自助渠道运营管理平台"和"全产业链金融外包服务平台"，与上下游企业协同开创高端化、智能化的金融外包服务。

广电运通的服务型制造转型可提供以下经验借鉴：

一是坚持自主研发、自主品牌的技术之路，以持续的技术创新为用户创造价值。广电运通自成立以来一直注重自有技术研发，持续高研发投入。依托国家级企业技术中心，博士后科研工作站，与中国科学院和中国工程院等科研院所紧密合作。在专利创新方面，知识产权布局全覆盖。截至目前，累计全球申请专利总量突破2000件，获得专利授权1000余项。二是把握金融科技发展机遇，积极推动区块链、云计算、大数据、物联网和人工智能等技术与金融服务的深度融合。为适应银行机构本土化、定制化及智能化金融设备的需求，广电运通对自助终端设备智能互联的升级有力地推动银行网点渠道的智能转型。另外，ATM渠道因为设备维护及现金押运的昂贵成本驱使银行将ATM设备外包给专业化公司，广电运通利用大数据、云计算、人工智能等技术，通过搭建平台，开展面向金融自助终端全生命周期的平台化运营服务，构建多方协同的服务生态系统。三是多元化战略布局，积极拓展"一带一路"海外市场。一方面，广电运通以"行业同心多元化"战略为牵引，对传统主业坚持清晰的战略布局，发挥核心竞争力与成本优势，提升市场份额，持续巩固行业领先地位；另一方面，洞察外界环境变化

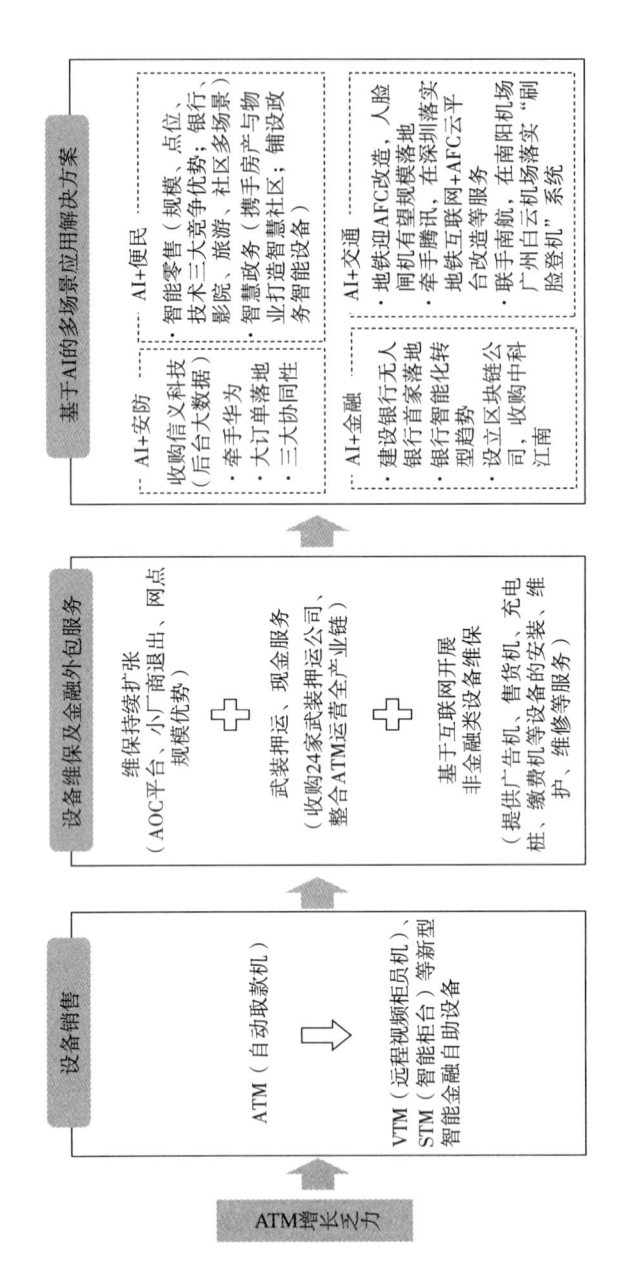

# 中国服务型制造发展报告（2018~2019）

**图 4　广电运通的全产业链金融外包服务与智能解决方案服务进化之路**

资料来源：根据公开资料自行绘制。

与行业变革，以金融服务需求为导向，将跨界创新与变革的意识融入企业发展基因，通过资本运作、并购、投资孵化创新项目等形式，实现产业链全面扩张与资本有效增值。为适应国内移动支付迅猛发展带来的无现金化趋势，广电运通积极响应国家"一带一路"倡议，拓展中东、东南亚等海外ATM市场，实现全球化布局。

# 小米科技：基于智能硬件的信息增值与产业链生态服务

近年来，物联网技术及其应用发展迅猛，具备独立数据传输和通信交互能力的智能硬件融入人们生活的方方面面，智能手机正不断向智能可穿戴、智能家居、智能车载、医疗健康等方向延伸，万物互联（Internet of Everything, IOE）时代正加快步伐朝我们走来。目前，我国智能硬件产销量增长迅速，技术升级、关联基础设施完善以及应用服务市场的不断成熟，使得智能硬件的产品形态发展有了新的机遇，传统硬件制造业与信息增值服务不断融合、相互促进，不仅加速了大量新型技术的应用，更催生了新模式、新业态的涌现。围绕企业的核心产品，不断融入能够带来市场价值的信息增值服务，例如，基于智能手机产品的应用商店、基于硬件产品的软件服务、基于数据资源的效率提升等，这一创新模式为许多企业实现从传统的产品制造向融入大量信息服务要素的产品服务系统转变的坚实基础。

对于智能硬件产业，在生产领域，为企业客户提供设备状态监测、产品质量监测、在线技术支持、生产运行分析等服务，在消费领域，为终端消费者提供基于硬件产品的信息增值服务以满足顾客日益提高的个性化需求，成为有效提高产品附加值、实现生产经营管理的信息集成、加强产业链整合协同的新思路。

在技术创新、市场发展以及政策驱动的大环境下，作为行业领军企业，小米科技在智能终端制造商和信息服务提供商的基础上，站在智能硬件产业发展的高度，积极布局智能硬件生态链，一方面，基于自身已有的资本、品牌、平台、用户群、数据、运营技术等资源，延展产品服务；另一方面，整合业内资源，通过助力智能硬件产业中的初创企业和成长企业突破资金、技术和业务瓶颈，开创智能硬件产业链生态服务这一全新模式，不仅实现了自身运营方式和盈利模式的创新，还为打造产业链生态协同的发展模式提供了借鉴。

# 一、发展背景

小米科技成立于 2010 年 4 月，是一家倡导互联网与制造融合，专注移动互联网软件生态建设的创新型先进制造企业。2014 年 12 月，小米科技完成 11 亿美元融资后，估值已经达到 450 亿美元。在小米科技总体"硬件＋互联网＋新零售"的"铁人三项"发展战略框架下，公司主要从事智能手机、电视等智能硬件产品生产销售和生态搭建，MIUI 系统、核心应用、金融娱乐、搜索引擎、云业务等业务拓展以及全网电商、线下零售等工作。小米科技不仅专注于智能手机、智能家居、互联网电视等创新科技，同时在新零售、国际化、人工智能、互联网金融（银行、移动支付、信贷、保险、理财等）、互动娱乐影业等领域积极布局。

近几年全球正处于新科技革命尚在孕育和新产业组织革命仍在酝酿的交织过渡期，技术创新发展、市场需求升级和产业生态竞争彼此交织、彼此影响。一方面，智能硬件终端和设备开始呈爆发性增长，推动智能硬件产业的急速发展与扩张，资本的涌入与众多初创企业的成立，行业不均衡、不充分发展，呈现一定乱局；另一方面，作为行业知名企业，小米科技已经在基于互联网、云计算、大数据和人工智能技术的智能产品、智能制造和智能服务领域积累有业界领先的资源和经验。多方面因素交织促使小米开辟出独有的"智能产品＋信息增值服务＋生态链服务"模式。以股权合作为纽带，通过输出人才、技术、营销资源等，助力智能硬件产业的初创企业和成长企业快速成长，共建共享协同发展的智能硬件生态，成为小米科技服务模式创新的亮点。

小米科技的服务型制造发展历程如图 1 所示。

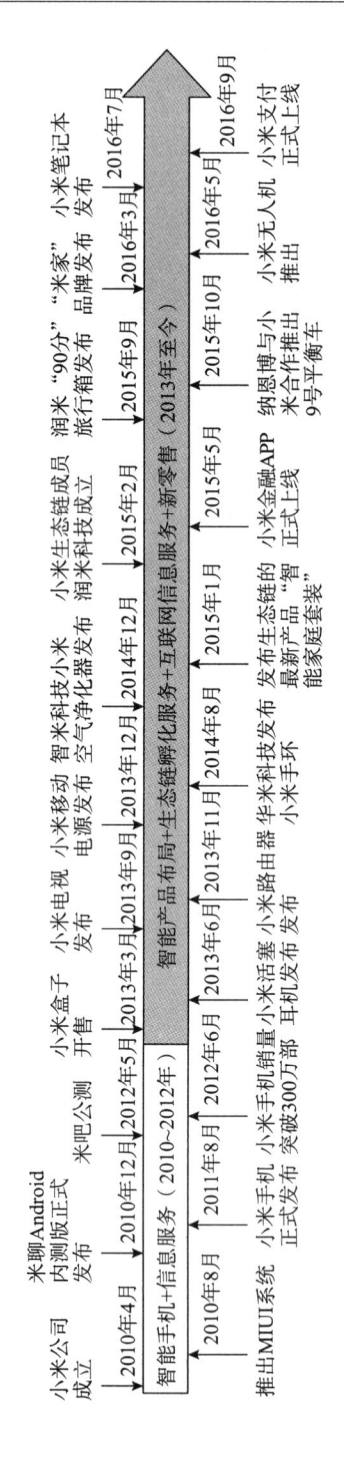

中国服务型制造发展报告（2018~2019）

图 1 小米科技的服务型制造转型历程

资料来源：根据公开资料自行绘制。

## 二、主要做法

创始初期，小米科技依托MIUI系统发家，结合智能手机生产销售，做出"产品+信息服务"的商业模式创新：小米系列"为发烧者而生"，主打低价格高性价比的手机，再利用手机作为吸引，获取用户或用户群对其的关注，进而以MIUI作为平台，依托平台上的互联网软件服务和信息内容服务实现盈利。小米早期投入巨大的财力和人力在研发环节，以众包方式开展研发设计，高频率升级更新MIUI系统，并且建立"小米应用"商店，方便用户在官方平台获取信息服务。手机销量不断攀升的同时，小米充分借助互联网营销方式，快速拥有了全球过亿MIUI平台用户和开放的技术创新平台，数以千万计粉丝参与的技术创新迭代，打造了涉及硬件、服务、电子、生活、社交等20余个行业和产业的平台。通过直接面向价值链后端的终端消费者提供主题、壁纸、音乐、视频、游戏等增值服务内容，响应用户的个性化、多样化的需求，小米科技能够为用户创造独特的产品和内容体验。同时，基于互联网的营销和服务渠道不仅给企业带来整体成本最优，也能为企业培育品类各异的信息增值服务。

在中国智能手机市场需求不断趋于饱和、行业竞争日益激烈的形势下，小米手机"低成本+互联网营销"的策略收效不再显著，公司的增长速度和业务增长规模受到限制，供应链方面的短板也逐步显现。2013年起，物联网概念走进人们的生活，2014年CES大展上，基于物联网技术的产品敲开了消费市场大门，让更多人认识了物联网，认识了多种多样的智能设备。加大产业链的投资，去教会其他会造产品而不会讲故事的企业，继续站在风口，布局智能硬件生态，享受营销和渠道创新带来的红利，成了小米科技最佳的选择。IOT时代，业界布局生态的常规路径是继续在手机领域深耕，加强研发、升级技术、丰富产品线、扩大市场份额。小米科技早期进行爆品手机生产，积累了大量的互联网营销经验与稳定用户群，品牌热度持续不减，企业的投融资能力和社会影响力在业内有目共睹。有鉴于此，小米科技决定采用投资模式介入IOT领域，追求低成本、高效率地布局智能硬件物联网生态，为抓住风口、抢占商机做好准备。

小米科技于2013年底开始筹建生态链团队，布局智能硬件生态，并培养企业提供生态链孵化服务的能力。在智能手机不断升级换代的过程中，小米科技围绕核心产品——智能手机持续做品类扩展，接连推出小米盒子、小米电视、小米路由器等产品。与此同时，小米科技逐步摸索出独特的投资孵化模式，助力智能硬件初创企业，为自身智能硬件生态布局赋能。2014年8月，小米生态链企业华米科技发布了小米手环，并迅速成为爆款。小米移动电源、小米空气净化器、九号平衡车等产品也快速成为中国消费电子市场的明星产品，国内市场份额名列前茅，带动了制造业的升级换代。2016年3月，小米科技推出智能家庭产品的全新品牌系系——"MIJIA米家"，小米的手机、电视、路由器等继续沿用小米品牌，其他生态链产品使用米家品牌。推出米家品牌是为了贯彻实施小米智能家庭战略，小米科技致力于持续布局消费升级和民生领域。至2016年底，小米科技共投资了近77家生态链公司，已有29家公司发布了新产品，累计推出216款新品。2016年"米家"系统链接激活了超过5000万台设备，成为全球最大的消费物联网系统。

小米科技的智能硬件投资孵化模式不仅为创业公司提供资金，更输出小米产品的价值观、方法论，同时为创业团队提供电商平台、营销团队、品牌背书、供应链支持等资源。小米生态链奉行开放、不排他、非独家策略，初期以参股企业为主，后期开放生态链。在生态链建设初期，小米主要以参股的方式推进，发展到一定阶段之后，小米开放生态链，团结一切可以团结的合作伙伴，既欢迎初创企业，也拥抱家电巨头。目前，小米科技的客户群体大致可分为三类：一是小米投资的生态链企业，如华米、智米等；二是大型智能硬件企业合作伙伴，如美的、奥克斯等；三是接入平台的企业和个人开发者。小米科技的智能硬件生态链发展历程如图2所示。

自2014年以来，小米科技主要投资并参与孵化的生态链企业如表1所示。

小米科技开创的智能硬件生态链服务模式主要有以下三大特点：

一是输出优势资源和能力，解决初创企业成长痛点。小米科技首先基于生态链初创公司的业务痛点，将自身的优势资源和能力以服务形态打包输出，助力智能硬件初创企业的加速成长。小米科技的核心资源能力优势总结如表2所示。

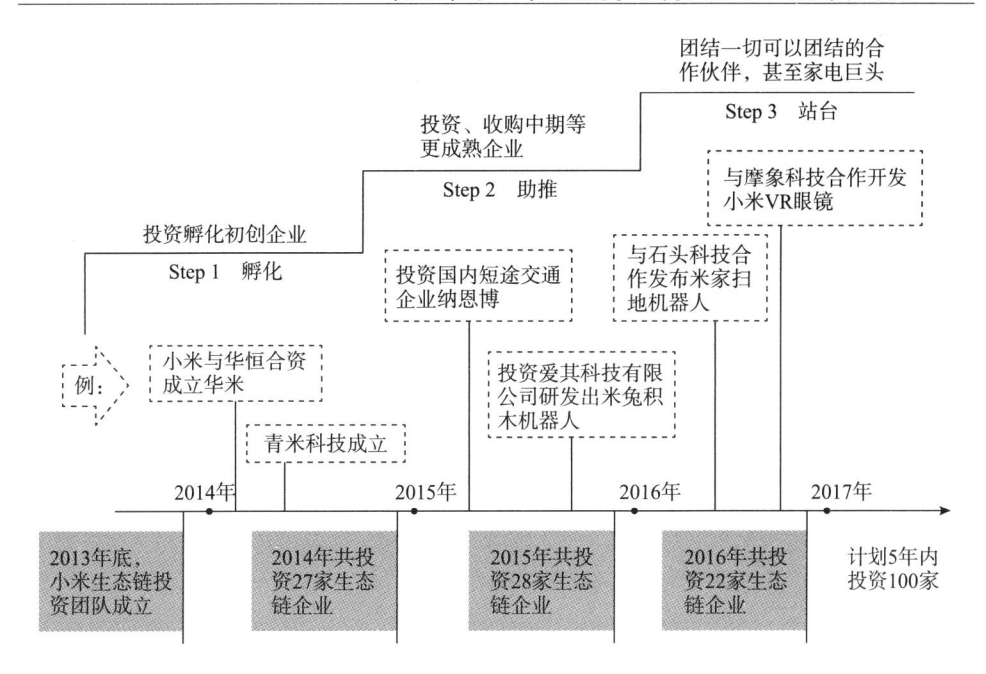

## 第二部分 中国服务型制造示范企业案例精选

**图2 小米科技的智能硬件生态链发展历程**

资料来源：企业申报材料及互联网公开信息。

**表1 小米生态链企业主要成员及其智能硬件产品**

| 公司名称 | 主要产品 |
| --- | --- |
| 绿米 | 智能家庭套装 |
| 蓝米 | 蓝牙耳机 |
| 青米 | 插线板 |
| 紫米 | 移动电源、蓝牙音箱、无线路由 |
| 华米 | 手环、体重秤 |
| 润米 | 20寸旅行箱 |
| 飞米 | 无人机 |
| 福米 | 金融行情软件微牛（WEBULL） |
| 纯米 | 智能电饭煲 |
| 云米 | 净水器、水质测试笔 |

续表

| 公司名称 | 主要产品 |
| --- | --- |
| Ninebot 纳恩博 | 自平衡车，短途代步工具 |
| 小蚁科技 | 智能摄像头、运动相机、智能行车记录仪 |
| 万魔声学 | 活塞耳机、圈铁耳机、头戴耳机 |
| Yeelink 亿联客 | 智能灯泡、床头灯 |
| 骑记科技 | 骑行运动服务平台 |
| 舒可士 | 声波电动牙刷 |
| 小贝科技 | 牙刷，口腔健康服务 |
| 摩象科技 | VR眼镜 |
| 机器岛 | 米兔智能（儿童智能硬件） |
| 石头科技 | 扫地机器人 |

资料来源：企业申报材料及互联网公开信息。

表2 小米科技对外输出的核心资源能力

| 类别 | 资源能力 | 描述 | 解决生态链初创公司的痛点 |
| --- | --- | --- | --- |
| 产品服务 | 优质元件 | 与品牌供应商的合作关系 | 由于体量小、信用低等，难以获得品牌元件 |
| 生产要素 | 人才库 | 小米科技拥有生产制造全价值链的专业人才，且各领域专家善于筛选人才 | 部分环节直接利用小米科技团队或通过小米科技团队简介获得人才，减少大量搜索成本 |
| 生产要素 | 硬件生产经验 | 小米科技在手机等精密硬件领域有生产经验，可应用于生态链公司的生产 | 初创公司缺乏经验，品控能力差导致产品上市前等待时间长错过风口，且在与代工厂等谈判中缺乏经验，可能影响产品效果和质量，难以满足市场期望 |
| 生产要素 | 供应链 | 布局全球范围内供应链体系 | 前期梳理供应链成本巨大，可利用小米科技的供应链进行采购、管理和销售 |
| 生产要素 | 销售渠道 | 小米网等线上销售渠道、具爆品经验的营销团队、正在布局的线下实体店 | 缺乏有效的销售、分销网络，可减少大量早期投入，减小融资需求 |

续表

| 类别 | 资源能力 | 描述 | 解决生态链初创公司的痛点 |
| --- | --- | --- | --- |
| 经营要素 | 市场数据 | 来自终端用户的大量统计数据，小米科技能发现用户偏好 | 生态链企业难以洞察用户需求，而小米科技能提供消费者喜爱的外观设计、痛点功能等，提高产品效果质量，提高产品成功率，从而提高生态链公司效益 |
| | 服务体系 | 小米科技已开发 MIUI 体系、智能家居 APP 平台、云服务账号、强大的配送安装和售后服务体系等，客户体验良好 | 缺乏优质服务能力，利用小米科技资源可减少大量早期投入，减小融资需求 |
| | 用户群 | 手机积累的 2 亿以 17~35 岁理工男为主的米粉，且正向女性和高年龄扩张 | 缺乏品牌认可度，可减少大量早期投入，减小融资需求 |
| 经营能力 | 市场洞察与产品定义能力 | 小米科技基于大量数据和经验，善于发现精准匹配用户需求的产品 | 难以直击用户需求，成功率低。小米科技可优化生态链公司产品定位，可降低方向错误导致的时间浪费、减少 SKU 模具开发数量、省略无用功等，降低成本和风险 |
| | 品牌声誉 | 小米科技品牌已形成口碑和市场信任 | 要达到同等爆品销量，初创企业依托小米科技品牌能提高出售价格，提高利润 |
| | 大公司谈判地位与信用背书 | 小米科技在价格谈判中有更大话语权，可对生态链公司关键或大量的元器件集中采购 | 生态链公司信息匮乏，难以筛选最合适元件供应商；生态链公司缺乏谈判力，供应商可能长时间不回应，风险高。小米科技可以提供信息、背书和集中谈判 |
| 投融资关系 | 投资能力 | 小米科技与雷军系顺为基金等多家 VC 机构有紧密合作关系 | 往往存在资金缺口、抗风险能力弱的问题。小米科技能帮助初创企业回笼资金，支持生态链公司持续投入以迭代升级产品，解决融资难题 |
| | 引流目标 | 小米科技布局智能硬件以引流为主要目的，而非追求投资盈利 | 小米科技对生态链企业参股不控股，以大部分利润给予创业团队激励 |

二是建立合作伙伴筛选机制，追求资源能力互补共赢。小米科技认识到在生态链布局初期，中等规模以上的公司性价比不高，基于对自身资源的判断整合，并结合对初创企业发展困境的分析，小米科技建立了一套有效的小米生态链和初创企业的供需匹配机制，即生态链项目的筛选决策机制。以此机制为指引，能够有效满足小米科技低成本布局物联网智能硬件生态、为其他业务引流的需求，也使初创企业有针对性地解决产品成功率低、融资困难等痛点。小米科技生态链与初创企业的供需匹配机制如图3所示。

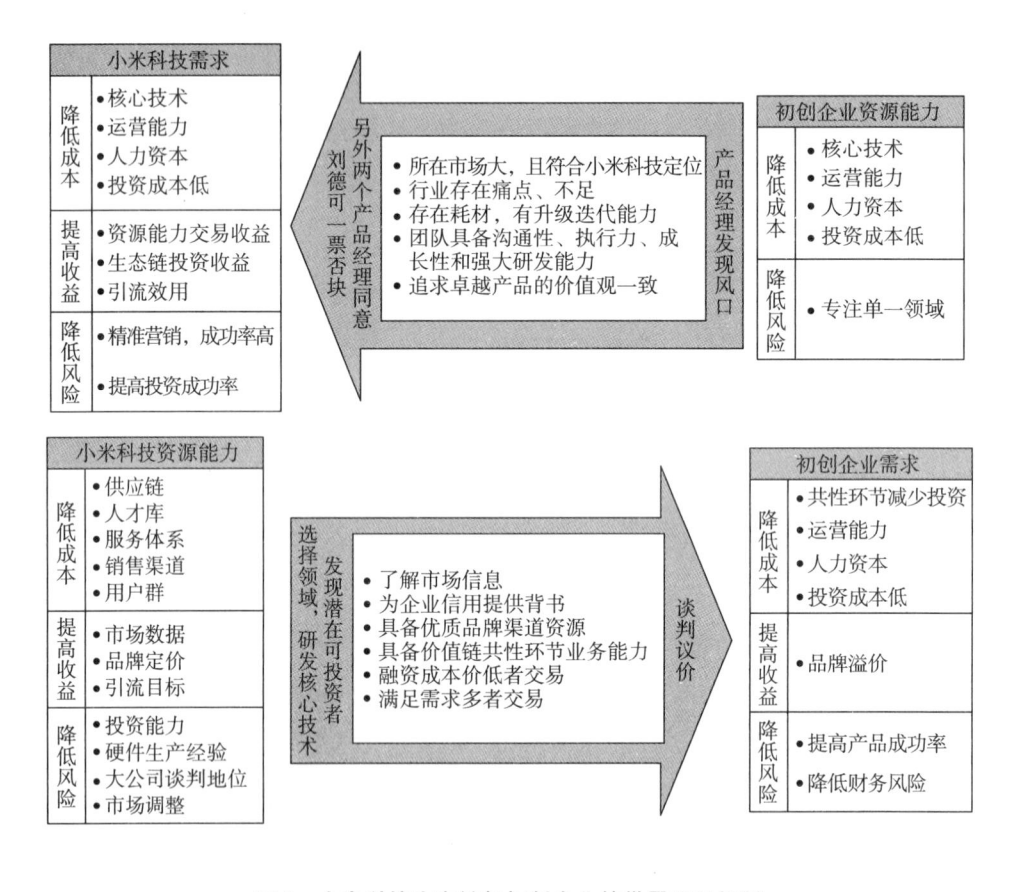

图3　小米科技生态链与初创企业的供需匹配机制

这种合作模式能够帮助生态链企业充分实现自我发展。生态链上的每家企业都是独立公司，小米科技不控股任何一家公司，原有创业团队持股比例最大。小米科技的平台对于生态链企业而言起着放大器的作用，只要团队和产品足够好，借助小米科技的品牌、1.5亿用户群和自有渠道，以及小米科技提供的供应链支持、投融资支持和社会影响力，生态链企业的成功就会被成倍放大，并进一步抢占市场份额，挤掉竞争对手，避免了传统模式投入大量资金、精力、人力去发展、重构产业链条带来的风险。小米科技虽然深度参与，帮助生态链企业做产品定义、供应链背书、市场营销、打通渠道、联络政府、众筹融资等，但这些企业充分享有自主发展的自由，可以推出自有品牌并在小米科技渠道上销售推广。

  三是借力初创企业以及其他合作伙伴，建立以智能手机为中心，逐渐向外拓展，不断迭代更新的智能硬件产品生态圈。以小米手机为中心，小米科技打造的智能硬件产品生态圈包括六层：其一是小米手机周边智能终端或互补性设备，如紫米移动电源、蓝米蓝牙耳机、华米手环等。只要保证了产品优质，可以充分享受小米科技多年来积累的高人气用户红利。其二是利用MIUI系统、米家生态系统等的操作继续引流向智能白色家电，如绿米温湿度传感器、纯米压力电饭煲、云米净水器、石头科技扫地机器人等，抓住白色家电智能化的机遇，实现"弯道超车"。其三是解决"最后一公里"痛点的个人短途交通设备，如米家电动滑板车、骑记电助力折叠自行车等，通过智能周边设备和智能白色家电向智能出行工具延伸。其四是投资稀缺的优质制造资源，如与富士康和英华达的合作，在制造工厂价值被严重低估的背景下投资优质制造商，满足生态链企业对高标准模具的需求。其五是布局极客酷玩类产品，如小蚁3D打印相机、九号平衡车、飞米无人机等，布局新型技术领域，拓展年轻人市场以抓住潜在的商业机会。其六是布局消费升级产品，以抢占升级过程中优质个人及家庭的品牌产品耗材市场，如Yeelight智能LED灯泡、趣睡床垫、最生活毛巾等。小米科技抓住越来越多的年轻家庭选择耗材重品质重品牌的消费习惯，利用手机APP应用近距离营销，形成"遥控器"电商模式，形成优良的现金流。小米科技智能硬件生态布局形成路径可概括如图4所示。

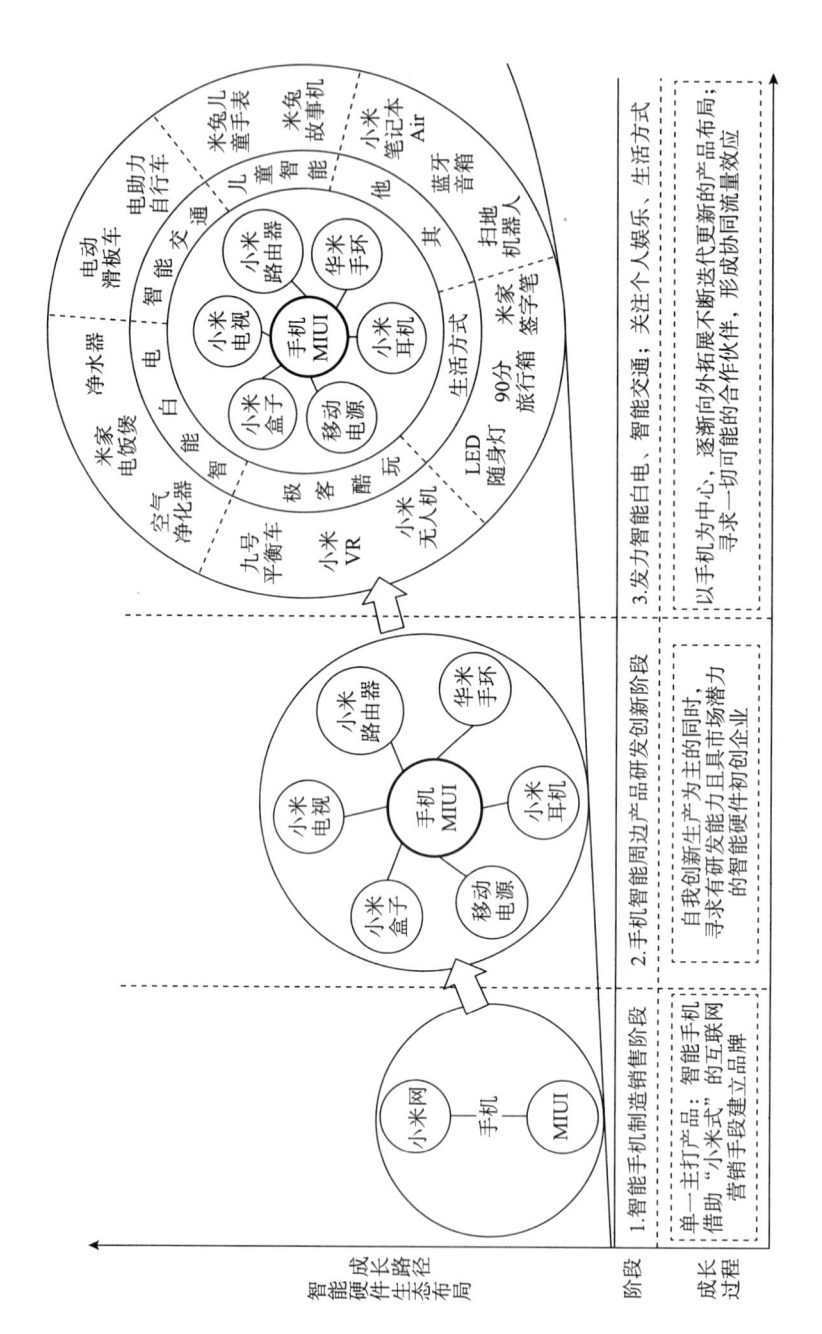

中国服务型制造发展报告（2018～2019）

图 4 小米科技智能硬件生态布局路径

## 三、转型成效

小米科技凭借在智能手机生产销售过程中积累的产品设计、品控管理、市场渠道、品牌建设、供应链资源等优势,乘智能硬件发展的"东风"而起,通过选择产业投资加资源输出的方式与智能硬件初创企业合作共赢、实现资源互补,实现了从智能硬件制造到智能硬件及信息服务生态服务提供商的转型,不仅以轻资产的方式将自己的资源能力变现,取得良好的经济效益,还助力优质初创企业拓展业务,在获取经济效益的同时,社会效益凸显。

### (一)经济效益

小米科技创新地将互联网商业模式应用于智能硬件制造领域,开创性地基于智能硬件的信息增值与产业链生态服务,给企业带来显著的经济回报,主要体现在以下几个方面:一是公司经营业绩稳步上升。2014~2016年,小米科技的资产总额逐年增长、盈利情况逐渐乐观。到2016年,小米科技实现了利润总额由负转正,2015年亏损76.3亿元人民币,2016年净利润总额达4.9亿元人民币,净利润增长率高达106%。在营业收入中服务收入也在增长,2015年小米科技互联网服务的营收增长到37.1亿元人民币,较2014年的14.8亿元跳涨150%,2016年小米科技互联网服务营收迈上60亿元台阶。二是孵化的智能硬件生态链企业产销两旺。2016年,小米科技智能硬件板块收入超过150亿元。华米生产的小米手环2011年全年出货量达到1200万个,销量全球第二;2014年成立的青米,2015年销售了331.71万只小米插线板,销售额为1.249亿元;紫米生产的小米移动电源,发售三年销量超过5500万支,全球第一;润米90分旅行箱2016年"双十一"销售额超过2200万元,天猫旅行箱类目单品销量夺冠。在77家生态链企业中,有16家公司年收入过亿元,华米等3家公司年收入过10亿元,更有Ninebot等5家估值超过10亿美元的"独角兽"企业。三是公司的收入来源多样化。除了智能硬件销售收入,公司还可以获取软件信息服务收入,以及产业链生态服务收入。产业链生态服务收入可以进一步分为业务性收益和投资性收益。业务性收益指小米科技从生态链企业处获得的业务分成收入，例如，生态链企业与小米科技合作研发的产品在小米渠道销售获得收入时，小米科技将按照产品销售毛利从中分成；投资性收益指小米科技参股生态链企业的股份，在企业 IPO、被收购或增资扩股转让时，获取的资本收益。

## （二）社会效益

小米科技开创的智能硬件生态链服务也产生了较大的社会影响：一是开放共赢，推动创新创业。截至 2017 年 6 月，小米科技投资了 89 家生态链公司，有超过 30 家公司发布了新产品，累计推出 200 多款新品。目前生态链公司有 16 家年收入过亿元，3 家年收入过 10 亿元，5 家估值超过 10 亿美元。在研发初期就以开放为核心价值的米家物联网业务生态系统，能够整合供应链、嵌入式研发和应用层级能力与资源，帮助智能硬件合作伙伴和创业者以更低的成本和风险将设备便捷地通过小米智能模组接入米家物联网云端开放系统，大大降低了智能硬件创业者的综合创业成本，带动了行业内多样产品的创新，为更多初创企业赢得发展机会。二是促进传统原始设计制造商（ODM 企业）协同发展。小米科技孵化的智能硬件生态链中有不少原始设计制造商，这些企业要打造品牌，构建营销渠道需要花费大量时间和资金投入。依托于小米科技品牌、2 亿用户粉丝，小米科技在营销渠道、供应链和资本投资方面的优势，这些企业可以借船出海，迅速提升市场占有率，打响产品知名度。具体而言，借助小米科技的营销渠道，原始设计制造商的产品在推广前期更易获得市场认可，实现独立可持续发展。借助米家物联网和整个小米生态系统，通过大数据技术和众筹等方式，原始设计制造商能够近距离了解消费者的消费倾向和产品痛点，提升产品成功率和市场接受度。以国内消费电子市场的明星产品——小米通讯电源、小米手环、小米空气净化器、九号平衡车等为例，这些产品都是生态链中的原始设计制造商生产制造，目前在国内市场名列前茅，小米智能硬件生态链的蓬勃发展给这些传统制造商提供了新的增长机会。

## 四、未来规划

按照小米科技的规划，未来几年将围绕"黑科技+新零售+国际化+人工智能+互联网金融"五大核心战略积极布局，以"硬件+互联网+新零售"为"铁人三项"，借力大数据、人工智能，秉承"数据驱动服务，AI 创造价值"的理念，让每个人都能享受科技的乐趣，如图 5 所示。

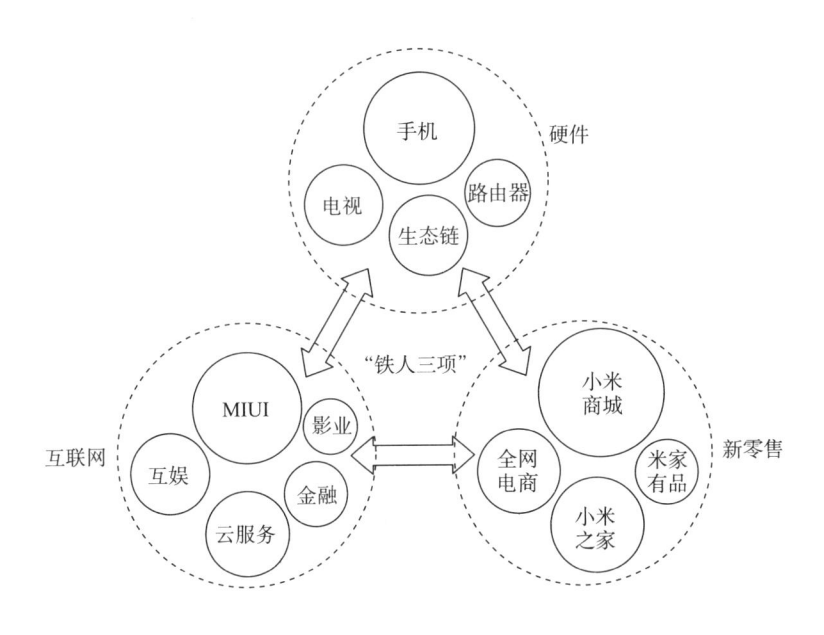

**图 5　小米科技"硬件+互联网+新零售"的"铁人三项"发展战略框架**

图 5 展示了小米科技基于"硬件+互联网+新零售"的战略布局，具体来看，小米科技重点在以下两方面发力：

一是抓住物联网和信息消费升级的风口，进一步深化智能硬件生态布局，形成具有强大协同效应的流量入口。即将到来的万物互联时代，消费者携带的终端或设备都有可能接入网络，产生数据，实现互联互通控制。小米科技将继续坚持用投资孵化模式介入物联网领域，加大产业链投资，不断完善智能硬件布局，强化数据资源管理中心，深入开展大数据分析关键技术的研究，提升企业运用数据智能的能力。小米科技预计使用高性能、大容量存储设备和大型、稳定、安全、可靠、功能强大、便于网络查询的应用系统，将客户所需的信息等数据集中管理，建立共享中心数据库，聚拢分散的信息服务市场，为实现信息资源共享奠定基础。在小米手机、MIUI、小米电视、互联网服务和小米科技生态链上，小米科技将加大人工智能相关技术的应用，凭借其硬件产品能力、大数据获取能力以及生态链布局方面的优势，提供一系列贴近终端用户需求的智能服务。秉承"数据驱动服务，AI创造价值"的理念，小米科技将在大数据、云计算以及人工智能等方面持续发力，在提升企业互联网信息服务能力的同时，涉足金融、娱乐等产业，进一步完善"小米模式"。

二是开拓线下零售渠道，实现线上线下整合营销，改善用户体验，打造小米特色的新零售格局。长期以来，小米科技以线上渠道建设为中心，为占有高效率和低成本的线下渠道，增强企业在产业链上的话语权。小米科技正在将线上门店模式带到线下，建立线下低成本体验店。2017年"小米新零售"模式已经开启，目标是在年内开启200家体验店。此举不仅能够提升智能手机的销量，还将促进小米科技生态圈中的一系列产品，如无人机、音箱、吸尘器和空气净化器等在全国三四线城市的销售。此外，小米科技也希望将线上线下整合营销的成功经验延伸到海外，开拓更多国际市场。

## 五、经验启示

小米科技从智能手机制造商发展为基于智能硬件的信息增值服务与产业链生态服务商，不仅为个人与家庭用户提供智能生活解决方案，也为初创及成长型智能硬件企业提供生态链服务，其转型的演进历程如图6所示。

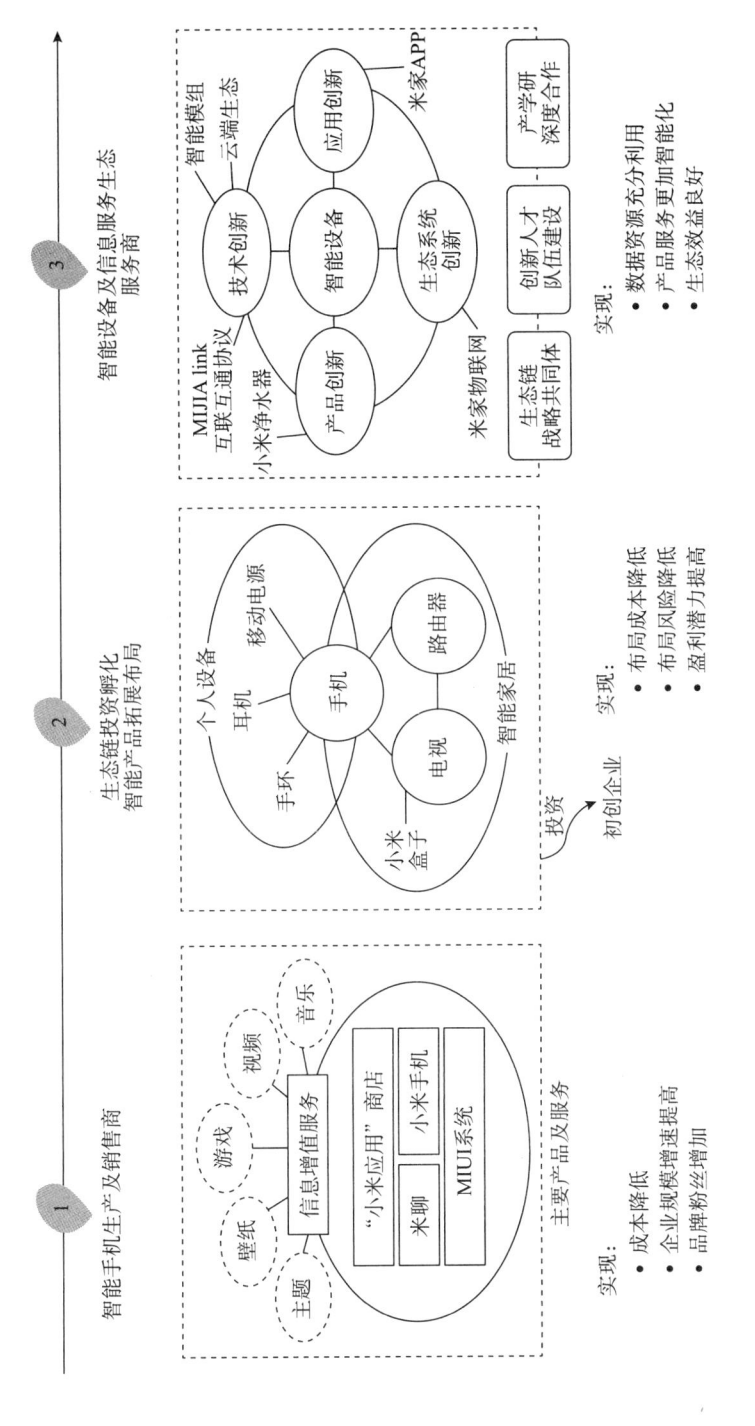

第二部分　中国服务型制造示范企业案例精选

图 6　小米科技开拓信息增值及产业链生态服务的历程

资料来源：自行总结。

·147·

小米科技具有新一代信息通信技术创新和互联网商业创新基因，不仅积极推动物联网、云计算、大数据、人工智能等新兴技术与生产制造的融合，也充分发挥其在互联网营销、生态系统孵化等方面的前瞻意识；不仅效仿苹果公司开拓"智能硬件+应用商店+信息服务"的智能硬件信息增值服务成长路径，将"触角"伸向云服务、数据智能以及娱乐信息、金融信息等方向，更开创出智能硬件产业生态链服务新模式。小米科技发展服务型制造有以下四点关键因素值得借鉴。

首先，紧盯市场及用户需求的变化，创新商业思维，创新商业模式。小米科技在2014年以前，主要学习美国苹果公司的"智能手机+应用商店+信息增值服务"模式，拓增产品销售，获得用户青睐。受产业竞争日趋激烈的影响，单纯发展智能手机，未来成长空间有限。小米科技管理层深谙互联网思维与智能硬件制造的关键特性，将用户体验、快速迭代和市场创新与制造业核心要求的质量思维相统一，充分利用自身在米粉、社区、品牌、销售、供应链等方面建立起来的优势，构建智能硬件生态链服务，给初创和成长型企业提供从产品设计、零部件供应到渠道推广、售后服务方面的资源与能力支持，助力其成长。小米科技构建的智能硬件生态链企业大致分为三类：一是小米科技投资的生态链企业，如华米、智米等；二是与小米科技合作的大型智能硬件企业，如美的、奥克斯等；三是接入平台的企业和个人开发者。针对不同的用户，小米科技建立了合作运营、资源运营、产品运营、小米众筹等多种不同的运营方式。合作中，以用户需求为导向，结合互联网营销手段，打造更贴近用户需求的产品以及服务，促进生态链良性发展。

其次，以生态链培育为中心，推动信息化、网络化协同发展。小米科技在加快自身信息化建设过程中，通过构建多层次的信息交互服务，全方位实现服务与制造环节的对接，实现物流、资金流与信息流的集约化发展。小米科技还加大信息技术的创新应用研发投入，将制造流程与服务流程集成在开发的各类信息系统中，既实现了物流、信息流和资金流的高度集成，又实现了在线监控和远程服务，促进了制造与服务的深度融合与价值增值。

再次，充分挖掘数据价值，注重数据资源管理。智能硬件的生产制造与信息服务运营，越来越依赖于新增数据资源的获取、存储与管理。随着智能硬件产品种类的丰富及广泛应用，各种硬件设备之间都需要交换数据，实现互联互控，这些数据也需要被统一管理。当智能硬件的数据量上升到一个规模后，云数据存储和处理中心的建设成为必然。小米科技不仅关注数据中心的建设与管理，还十分强调基于数据的决策支撑与应用，通过打通产品/设备、用户、上下游合作伙伴之间的数据链路，促进数据运营。

最后，重视人才培养与创新，加快关键技术、核心产品的研发。提供基于智能硬件的信息增值服务与产业链生态服务的企业通常具有知识密集、技术密集的特征。小米科技在企业运营过程中十分注重专业人才储备和现有员工的继续教育，培养了一大批训练有素的软硬件技术人才以及融合线上线下渠道的专业服务队伍，通过技术创新、产品创新、应用创新和生态系统创新，提高企业软实力。此外，依托自身强大的研发团队，小米科技围绕自身核心产品，不断推出关联领域的智能互联硬件产品，拓展信息增值服务内容，为用户创造独特的体验优势，有效增强了用户粘性，为企业的可持续健康发展奠定了坚实基础。

# 大信厨房：用户参与式产品定制服务

近年来，随着互联网技术与经济社会深度融合，我国信息消费快速发展，正从以线上为主加快向线上线下融合的新形态转变。与此同时，模仿型排浪式消费基本结束，个性化、多样化消费渐成主流，年青一代偏好体现个性特征的时尚品牌商品和服务，推动用户体验、个性化设计、大规模个性化定制等产业加速发展。

随着居民收入水平的提高以及对居住环境的重视，消费者对家居的个性化需求日益增加。定制家居凭借高空间利用率、美观时尚、充分个性化、现代感强、环保节约等诸多优点，成为近年来家居消费领域的热点。针对消费者的个性化需求，结合家居产业工业生产现状，借力新一代信息技术，家居生产厂商不断探索融合消费者需求与智能制造的新模式，致力于大规模生产与个性化定制的有机结合。河南大信整体厨房科贸有限公司将互联网、大数据、云计算、物联网等技术应用于研发设计和生产制造，在将工厂、产品和消费者数据互联的同时，开创出用户参与式产品定制与服务模式，不仅实现了家居产品个性化定制的高品质、高效率和低成本，还为消费者提供多样全面的信息增值服务，帮助消费者节约时间和资金成本，为家居行业的企业信息增值服务重构企业与用户关系诠释了新思路、新途径。

## 一、发展背景

大信厨房成立于1999年,是中国五金制品协会的副理事长单位,全国工商联定制家居专委会、全国工商联橱柜专业委员会、中国五金制品协会厨房设备分会、中国建筑装饰协会厨卫工程委员会四大协会执行会长单位,是专业从事全屋定制、家用橱柜、衣柜等个性化定制产品以及厨房电器、水槽、水家电、五金功能件的生产、研发和供应的大规模定制生产服务型企业。大信厨房的目标客户是追求高性价比的小康之家和为住宅产业化配套的企业(如房地产公司、装饰公司、政府采购部门)。产品涉及油烟机、灶具、净水、拉篮、橱柜等三十多个品类,其中35%由企业自身生产,65%通过委托设计生产(ODM)方式实现。整体橱柜是大信厨房的核心产品,其一大特色是高度定制化。自成立以来,大信厨房围绕产品提质和生产优化坚持不懈探索,先后研发了云数据平台,构建云计算中心,创新可实现工业化批量生产的家居单元模块,不断满足客户对家居产品的定制化需求,提高配送安装效率,产品获得了广泛的市场认可,经济效益良好。自2013年以来,核心产品整体橱柜市场份额持续攀升,客户满意度和忠诚度双双高企,相关指标如表1所示。

表1 大信厨房整体橱柜产品的主要市场指标

| 市场指标 \ 年份 | 2013 | 2014 | 2015 |
| --- | --- | --- | --- |
| 市场占有率(%) | 10 | 12 | 15 |
| 客户满意度(%) | 98 | 98 | 98.5 |
| 客户忠诚度(%) | 100 | 100 | 100 |

长期以来,家居产品的生产制造,个性化定制和大规模生产难以两全。工业时代,工业化成品家居款式重复、构型单一,无法顾及消费者个性需求的弊端,给家居企业带来产能过剩、供大于求的风险。

随着中国城市化进程的加快以及人们对高品质居家生活的渴望,家居行业正从依靠成本竞争向提升服务水平、提高产品科技含量及产品附加值转变,面向客户的个性化生产定制和服务成为主流。自1999年步入厨房家居行业以来,大信厨房通过不断累积客户装修厨房实际方案的数据,以大数据分析为手段,以创新设计为驱动,首创了可实现个性化定制的模块,进而创新再造了产品标准体系和生产体系的多极单元体智能化流程,破解了家居行业在产品定制过程中的成本高、周期长、质量差以及规模生产难四大难题。大信厨房以其精准实时大规模个性化定制生产与服务以及相适应的管理模式,通过科学合理的成本控制领先于行业,以年均30%的销售额稳定增长,成为定制家居行业网络化、智能化和服务化的典范,2010~2016年连续被评为"中国橱柜领军十强企业"。

## 二、主要做法

大信厨房聚焦于90后、95后消费者,针对年青一代偏爱定制化家居产品、追求服务效率以及品质生活的特点,有意识地将移动互联网、云计算及大数据等技术应用于产品设计、生产制造与销售服务等环节,构建"梦模块"、搭建"梦工厂"、实现"云设计",依托企业的技术积累以及自主研发的软件系统,实现终端消费者、终端店面、生产环节、物流环节的全过程互联互通,使客户能够参与产品设计,响应客户的消费升级。这一模式不仅破解了定制家居产品成本高、生产周期长、品质差的国际性难题,使产品的竞争力在同行业中优势明显,更进一步打开了为消费者服务的窗口,在对客户的全服务周期管理中挖潜客户更深的服务价值,有效提高客户的满意度,创造口碑,扩大品牌粉丝覆盖面。大信厨房的定制家居生产与服务转型主要有以下举措:

一是构建"梦模块",搭建"梦工厂",实现"云设计"。为了实现用户参与式的产品定制服务,并始终兼具工业生产质量与效率,从1999年公司成立开始,大信厨房便立足于对定制家居的大规模个性化定制服务模式的探索和实践。经过不懈的探索,通过对传统、现在和未来生活方式和厨房设计的研究分析,大信厨房于2005年形成了基于整体厨房的"大数据"。对中国传统厨房进行研究的同时，通过对比中国人和西方人做饭、吃饭的形式的区别，从根源上找出中国厨房文化和西方的不同，对根植于西方文化的整体橱柜进行基础性的中国化再造。对中国现有橱柜产品进行收集，基于我国不同地区生活方式、风俗文化、饮食习惯的差异，对现有国内橱柜产品进行拉网式收集。对中国未来厨房进行预测，研究国内市场的老龄化、快餐化等趋势，面向未来丰富产品样式、完善产品功能。通过对历史的研究、现有橱柜样式的收集和未来的预测，大信厨房共收集了4365个整体厨房样式，通过对收集到的样式进行梳理归纳、交叉对比和分项合并，归类生成了380个标准化模块，成功破解了整体厨房的模块化密码。大信厨房人将其命名为"梦模块"——寄托着大信厨房做行业第一梦想的模块。380个"梦模块"可以满足大规模定制化生产，根据用户的要求自由组合，还原成4365个橱柜样式，从而满足不同家庭的厨房尺寸和功能要求。大信厨房又在其设计逻辑和技术的基础上进一步延伸到全屋家居定制设计，通过17年的持续完善和提升，"梦模块"已增加到1731个，形成了需求在客户、设计在终端、研发制造在大信厨房总部的开放性、自清洁、自成长的智能制造"永动"体系。基于大数据下的大信厨房"梦模块"原创，是大信厨房通向实现信息化与工业化融合的"金钥匙"。

原创的"梦模块"为破解满足客户高度定制化需求的难题奠定了坚实的基础。与此同时，大信厨房构建"梦工厂"，通过搭建大规模个性化定制的智能平台，充分借力信息化系统与大工业力量的生产技术平台，采用大信厨房独有的"双分布和双模块化智能制造技术"，最大程度地发挥了"梦模块"的效用，让大众能够享受到物美价廉的个性化定制家居产品。大信厨房以降低生产成本、改进生产方式、提高产品质量为基础目标，始终沿着更好地服务于消费者参与产品定制的方向发展。

以自主研发的大规模个性化定制软件系统为信息化支撑，大信厨房自主研发编写的大信厨房大规模个性化定制软件系统，自有独立服务器，模拟人的大脑，通过驾驭大信厨房数据库和对"梦模块"、个性化订单进行云计算处理，指导整个大信厨房"梦工厂"运作，做到零库存。"梦模块"的云计算＋大工业的社会化生产车间，"梦工厂"不直接生产最终的定制家居成品，而是生产用来组成最终定制成品的"梦模块"，这样可降低生产过程与多变的定制家居成品的关联度，运用大工业流水线的方式实现批量化加工。在"梦工厂"，生产指令不是具体的消费者定制家居产品订单，而是通过云计算得到的具有大批量工业生产价值、提前精准预测需求的"梦模块"工业批量云订单。生产指令可以真正支撑工业化大批量生产，且可以结合提前创造负时间与及时生产，使大信厨房可寻找利用社会优势生产资源对"梦模块"进行生产，不仅让品牌始终保持轻资产运作，同时也可始终保持最优生产力。将"梦模块"作为品控、分拣、物流的核心枢纽：已生产出的"梦模块"会集中在大信厨房梦工厂经过专业、科学、严格的质检。通过质检的模块都会被贴上二维码，进入智能分拣与物流环节，通过对"梦模块"二维码的识别，分拣系统自动匹配每单定制家居的云设计方案，"梦模块"在此环节被还原成了每个消费者的个性化定制家居产品，并精准地发往千家万户。通过数据反馈持续对"梦模块"及时更新："梦模块"并非一成不变，大信厨房"梦模块"的研发始终通过及时、实时的数据库进行，且能够流程化、周期化地对全部模块进行研发，如同人一样有感知、学习、反思、精进的天赋，从而保证大信厨房的"梦模块"始终是时尚的、先进的、实用的、科学的。

二是创建教育基地，为"梦模块"无限制设计定制家居产品提供动力。模块不是成品，运用模块设计的个性化定制家居才是成品，终端设计顾问会用模块设计出消费者满意的产品，顾问们具备良好的专业水平，是家居产品获得更高消费者满意度的不可或缺的条件。大信厨房"梦工厂"拥有成熟的教育系统，截至2017年2月25日，大信厨房学院已培训了402期，长达13年的不间断的培训已培养了7000多名设计顾问。纳入教育系统使大信厨房整个大规模个性化定制体系更加具有可持续发展的活力，能够给予客户更好的服务。"梦模块"实现了科技、资源、美学等规律要素的融合，"梦工厂"集中克服了产品质量和生产速度的难题。在价值链终端，大信厨房将个性化家居产品的成型设计下沉转移给了终端店面设计顾问，通过云设计智能平台为消费者参与产品设计赋能，为产品的市场拓展打下坚实基础。在云设计平台上，通过把"梦模块"图像化、三维化、数字化，制作网页云设计软件，租用国家云河服务器为搭载平台，设计顾问无须下载软件，即可和客户一起定制设计，实现上网即能做设计的便捷服务。以"梦模块"为基础，终端店面设计顾问根据消费者当下的、真实的个性需求及时设计、及时原创、及时成品、及时安装、及时交易，把个性设计真正转化成为了商品内涵的一部分，有效提升了产品价值。每个终端设计顾问成为了家居产品设计师、家居生活规划师，围绕产品为客户提供延伸的信息增值服务，为企业赢得更多利润。

用户参与家居产品定制主要涉及以下环节：登录大信厨房云设计平台，输入客户小区，调出二维、三维的户型文件，无须现场丈量，无须构建房型图，即可在此基础上直接进行全屋家居定制设计。在大信厨房的云设计软件上，设计顾问可以自主调取大信厨房所有的"梦模块"，包括结构模块、风格模块、颜色模块等，进行原创定制家居设计。设计方案可在10秒内于云河服务器上一键渲染出图，720度立体展现，较以往一周才能出品的三维效果图，渲染出的图片效果质量更高，可与实景照片媲美。家居产品体验时间滞后、体验周期冗长是消费者购买家居产品的痛点，机会成本极高。大信厨房云设计平台可将设计方案快速生成AR或VR文件让消费者体验定制家居方案，提出个人角度的建议，从而降低定制产品错误率，能够大约控制在0.3%，远低于世界平均水平8%~12%，大大提高了消费者的满意率。

综上，大信厨房用户导向的"梦模块、梦工厂、云设计"一体化个性定制解决方案实现了如下服务流程（见图1）：在前端，消费者登录企业官方网站，输入自己小区的名字，官方网站即可通过大数据调出客户家的户型图，并可以形成立体和平面效果。客户和终端驻店专业设计师一起，调用企业在线即时交互软件设计系统中的模块化产品，用40分钟到1个小时的时间，将自己的家和家居随心设计，设计完后，用云端服务器，10秒渲染完毕。通过VR技术1:1虚拟现实，通过二维码扫描将设计方案连接手机移动端，方案满意，客户交定金，终端专卖店驻店设计师一键生成安装图和生产数据。在生产端，生产数据直接到达大信厨房工厂云计算中心，云计算中心对生产数据进行自动整理分析形成生产指令，生产指令到达车间随即进行生产，四天内工厂出货。通过安装服务客户得到属于自己的个性化定制家居产品，工厂实现精准制造、零库存。

2009年大信厨房自行开发的定制化软件系统，至今已经进行了9次升级，从386个模块上升到2700多个模块，可以实现全屋家居定制的无限制设计方案。从整体厨房开始，大信厨房逐步向全屋家电领域拓展。2014年，基于市场已经步入成熟期的判断，大信厨房上马全屋定制。2017年，源于对现代生活方式的调研，大信厨房推出"上帝微笑计划"。针对在大都市工作打拼的现代年轻人对"家"的渴望、对"体面"的品质生活的需求，在大信厨房的"上帝微笑计划"中，100平方米的房屋，包括橱柜、厨房电器以及客厅、餐厅、玄关、主次卧、卫生间等空间，五万元就可以实现定制，客户在得到更完善的服务的同时又节约了经济成本，整体满意度提高，建立了品牌好感。为提高用户在定制产品成型过程中的参与度，依托移动互联网、云计算、虚拟现实、增扩现实等技术来为终端和用户服务赋能，大信厨房主要通过以下途径来培育企业的服务能力（见表2）。

图1 大信云设计、模块化智能制造全过程

资料来源：企业申报材料及互联网公开信息。

表2 大信厨房服务能力及培养途径

| 培养途径 | 服务能力体现 |
| --- | --- |
| 整合整体厨房和户型的大数据 | 对应客户不同户型及时给出橱柜设计方案 |
| 搭建云设计平台 | 客户参与产品设计，操作门槛低，有效提高客户满意度 |
| 在云设计平台中融入虚拟现实/增扩现实（AR/VR）技术 | 客户可以进行场景化交互式体验，筛选设计方案 |
| 生成标准化的"梦模块" | 生产不受销售端局限，出货效率提高，减少客户等待时间，提高满意度 |

续表

| 培养途径 | 服务能力体现 |
| --- | --- |
| 终端工人安装依据"梦模块"标准 | 安装周期缩短，节省客户时间 |
| "梦模块"紧跟时尚更新 | 及时响应客户对不同设计风格的期望 |
| 兴建"大信厨房中国厨房文化博物馆"联系文化和工业设计 | 响应不同地域、不同文化的客户的需求，贴近客户，提升品牌信赖感 |
| 建立以研究人与网络服务关系的"信疯研究院"，依托微信大规模组织终端店面客户经理化身客户的微信服务专员 | 客户可随时与店面客户经理以网络在线方式进行沟通交流，即时获得各类产品信息或者得到问题解答 |
| 工业旅游：组织消费者参观工厂，展示规模化生产基地，规范化管理 | 为客户提供零距离体验产品生产全过程的机会，感受企业实力、生产规模和管理优势 |

# 三、转型成效

## （一）经济效益

大信厨房通过"梦模块""梦工厂""云设计"等关键创新，实现了家居产品个性化定制的高品质、高效率、低成本的工业化大规模生产，将客户视作自己的"合作生产者"，在消费终端贴近客户提供更全面更便捷的服务，产品获得了良好的口碑，取得了显著的经济效益，体现在以下两个方面：

一是实现了大规模定制生产条件下的成本最优。基于"梦模块"的大规模生产一方面可以降低库存数量、节约库存成本；另一方面在面对客户个性化需求时能够快速实现产品的个性化重组，生产与消费终端实现智能协同。转型后，在综合成本上，大信厨房降到了成品家居的85%，是现代定制产品成本的50%；在交货速度上，供货周期由原来的18～45天缩短到4天；在产品品质控制上，出错率控制在0.03%左右，远远低于国际平均出错率6%～8%的水平。

二是促进企业服务性收入和净利润的持续增长。通过把握客户个性化定制需求，利用信息技术提高生产效率、改善服务质量，企业业务量稳步增长，发展势态良好。2014~2016年，大信厨房企业净利润增长率分别为34.8%、36.2%和42%，营业收入中服务收入占比分别为85%、86%和84%，较以往有很大提高。

（二）社会效益

大信厨房通过上游参与式设计和生产与下游定制化服务相结合，为传统家居企业服务化转型做出了有效示范，产生的社会效益体现在以下两个方面：

一是通过用户口碑宣传，促进企业品牌和影响力的显著提升。大信厨房的家居产品可以根据消费者的支付能力进行个性化设计，随心组合设计出消费者心仪的个性化产品，且对应每一位消费者的消费能力，极大地尊重和对应每一位消费者内心的个性化需求和支付能力。通过生产模式、管理模式和营销模式的全系统创新，大信厨房虽然从成立至今从未做过广告，但靠产品和服务赢得了无数客户的信赖，积累了大量的老客户，通过老客户的口碑宣传，实现了品牌的传播和企业的稳健发展。

二是成为行业内转型示范的典型。大信厨房的实践为行业内制造企业转型提供了有效思路，在全球范围内引起了高度关注。德国现代厨房协会、德国柏丽橱柜集团、韩国橱柜业协会、澳大利亚橱柜协会等国外专家同行专程到大信厨房参观考察，方太电器集团、老板电器、欧派家居集团、海尔集团、美的电器集团、索菲亚、广东橱柜业商会等456家企业、协会参观团体也纷纷到大信厨房参观考察，工信部、科技部、国家质检总局、中国马列主义与中国文化研究院莅临调研。大信厨房独资捐建"大信厨房中国厨房文化博物馆"，将博物馆设置成大信厨房工业设计中心的一部分。博物馆展览互动面积3600平方米，级别以上文物3000多件，影响巨大，2009年被政府批准为对外开放的旅游景区，截至2016年11月，累计接待来自30多个国家和地区、高校专业人士数千名和20多万名普通游客。基于大信厨房企业能力和河南省深厚的文化底蕴，"大信厨房中国厨房文化博物馆"由工业设计研究需求派生，不仅成为工业设计历史文化基因库，更是联系历史文化、工业设计专业人士、消费者的纽带，有效助力工业设计中融入文化底蕴，进一步传承和发扬了中国传统文化中的智慧。

## 四、未来规划

大信厨房基于新一代信息通信技术的定制生产与服务模式创新给企业发展带来了新面貌，整体厨房等家具产品供不应求。大信厨房计划在新乡市原阳金祥家居工业园新建"大信厨房智能制造即时大规模全屋定制项目"，一期占地200亩，二期占地300亩。大信厨房将依托其强大的品牌优势和工业设计研发能力，35%在项目内进行自主生产，其余65%进行ODM，带动原阳金祥家居产业园转型升级为大信厨房品牌OEM，从而可直接带动亿元以上项目产能6家、5000万元以上项目12家，促进园区健康发展。预计其新工业园建成投产后，可实现年终端销售收入32亿元，全国实现就业2万人、本地就业1200人。2017年8月投产，投产后可实现年产100万套全屋定制家居，更广泛地服务于全球消费者。

未来3~5年，大信厨房的产能将会有较大提升，预计能保持30%~40%的稳定增长，企业将把布局大信厨房专卖店作为发展重点，提升终端店面服务能力。目前大信厨房在全国范围内的专卖店已经超过1500家，未来的3~5年，终端专卖店数量预计每年有200~300家的增长，将超过2000家，远期目标达到4000家，完成中国市场的网络布局。在海外的市场扩张上，大信厨房已经成功进入印度、澳大利亚、新西兰等国家。通过企业自身的技术实力以及资源整合实力，大信厨房将进一步扩大海外市场，获得更多的市场份额，向行业世界第一的目标奋进。

此外，依托郑州市经济开发区大信厨房工业设计中心、中国厨房文化博物馆等，大信厨房计划创建国家工业设计中心，加强工业设计的"动力来源"。"大信厨房中国厨房文化博物馆"是大信厨房工业设计中心的一部分，它包含的专业馆、体验馆和现代馆，能让设计师亲近历史文化，从中吸取设计灵感，再将设计师设计出的最新产品不断在现代馆中展示，形成良性循环。大信厨房总部有200张培训床位，32张交流专家床位，760平方米的餐厅就餐面积，2个多媒体培训室，可容纳280人同时培训，加上大信厨房480平方米、挑高10米的无柱摄影棚，两条100兆独享光纤和独立服务器，为工业设计的现代化、信息化提供了充分的、赋予人文主义的条件。大信厨房在全世界建有1500家自有品牌专卖店，有7000余名驻店设计师。大信厨房将充分利用企业已有培训环境和资源，继续通过工业设计中心对设计师们进行培训，提高员工的服务能力。

# 五、经验启示

作为中国厨房家居行业的领军企业，大信厨房为应对家居消费者个性化、品质化需求，以移动互联网、云计算、大数据等新一代信息技术应用为依托，结合企业自身资源和能力积累，积极探索用户全程参与产品定制的新途径，创新以"云设计"为代表的用户参与式设计，以及"梦模块"和"梦工厂"等用户参与式生产定制模式，开创了面向客户的高效定制服务以及企业大规模智能化批量生产，有效破解了定制家居生产上的周期长、成本高、批量小、品控难等业界难题，使产成品具备普惠性，赢得了更高的客户满意度，在服务型制造方面取得了阶段性成果，为家居行业走向优质高效、绿色环保、普惠定制的美好前景做出了良好的示范，为全面小康社会的建设提供了潜在动能。大信厨房用户参与式定制家居创新的特点如图2所示。

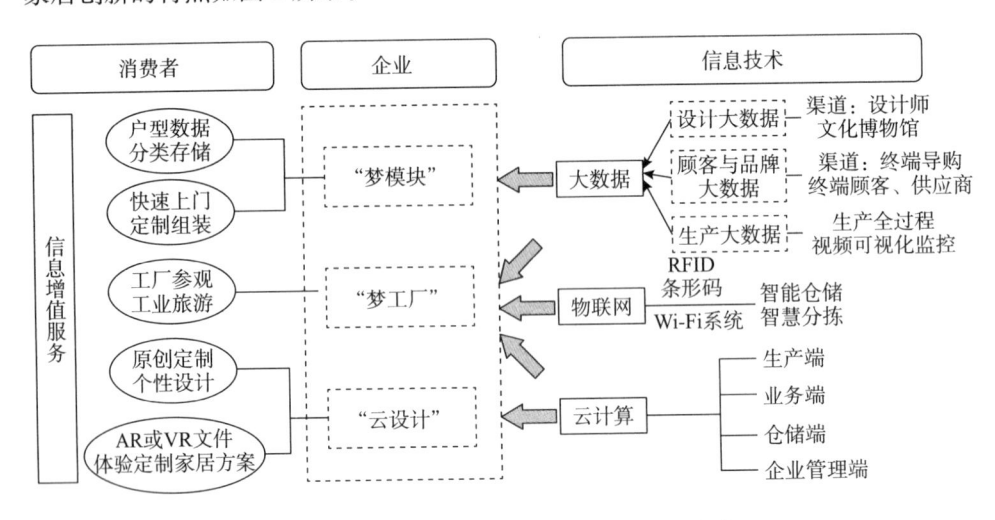

图2 大信厨房用户参与式定制家居服务特点

大信厨房的服务型制造转型探索可以为其他同行企业带来以下经验借鉴：

一是思想意识转变是关键。人民日益增长的对美好家居生活的渴望，年青一代对个性化、品质化家居产品的追求，促使传统家居企业要从大规模标准化设计与生产转向个性化和定制化整合服务，从思想上认清并把握趋势、从战略上积极应对并落地行动举措，是传统家居企业管理者的当务之急。2017年，随着定制家居行业竞争的不断加剧，全屋定制开始成为新的行业态势。单品类的橱、衣柜定制企业经历了几年高速发展期，如今开始延伸产品链，实现"范围经济"的扩张。此外，"跨界融合"也已成为业界常态，从材料到设计，从技术到产品，从销售商到客户的整个供应链，谁能够面向消费者提供最完善、最高效的服务，低成本、高品质地满足客户需求，谁才能快速地抢占市场。在这个过程中，着眼于自身能力的提升和改进，积累技术优势是基础，与其他家居企业、行业展会或流通平台合作是发展保障，快速与其他行业如抽油烟机、床上用品、地板、实木家具以及物流企业等跨界合作，才能在更大范围实现更高层次的"全屋定制"，在帮助客户实现价值最大化的同时，给自身也带来全新的发展空间。

二是推动新一代信息技术与传统家居企业制造价值链的深度融合。信息技术是众多传统企业新旧动能转换，开创新服务、新业态的重要使能手段。大信厨房用户参与式产品定制服务模式的成功，离不开对橱柜等家居大数据的研究分析、生产工厂的智能分拣协同、云设计平台的构建等关键要素的支持。大信厨房以工业设计为驱动，建立原创的、可实现个性化定制的家居模块，进而创新再造产品标准体系和生产体系的多极单元体智能化流程，面向消费者定制化需求，以规模化生产整合产业链，具备颠覆性系统创新。一方面，大信厨房将客户定制需求模块化，通过自创的设计软件、ERP信息管理系统以及企业独立的云计算中心，将创意设计到生产的全流程进行信息化，通过信息化与设备物联、设备与设备物联、人与设备物联，实现生产过程和分拣的智能协同。另一方面，通过对消费者大数据、生产大数据、设计大数据进行收集整理分析以及运用，家居生产能够做到利用负时间促进精准生产和零库存。此外，将VR技术应用到家居方案展示中，充分考虑了消费者对场景化体验式个性设计的需求，帮助客户以更舒适的方式了解、参与设计并敲定定制方案，丰富了服务过程，提高了服务效率，增强了客户黏性。因此，应用移动互联网、云计算、大数据等技术，整合生产端、仓储端、业务端、企业管理端的数据，不仅能够为企业基于核心产品拓展响应客户需求的信息增值服务更好地赋能，还为用户导向的参与式设计与生产制造创新提供了重要保障。

三是积极参与国家标准、行业标准的制定。大信厨房是整体厨房国家标准GB/T 11228—2008、全屋定制标准JZ/T1-2005以及整体橱柜行业售后服务标准SB/T 11013—2013三个国家标准核心起草企业和参编企业。企业全系列产品获中国环境保护十环认证、中华人民共和国建设部康居工程认证和ISO9001质量体系认证，是中国建筑装饰协会厨卫专业委员会向2008年奥运会推荐的产品之一，并被国家住房和城乡建设部纳入国家保障性住房建设材料、部品采购信息平台。参与标准制定、获得权威部门对企业产品的认可，是企业参与市场竞争的重要法宝。掌握了标准，就如同掌握了行业制高点和"行业话语权"。通过参与和主导标准的制定，在引领行业发展的同时，也能提前把脉调整企业发展方向，在同类产品的市场竞争中赢得先机，获得领先的地位，并对行业内其他企业产生巨大影响力。企业产品得到权威部门的认可有利于树立品牌形象，提高企业知名度，向公众展示行业领导品牌的风范，赢得更多客户的信赖。

# 长安汽车：基于整车后市场的 O2O 一体化服务

随着越来越多的城市加入控车限行的行列，家用汽车在广大中国家庭用户市场中的发展明显减速，而共享单车等的兴起也给众多年轻消费者带来多样化的公共出行方式。在互联网、大数据、云计算、物联网等信息技术普及应用的背景下，智能化、网联化的汽车逐步走入消费者的生活，汽车研发设计和衍生服务正朝着定制化、个性化的方向快速发展。

作为中国汽车四大集团阵营企业之一，长安汽车及时响应市场变化，率先开展服务拓展与升级，为汽车产业全面转型做出表率。通过构建新车销售、售后服务、汽车生活、汽车金融保险、二手车、汽车共享等汽车相关业务于一体的汽车互联网 O2O 生态圈，围绕客户"选—买—用—养—卖"消费生命周期为客户提供愉悦服务体验，长安汽车的客户满意度不断提高，汽车销量年年上升，截至 2016 年，长安品牌汽车销量已连续 9 年实现了中国汽车品牌第一。长安汽车自建长安汽车电商平台，利用数据驱动个性化服务，并且不断探索车联网应用，实现了从整车制造延伸到整车后市场的跨越式发展，通过提供多样的信息增值服务，为传统汽车企业打通产业链、创造新价值提供了良好借鉴。

## 一、发展背景

长安汽车是中国长安汽车集团股份有限公司旗下的核心整车企业，历史可追溯到洋务运动时期，起源于1862年的上海洋炮局。伴随中国改革开放大潮，20世纪80年代初，长安正式进入汽车领域，1996年在深圳证券交易所上市。目前长安汽车是中国汽车四大集团阵营企业中最大的中国品牌汽车企业，也是唯一一家中国品牌乘用车年产销过百万辆的车企。

拥有156年历史底蕴、35年造车经验的长安汽车在全球已建12个生产基地、32个整车及发动机工厂，拥有全球研发人员1万人，高级专家400余人，在重庆、上海、北京、意大利都灵、日本横滨、英国伯明翰、美国底特律建立了全球研发基地，并在全球60个国家开展营销服务，销售网点达6000家，拥有15万余名专业服务人员，已开通20多个APP、微信等反应渠道，为用户提供愉悦服务。长安汽车已形成微车、轿车、客车、卡车、SUV、MPV等低中高档、宽系列、多品种的产品谱系，拥有CS75、睿骋、逸动、欧诺、悦翔、奔奔等众多知名汽车品牌，并与福特、铃木、马自达、标致雪铁龙建有合资公司，向合资企业输入中国品牌产品，开创了合资合作新模式。长安汽车坚持"节能环保、科技智能"的理念，大力发展新能源汽车和智能汽车，已掌握智能互联、智能交互、智能驾驶三大类60余项智能化技术。

2016年，长安汽车销售汽车306.3万辆，首次突破300万辆大关，成为中国第三家年销量超过300万辆的汽车集团，其中自主品牌汽车销量占比超过56%，成为300万个俱乐部中唯一自主品牌占比超过50%的企业。截至2016年，长安品牌汽车销量已连续9年实现了中国汽车品牌第一，研发实力连续4届8年位居中国汽车行业第一（国家认定企业技术中心评价结果）。

步入互联网时代，乘用车整车产业发展面临诸多挑战。一方面，市场的集中度在不断提升，企业间竞争日趋激烈，产业链亟待升级，产业集聚能力需要提高，资源整合能力需要加强；另一方面，智能化、无人驾驶技术的快速发展也带来技术迭代的复杂性，传统的整车厂商、新进入的厂商都面临着多种技术方案选择的不确定性。此外，消费端的年轻化与个性化，给整车企业的生产、制造、研发、营销带来新问题，成本的上升给企业带来更大经营压力，价值链创新势在必行。

从需求侧趋势看，在数字化时代，年青一代越来越习惯于线下展示、线上下单、线下服务的O2O消费偏好，服务内容、服务质量和服务价格越来越透明化。

85后、90后消费者个性化、定制化的消费需求日益增长，乘用车整车领域大规模批量化生产已逐步成为历史，未来将是个性化小批量生产的时代。如何打通订单与生产环节、实现按订单生产与配送、允许客户跟踪订单的各环节成为汽车生产模式的重大变革。面对乘用车全产业链加快转型以及新兴互联网企业的产业进入，长安汽车以用户体验为导向，将建立自有汽车电商平台、个性化定制、车联网平台等迫切需要提上日程，在汽车的销售和维护、整车个性化定制、汽车保险和网约保养、精品配件等方面进行创新，从整车制造商向为消费者提供智能出行服务的科技型企业转变，服务型制造转型成效初显。

## 二、主要做法

2015年前，长安汽车坚持进行两化融合探索，促进工业化和信息化深度融合，以提升现代化管理水平为目标，以打造"4+1"平台——4大数字化业务平台（营销服务、产品研发、制造与供应链、基础应用）和1个信息化能力平台为重点，努力提升企业信息化水平，信息化基本覆盖营销服务、产品研发、制造与供应链、基础应用等核心业务领域，提升了价值链协同效率和集团化管控水平。秉持"双引擎、双驱动"理念，长安汽车充分发挥"IT是手段、IT是产品、IT是产业"的作用，持续打造标准化、专业化、一体化和创新化的信息化管理平台，着力建设数字化生产基地，研发、制造高品质智慧产品，通过多渠道整合延伸产业链，提升全价值链运营效率，深入推进运营模式、管理模式和商业模式的创新，汽车销量逐年攀升，企业综合实力位居同行前列。

2015年以来，在已完成的信息化建设的基础上，长安汽车积极响应市场变化，以用户体验为导向进行商业模式创新，采用"垂直深耕+横向延伸"的策略，不断提升用户消费体验，充分集成互联网应用、大数据、通信、导航、云计算、娱乐等资源，围绕用户的乘用生活，整合线上、线下资源，为用户提供智慧出行服务，构建整车后市场的O2O一体化服务。

具体来看，长安汽车的转型举措体现在以下三方面：

一是打造长安汽车自主电商平台。长安汽车以客户为导向，立足自身优势，打造了"客户引流—交易转化—平台捆绑"的垂直汽车全生命周期服务电商平台，能够拓宽长安汽车整车、汽车金融等销售渠道，拉动长安汽车整车以及相关金融产品的销售量，以捆绑销售的方式迅速扩大长安汽车的市场占有率。

长安汽车构建的电商平台主要实现三大业务功能（见图1）：①整车及衍生平台引流客户。用个性化定制、团购购车、库存处理、新车预售等多渠道获取购车客户，用金融、续保衍生业务引流后市场客户。②后市场服务平台促进交易。用"定制"的"保养、精品、配件、年审、延保"等服务，形成交叉销售，锁定在线交易，实现服务产品获利。③共享用车平台捆绑客户。用共享用车平台打通客户买车、用车、养车的链条，深度捆绑后市场服务。

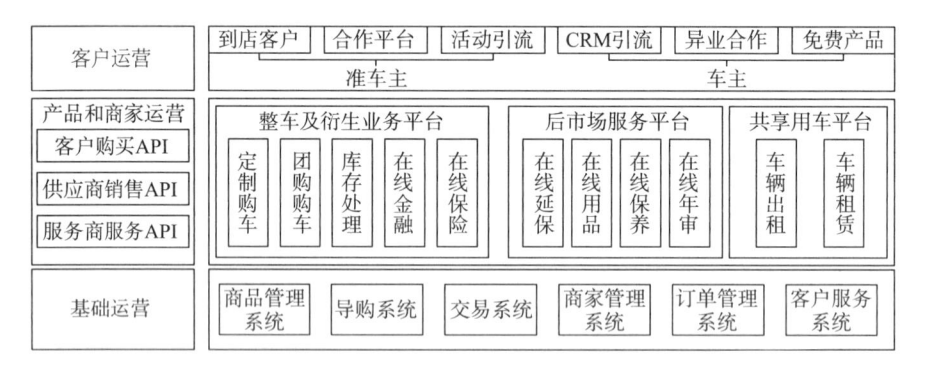

图1　长安汽车电商平台体系示意图

资料来源：企业申报材料整理。

平台构建后带动了五大重点业务的发展：①整车销售。长安汽车旗下自主品牌的乘用车、商用车、轻型车全部上架，同时部分车型享有价格优惠、提升附加值等政策。②汽车金融。经销商帮助客户在线提出车贷申请，在线进行审批，通过银行内部系统查询征信、反馈信用结果，直接在线授信、放款，促进用户购买。③汽车保险。通过搭建自己的电销、网销及直销车险服务团队，健全呼叫、在线CRM客服系统，引入多家国内知名保险机构（人寿保险、平安保险）进行合作，形成多家车险商务合作及全国投保的战略格局。④精品配件。以"长安专供+品牌商家合作"为主的模式，为广大车主提供原厂汽车模型、车载电器、汽车美容、生活户外等汽车精品,建立专业化客服销售和售后服务团队,实现线上销售、线下安装服务的模式。⑤网约保养,以充分利用经销商的闲时资源为导向,基于长安商城的微信平台,创新客户、服务中心、车企多赢的模式,结合电商标准化、透明化、体验化特色,推出以"保养+代驾"相融合的产品,为用户提供网约保养和上门取送车保养服务,带给用户实惠(忙时、闲时价格浮动)、透明(价格、服务内容一目了然)和便捷(在线预约、客店联动)。

长安汽车电商平台自2015年开始筹建,12月发布内测版,2016年2月开始公测,4月电商平台V1.0正式上线,重点在整车销售、金融保险、汽车后市场服务三个方面开展创新实践,电商业务发展迅猛。2016年,长安汽车电商平台访问总量超过1000万人次,整车销售订单10万多辆,同时开展了在线消费金融、汽车保险(含UBI)、网约保养以及精品配件等业务,成为长安汽车探索打造整车后市场生态圈的重要抓手。

二是实现CS15个性化定制。CS15个性化定制是长安汽车首次创新型业务改变,是C2M(消费者驱动制造,Customer to Manufacturer)的进一步推进与落地。该项目由电商项目组、制造项目组、营销项目组、BOM(物料清单,Bill of Material)项目组四个子项目组构成,涉及研发、电商、BOM、生产计划、工厂生产、物流、销售等各领域,为客户整车个性化定制提供落地支撑。

长安汽车的CS15个性化定制主要按以下六个步骤展开:①搭建公司CS15个性化定制管理模式团队,通过项目化管理驱动创新业务的开展。②建立统一的车型编码规范,应对客户复杂选择,长安供应链可快速识别。③建立超级BOM系统平台,提供客户复杂选择的清单,使供应链能够标准化识别。④优化制造业务流程,以支撑个性化定制复杂条件下的整车生产管理。⑤营销管理流程优化,基于构建的电商平台,开展线上线下融合的营销流程再造,为客户提供端到端的交车管理。⑥数据交付模式优化,实现多系统集成与数据流程集成,构建数据驱动的业务管理与决策。

三是探索车联网应用,创新出行服务。信息技术发展日新月异的今天,汽车结构也在发生着巨大变化,"沙发加四个轮"的传统车型已满足不了用户的需求,硬件高配、软硬深度融合,提升乘用体验已成为趋势。目前,各大主流车企和互联网公司纷纷抢占汽车智能化发展的风口,车联网发展已步入快车道。车联

# 中国服务型制造发展报告（2018~2019）

网，是在车与车（路、人、互联网）之间通过无线通信和信息交换，实现智能化交通管理、智能动态信息服务和车辆智能化控制的一体化网络，是物联网技术在交通领域的典型应用。2016年以前，长安车联网平台由第三方承建和运营，这种模式下，双方合作关系依赖合同约束，供应商看重短期利益，掌握车辆数据，市场响应缓慢，乘用车、商用车和新能源等业务板块之间难以有效整合，无法支撑长安汽车的长远发展目标。通过行业对标，长安汽车发现全球主流车企都转向自建车联网平台。2015年底，长安汽车车联网云平台（Demo版）技术验证通过；2016年6月，平台通过验收测试，云平台正式上线。秉持关注用户体验、追求科技时尚原则打造的长安"incall"手机端APP为用户享受车联网应用服务提供了便捷工具，重点打造的远程控车、车辆周边、车况监控等服务成为用户享受优质用车体验的重要保障。目前，长安自主车联网平台掌握了数十项关键技术支撑服务开发与运营，达到了国内先进水平。经过数期迭代，长安车联网平台完成了一个核心平台、四个子系统、两个APP、两套协议兼容，基本满足了长安独立对外提供全面车联网服务的需求，为以后掌握数据、构建出行新生态奠定了坚实的基础（见图2）。截至2017年2月，搭载车联网的车型有悦翔V7、长安逸动、逸动XT、睿骋、cs15、cs35、cs75 2017款、逸动ev共八个车型。

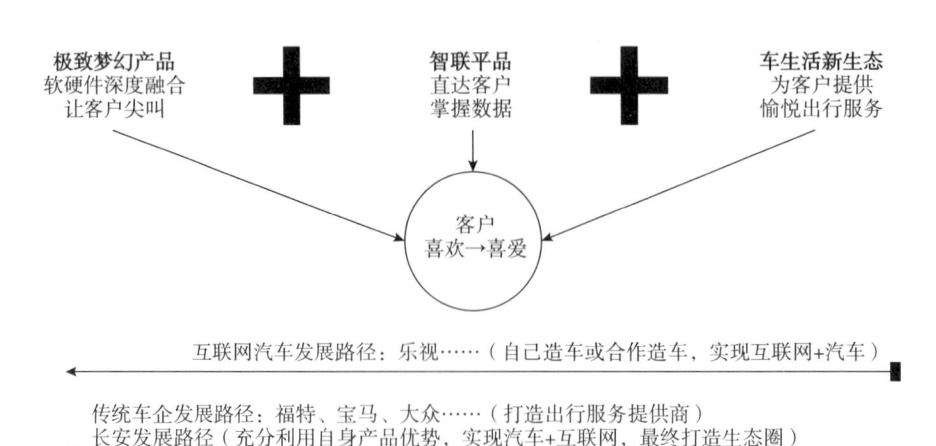

**图2 长安汽车的车联网建设整体思路**

资料来源：企业申报材料整理。

长安车联网的整体发展思路是希望实现汽车智能化、网联化、社会化，以车联网为载体，以直达用户、极致梦幻体验为目标，不断提升产品价值，探索商业模式创新，构建安全、绿色、便捷的服务生态圈，推动公司向愉悦出行服务提供商转型，建立长安汽车新的竞争优势，为打造世界一流车企奠定智联科技基础。

## 三、转型成效

### （一）经济效益

长安汽车以自建的汽车电商平台为基础，拓展个性化定制服务，发展车联网应用为用户提供愉悦出行服务，帮助企业从整车制造向出行服务提供商转型。自开展服务型制造转型以来，企业经济效益明显回升。一是汽车销量成绩提高，企业营业收入稳步增长。2016年，长安汽车销量突破300万辆，相比2015年增长9.2%。营业收入，2014年为529.1亿元，2015年为667.7亿元，2016年为785.4亿元，2017年为800.1亿元，实现稳步攀升。二是产业链效率得到提升。融合大数据分析的汽车生产制造与营销打通了产业链，信息流通效率显著提升。长安汽车开创的C2M模式直接向用户销售车辆，减少了中间流通环节，企业按照用户订单进行生产，以最短的供应链、最快的反应速度、最低的成本、个性化的产品选配、多套销售业务捆绑销售方案与服务，提高了业务效率。三是企业—客户关系进一步加强，产用融合态势逐步建立。企业通过构建汽车电商平台，收集最终客户基本信息和完整的业务流程信息，为客户提供完整的全过程服务以及售后服务，基于客户的浏览、交易等数据实施大数据分析，掌握用户精准需求，促进企业产品优化，并提供精细化服务。此外，保险业务、金融业务、保养业务、精品配件等增值服务的拓展，提升了企业在乘用车后市场产业链中的地位。

### （二）社会效益

长安汽车的服务型制造转型也取得了较好的社会效益。一是培育了中国乘用车产业新业态、新模式。通过互联网和物联网技术构建汽车电商平台和车联网平台，涉及对乘用车传统研发、零部件、整车、销售、后市场、用车、再流通、报废拆解全产业链的再造。以车辆为载体构建的电商平台和车联网平台把车、人、售后服务网点、体验中心等各方面都汇聚在一起，涉及汽车销售前客户的选择引导，汽车销售中汽车金融的介入，创新保险形式的产生，用户乘车时车载娱乐、LBS 服务（Location Based Services，位置定位服务）的引流，再到汽车工况信息监控，实时援助与维修等后服务。通过这种新业态、新模式的培育，打破乘用车企同质化竞争的发展瓶颈，赢得更广阔的发展前景。二是作为行业领导者引领中国乘用车可持续发展。公司入选了"2017 国家品牌计划"，成为中国乘用车行业开展创新中国、品质中国、品牌中国转型的优秀代表，在国家"一带一路"倡议指引下，积极推进落实海外战略，对外输出中国汽车品牌优秀形象。公司的自主研发实力已连续 8 年业界第一，具备发动机技术、自动泊车、语音识别等技术亮点，为中国汽车市场的发展注入创新活力；通过与合资企业协同研发，开展技术输出，带动中国汽车产业的创新发展。

## 四、未来规划

展望未来，长安汽车将继续加大乘用车后市场的信息增值服务拓展空间，为即将到来的智能网联时代做好准备。

首先，进一步夯实汽车电商平台，构建完整成熟的电商生态圈。长安汽车电商平台将以促进整车销售和拓展创新业务为目的，拟 3 年累计投资 8000 万元人民币，建成整车及衍生、后市场、共享用车三个业务平台，充分整合线上、线下资源，构建完整成熟的电商生态模式。提升价值链效率、增强客户黏性、培育终生客户，以获取产业链延展价值。将采取的具体举措包括：①整车销售线上引入VR（虚拟现实）、AR（增扩现实）等技术，构建网上数字化汽车城；线下探索汽车体验店模式，实现线上线下 O2O 一体化融合。②大力推进 C2M 在线定制模式，为用户提供车辆的个性化选择，探索送车到家模式。保养业务打造多个保养套餐产品和差异化定价策略，提升用户黏性，4S店服务闲忙透明化，推广网约保养服务，实现一键代驾保养，提高用户满意度，提升所有4S店工作效率。打造延保产品，提升市场占有率。③在精品配件方面，计划研发一批体现长安品牌文化的精品，并探索建立长安汽车后市场旗舰店，促进企业品牌传播及用户黏性，推行O2O线上销售、线下安装的模式。

其次，进一步推广个性化定制服务，尤其是多车型个性化定制。未来的个性化定制不仅在车型外观、内外饰、简单配置上可以选配，还将影响线束、电解等配置上的选配包开放。长安汽车将致力于研究选配包上的模块化和服务化，为用户提供全方位的车型选配模式，让用户有自己组装车的服务体验，而汽车供应商将扮演按照用户意愿生产车的服务商的角色。目前，合肥长安的CS15个性化定制已经成功投入应用，未来会以合肥长安为标准向其他车型、基地推广。

最后，着力开拓车联网业务，实现出行功能到出行服务的转变。长安汽车的车联网平台致力于最终实现从提供出行功能到提供出行服务的转变。车联网平台需要进一步打磨极致的产品和极致的用户体验，重点整合核心的用车服务，包括维修、保养、车险、加油、车检、违章等。不久的将来，长安车联网服务计划将再次升级，转变为一个整合智慧城市、智慧家居、移动办公的生态平台。对用户来说，未来的车联网将为用户带来安全、便捷、实惠的出行服务，并且带来极致、梦幻的驾乘体验。对于整车厂而言，未来的车联网平台将大大地推动车辆生产厂商从硬件商向服务商的转变，并促进盈利模式的变革。未来的规划中，长安汽车将依托自主车联网云平台，以直达用户、极致梦幻体验为目标，分析大数据、创新用户体验、创造车厂价值，不断提升产品价值。车联网大数据平台将通过对车联网平台采集的位置、传感器、用户驾驶行为等数据进行分析，提升用户体验，促进研发改进，拓展增值服务。

# 五、经验启示

长安汽车以自建汽车电商平台整合产业链资源为起点，打造融新车销售、售后服务、汽车生活、金融保险、二手车、汽车共享等相关业务于一体的线上、线下融合生态圈，便捷消费者购车，为其享受优质衍生服务提供保障，成功实现企业转型升级。传统的乘用车企业可以从长安汽车服务型制造转型中获得以下经验借鉴：

一是加快应用互联网、物联网和大数据技术，通过信息联结、数据驱动开展个性化定制服务，适应用户消费升级需求。信息技术是众多传统企业新旧动能转换、开创新服务、新业态的重要使能手段。长安汽车持续推进信息化平台建设，自建有电商平台和车联网平台，有力地促进了传统整车产业链的改造，主要体现在以下两点：①以长安汽车电商平台为基础，将在线消费金融、汽车保险、网约保养以及精品配件等业务融入业务体系，降低渠道成本；②通过互联网进行信息整合，优化消费者的购车、用车流程，汇聚众多汽车后市场服务企业与用户需求对接，方便车主购车后的各类服务消费。此外，通过电商平台和车联网平台获取的用户数据和物联网数据，对客户进行细分，精准识别用户需求，开展跨渠道的针对性营销活动，提升客户忠诚度及满意度。传统的乘用车企需要加大力度引入物联网、云计算等新一代信息通信技术，将其与制造价值链各环节深度融合，开拓各类信息增值服务，助力企业转型升级。

二是重视核心技术积累，通过不断的自主创新，推动企业走向技术密集型制造。在进口车和合资车的双重夹击下，提高研发能力成为传统汽车企业突破竞争重围的必要手段。唯有培育研发实力，缩短研发周期，快速响应市场，提升产品品质，才能更好满足消费者，获取长远价值。长安汽车2014～2017年的研发投入逐年递增，在国家认定企业技术中心2015年评价结果中以93.6分的高分获得中国汽车行业科技研发实力第一，连续4届8年位列榜首。长安汽车已建成涵盖振动噪声、碰撞安全、制动性能、底盘试验、驱动系统等16个领域的国际先进实验室，在汽车智能化领域已掌握智能互联、智能个性化、智能驾驶三大类60余项智能化技术，始终坚持"节能环保、科技智能"的理念，大力发展新能源汽车和智能汽车。持续进行科技创新，适应用户消费升级趋势，满足市场变化需求，是长安汽车赖以生存的根本，也是车企为中国汽车消费者贡献更优秀的产品、为中国汽车工业贡献自己力量的关键。

# 如意科技：纺织服装全产业敏捷供应链管理

自中国加入世界贸易组织（WTO）以来，纺织服装在提供就业、出口创汇等方面带动了中国外向型经济的蓬勃发展。随着用户代际更替，居民消费升级和人民对更高品质生活的追求，具有劳动密集型特征的纺织服装企业面临结构转型的挑战。一方面，人工成本的持续上升，使纺织制造成本比较优势日渐削弱，另一方面，消费者多样和个性化的需求促使企业更加注重快速响应、按需定制能力的培育。纺织服装企业急需站在产业协同的视角，整合上游面料与下游服饰等多方资源，实施全产业链的供应协同。山东如意科技打造面向纺织服装全产业链的敏捷供应链服务，为传统纺织服装企业走出竞争红海、开拓业务蓝海提供了有益借鉴。

## 一、发展背景

如意科技始建于1972年，前身是山东济宁毛纺织厂，发展迄今已成为一家全球化的纺织产业集团，拥有棉纺和毛纺两条全产业链，核心业务涵盖原料生产、设计服务、智能制造、贸易物流、品牌推广，服务遍布全球80多个国家和地区。集团现拥有60多个全资和控股子公司，30多个国际知名纺织服装品牌，5000多家品牌服装零售店，拥有中国A股和日本东京主板两家上市公司，综合竞争力和主营业务收入在 2015 年和 2016 年连续两年蝉联中国纺织服装企业 500 强第一位，位列中国 100 大跨国企业第 68 位。

如意科技在澳大利亚拥有 1000 平方千米的优质棉花种植基地，优质原料供给充分。公司拥有 7 个设计研发服务平台，不仅建有国家级工业设计中心公共服务平台，在日本、意大利、英国、法国等地也设立了设计研发中心。智能制造方面，如意科技在国内外拥有 22 个服务制造基地。品牌推广方面，如意科技拥有 30 多个品牌，其营销网络遍布全球 80 多个国家和地区。贸易物流方面，在澳大利亚、欧洲、日本、东南亚、我国的新疆和上海共拥有 6 个物流和仓储配送中心，供应链平台、贸易、物流等服务体系完备。目前服务的主要客户类型如表 1 所示。

表 1　山东如意科技的客户群

| 客户类别 | 客户品牌 |
| --- | --- |
| 奢侈品客户 | Burberry、Armani、Zegna |
| 高端品牌客户 | Hugoboss、maje、DURBAN、sandro 等 20 多个品牌 |
| 中端品牌客户 | 雅戈尔、彬彬、庄吉、西班牙百货、玛莎百货等 50 多个品牌 |

如意科技以科技创新为总领，以企业文化建设为核心，利用信息化与智能化手段，创建以全产业链为基础的"互联网+智能制造+个性化服务"发展思路，整合物流、资金流和信息流，使服务贯穿于整条制造产业链和供需网的所有活动中，实现了由传统加工制造向智能服务制造的转型升级，获得了良好的成效。2016～2018 年服务性收入逐年递增，占公司营业收入比分别为 11%、21% 和 30.7%。

# 二、主要做法

如意科技从纺织面料生产商向纺织服装全产业供应链整合服务商的转型主要历经了三个阶段，分别是以产品质量为核心的生产型制造、以品牌运营为核心的创新型制造和以敏捷供应为核心的服务型制造，如图 1 所示。

| 阶段一：1972~1998年 | 阶段二：1999~2011年 | 阶段三：2012年至今 |
|---|---|---|
| 以产品质量为核心的生产型制造 | 以品牌运营为核心的创新型制造 | 以敏捷供应为核心的服务型制造 |
| 从速度向质量转变 | 从产品向品牌转变 | 从制造向创造转变 |
| 技术推动的创新 | 市场拉动的创新 | 设计驱动的创新 |

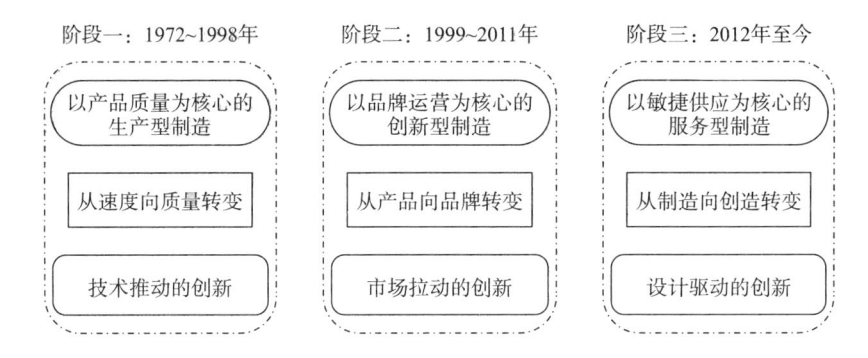

**图1　如意科技的服务型制造转型历程**

资料来源：企业申报材料整理。

如意科技早期的发展主要以产品质量为核心，建厂初期主营如意精纺呢绒，以提升质量管理与创新能力为基础，经过多年努力，成为以质量水平和创新能力闻名全国的精纺呢绒生产基地。1999~2011年是如意科技发展的第二阶段，通过研发"如意纺技术"，将过去不可纺的天然纤维变成可纺的原料，同时用同等原料生产出较高品级的产品，突破纺纱支数的高限，以此为依托，如意科技自2005年开始打造全产业链，在原材料和品牌方面相继并购了产业链上游的澳大利亚优质羊毛及棉田资源、纺织行业的海外龙头企业，以及下游的海外高端服装品牌。2012年至今是如意科技发展的第三阶段，公司开始从制造向创造转变，打造以敏捷供应为核心的全程供应链管理服务。如意科技通过构建设计服务、智能制造和智慧营销三大体系将产业链串联起来，满足个性化、高端化的客户服务要求。实现了设计服务平台与生产供应体系的对接，并快速推向市场。如意科技打造全产业链敏捷供应链管理模式的主要举措如下：

一是持续打造从原料到纺织、服装的全产业链。2005~2016年，如意科技在国内重组了临邑澳泰、万州海康、汶上凤凰、嘉达印染、樱花纺织、八一毛纺、温州庄吉等一批优质资产，新建了如意三峡紧密纺、泰安高档服装生产基地。在"一带一路"沿线，新建了宁夏三大纺织服装工业园区、新疆两大智能纺织服装基地、巴基斯坦集煤电纺织于一体的加工基地。如意科技收购了澳大利亚两大原料基地卡比棉田及罗伦杜牧场、德国派那手工西装、英国泰勒毛纺、哈里斯花呢、印度GWA毛纺等加工企业。品牌端方面，如意科技打造了自主奢侈品牌皇家如意，高端品牌路嘉纳、英迪龙，中端品牌樱花家纺，收购了在东京主板上市有10个品牌百年历史的日本瑞纳公司、法国 SMCP 公司、英国高端品牌雅格斯丹等。如意科技构建了从原料到服装品牌的毛纺与棉纺完整产业链，公司的业务重心也逐步朝时尚服装产业倾斜，向"微笑曲线"两端延伸，在提升产品附加值的同时，拓展公司盈利空间。

二是建立信息服务体系，使服务贯穿整条产业链。如意科技在转型过程中构建了设计服务、智能制造和智慧营销三大信息服务体系。设计服务体系主要满足消费者的个性化服饰需求。如意科技与西安工程大学合作研发了面向高级定制的高仿真智能化纺织面料数字化设计与服务平台，实现了纺织面料设计、效果虚拟展示、生产工艺单生成功能，可以满足高级定制客户服务需求，提高了产品开发能力及市场快速响应能力；同时，实现了设计服务与供应链系统的对接，提高了产品的附加值，延伸了产品的价值链。

如意科技建设了集设计、生产、销售于一体的智慧工厂。智慧工厂基于管理信息系统、数控技术和可编程控制系统等信息技术，实现智能染色、智能整理及三维量体、自动裁剪及智能吊挂功能，减少了劳动用工。同时，通过数据共享方式，建立在线监测系统，让供应商能够随时了解生产进度、物流需求计划、配送预约等信息。建立统一资源调度系统，与财务系统对接，了解供应商的账务情况。如意科技所搭建的一体化精细管理系统，能够实现上下游所有供应环节统一共享、物资调拨，覆盖从计划、审批、采购、仓储、出库直至结算的运输管理全过程，满足顾客个性化实时需求。

为实现"消费需求引导"的销售宗旨，如意科技还建立了发现消费需求、提供体验服务、满足个性需求、实现定制生产的智慧营销服务体系，实现线上原料—成衣的全流程个性化定制服务、线下从量体到交货的全方位零售店体验服务。结合柔性云智慧供应链模式，建立以客户需求为中心、面向全球的智慧营销模式，打造 C2M 用户生态消费体系。

三是优化供应链管理，实现产业链上下游敏捷协同。如意科技打造的全产业链供应链协同，上游是由供应商乃至供应商的供应商组成的企业合作伙伴关系，下游是由生产商、分销商、零售商、终端消费者组成的用户关系。如意科技面向供应链的统一管理，促进信息流、资金流、物流的协同整合，提升了供应链整体的效率和效益，强化了如意科技作为核心企业在供应链中的主导地位。在优化供应链管理上，如意科技采取了许多措施。首先，内部组织结构再造。如意科技成立供应链管理中心，实现财务、营销、采购、物流和设计研发统一的专业供应链管理模式，从根本上解决了原来内部供应链管理和价值流比较松弛、消费服务信息反馈迟缓、上下游供应链协同时滞的难题。其次，面向客户订单，实现零库存管理。如意科技以消费者需求为始倒推生产、供应的个性化规模定制生产方式，实现各项成品的订单管理和原料的零库存管理。最后，成立供应商联盟。如意科技发起成立大宗原料供应商联盟，由如意科技在各企业工业园区内部建立大型原料仓库给供应商免费使用，或供应商自建仓库（距离不超过1千米），如意科技与供应商通过这种方式结成战略联盟，实现了风险共担和利益共享，提高了供应链的市场响应效率。

# 三、转型成效

## （一）经济效益

如意科技的服务型制造转型取得了良好的经济效益，体现在以下六个方面：一是缩短了整体开发周期。如意科技个性化设计平台的建立实现了由纱线到服装的一体化设计，将纱线开发效率提升了60%，服装开发周期缩短了50%。二是增强制造服务能力。如意科技由传统的加工模式转变为品牌制造模式，由原来的贴牌加工转变为主营自主品牌，由为国外企业代工生产转变为国外企业为如意科技代工生产。三是流动资金得到增加。小批量、个性化定制服务减少了库存，如意科技的整体库存占用资金量减少了近30%。四是产品品质得到提升。如意科技在高端纺织品领域的国际市场占有率已达23%。五是降低生产成本，提升生产效率。如意科技建立智能工厂，提高了制造效率并达到生产全流程无人化，在降低劳动用工成本的同时，提升了员工的技术水平。六是提升了市场占有率。如意科技向时尚品牌服饰的转型，促进了奢侈品客户的增加，吸引了Burberry、Armani、Zegna 等顶尖品牌的合作。

### （二）社会效益

转型产生的社会效益体现在以下两方面：一是带动了上下游产业的协同共赢发展。如意科技以创新为引领，全面向服务型制造、品牌建设转型升级，带动纺织面料加工、纺织服装设备制造等向数字化、网络化及智能化发展，提升了上下游产业链企业的核心竞争力。二是引领传统纺织服装企业转型方向。如意科技"互联网+智能制造+个性化服务"模式的建设对众多纺织服装企业的技术进步与产品升级起到了巨大的推动作用，在纺织服装行业树立了良好的示范。

# 四、未来规划

为持续完善、优化供应链管理，实现转型升级战略目标，如意科技规划使用最新 IT 技术进行资源整合，包括云计算、大数据、物联网等，以使如意科技全产业链实现原料生产采集、设计、加工、服务全过程的定制化、个性化、智能化、柔性化，提升全过程的设计参与、高品质生产、便捷交付，提高消费者的消费体验，获得忠诚度和粘性，增强企业的营销竞争力和产品附加值。在全产业引领的供应链一体管理系统的基础上，如意科技将继续探索延伸可以增强消费服务的新领域。

如意科技计划利用 3 年时间初步建成基于全产业链的"互联网+智能制造+个性化服务"供应链管理模式，包括持续提升智能化装备水平，实现对现有毛纺、棉纺装备的全面智能化升级，以及基于 PC 端的 B2M 和基于微信、APP 移动端的 C2M 的混合商业系统，将智能服务销售收入占销售收入的比重提升到 35%。之后，利用 5 年的时间实现财务、运营管控、制造服务、设计服务、上下游服务、用户服务的体系化管理，全面实现"互联网+智能制造+个性化服务"，建成"纺织工业 5.0 版多维打印机"，将服务性收入占销售收入的比重提升到 50%。

设立快速反应的"多维打印基地"。如意科技将未来纺织的加工模式定义为快速反应多维打印制造模式,即以供应链管理为基础,将整个加工企业或区域内多家企业作为多维打印机,实现客户提出的定制需求,工厂负责"打印"客户的个性化产品。

打造全流程化智能服务体系。其一为时尚设计服务,即利用互联网技术构建设计服务平台。具体地,向前整合优质设计师资源、高校设计资源、建设开放的设计平台,中间整合各产业技术创新机构,向后延伸至市场,形成市场、设计研发、技术创新、市场营销的聚集中心。通过让客户、设计师、市场共同参与设计,使设计服务于客户、服务于市场、服务于加工技术。其二为建设客户管理系统。如意科技希望通过收集海量消费者数据,结合大数据技术找到精准销售线索,提升销售转化率。该系统的目标是为如意科技销售部、售后服务部、衍生业务部、市场部等多个部门提供决策支持。

实现产品生产过程中的实时监控与人工智能分析。如意科技希望赋予供应链管理系统自我学习提升的人工智能能力,通过大数据的收集、分析与深入挖掘,实现感知、决策与执行。具体地,智能化生产线与市场和原料供应间的交互行为将产生大量数据,可以通过人工智能系统来深入挖掘和分析这些数据,使消费者能够参与到产品的需求分析和产品设计中去,还可以智能预测原材物料的需求与库存,及时组织生产,也可以利用人工智能预测流行趋势,为企业的设计与生产组织提供参考。

智能化制造服务模式方面。一是关注数字化全流程集成互联的研究与应用,实现从单项应用向综合集成的阶段跨越。具体包括:①生产设备之间的互联,即研究不同类型和功能的智能单机设备的互联,组成智能化生产线,设备之间、智能生产线之间自由的、动态的组合,以满足不同的加工制造需求,形成智能化工厂。设备智能化升级,通过智能化硬件与设备的结合使设备具备智能化的基础。②设备和产品的互联,也就是制造技术和IT技术融合在一起,让整个制造工厂运行起来更加顺畅,更加高效地生产出产品,交付给客户。③模块互联,将纺织加工过程的设计、生产、工艺、设备、营销五大功能实现模块化。二是关注工艺与物流系统的智能化管理系统研究与应用,实现工艺的智能化控制,搭建企业私有云平台。如意科技希望利用互联网技术,集成客户资源、设计资源、加工技术资源,向前整合优质设计资源，建设开放的设计平台，中间整合产业技术创新机构与制造基地，向后延伸至市场，形成市场—设计研发—高端制造—市场营销的云中心。

# 五、经验启示

如意科技从棉纺和毛纺制品起步，通过不断的技术创新，凭借研发的"如意纺"等技术，将核心产品拓展为包括纤维原料—纱线—面料—服装服饰的全产业链产品，核心业务也涵盖棉纺与毛纺原料、纱线、面料、服装的设计、加工、贸易及品牌运营，目前已成为纺织服装领域国内首屈一指、国际较高声誉的全球化纺织产业集团。如意科技通过全球资源布局重塑棉纺和毛纺产业链格局，通过持续不断地技术创新、设计创新和市场创新打造全产业链服务型制造模式（见图2），给中国广大纺织服装企业实现从生产型制造向服务型制造转型带来以下三点启示。

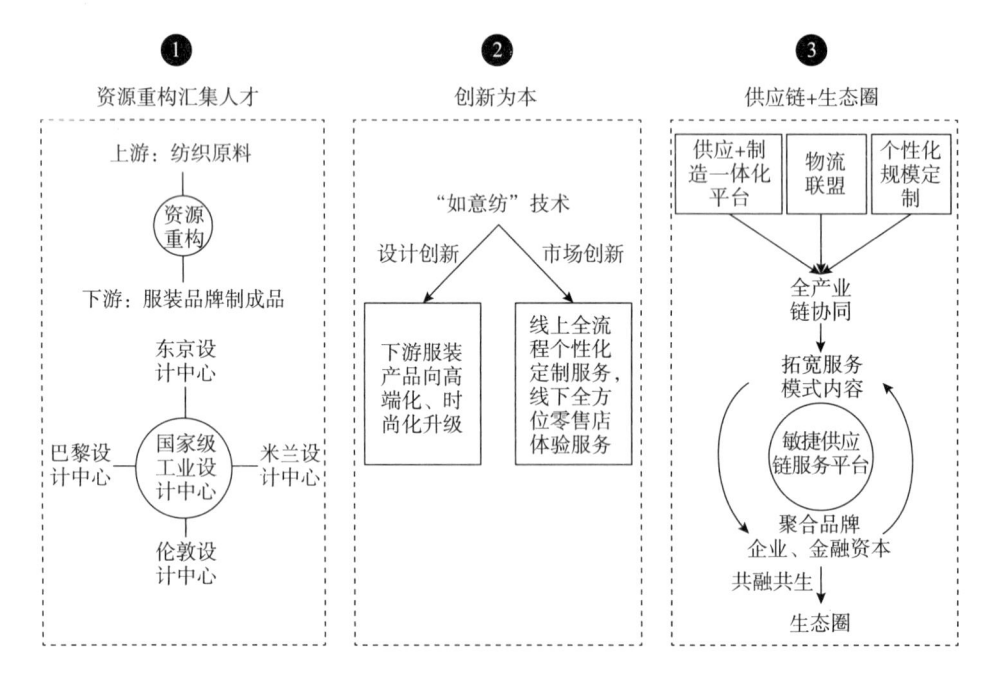

**图2 如意科技的服务型制造转型特色**

资料来源：自行总结。

一是意识超前，通过全球资源重构和人才汇集重塑纺织服装产业链格局。经过多年的发展，中国的纺织服装工业已形成强大的上下游配套生产能力。从上游的纺织原料，到下游的服装及各类品牌制成品，面料服装一体化的产业协同对于提升纺织服装企业的市场竞争地位具有重要意义。基于全球化视野，如意集团在世界范围内开展多项收购或兼并，打造了集原料（棉花与羊毛）基地、印染纺织生产到服装设计与品牌营销于一体的垂直产业链，20多个控股公司广泛分布在英国、法国、德国、日本、澳大利亚等15个国家，全球员工4万多人。此外，如意科技通过实施"五位一体、联动创新"，将巴黎、东京、伦敦和米兰等地的设计理念与本土的设计思想结合，实现全球创意资源聚集，通过建设国际化、专业化的设计、技术、营销和服务人才团队，支撑企业跨越式发展。如意科技的国际化视野和全球化资源布局意识是其打造纺织服装全产业链成功的重要前提。

二是创新为本，以技术创新推动设计创新和市场创新，从产品制造的"红海"走向服务与品牌塑造的"蓝海"。如意科技从起步之初就矢志不渝地坚定自主创新，经过多年积累研发的"如意纺"是一项颠覆传统纺织技术理论的新型嵌入式纺织技术，这一技术不仅打破了欧美国家对高端纺织技术的垄断，其应用还为纺织面料超高支、轻薄化提供了可能，而上游高端面料产业的优势也给下游服装产品向高端化、时尚化升级带来全产业耦合效应，引领中国品牌走向世界。以"如意纺"技术为依托，如意科技聚焦消费者需求，将技术与艺术相结合，引导提升科技时尚消费理念，为消费者提供整体生活方式的营销服务、从原料到成衣的线上全流程个性化定制服务，以及从量体到交货的线下全方位零售店体验服务。这些举措不仅使企业规避了传统纺织服装企业因自主创新能力薄弱陷入低端竞争的困扰，也开辟了通过增值服务和品牌经营助力企业找到新增长点的途径。

三是行业引领，基于新一代信息技术打造"供应链+生态圈"模式，具有培育世界级时尚服装产业新生态的潜力。迈入新时代，紧随着消费者数字化足迹，世界范围的服装时尚行业正经历从原来的供应驱动向需求驱动的转变。同时，信息通信技术的飞速进步和平台模式的兴起，正在打破传统供应链管理聚焦于上游供应商和下游客户价值链整合管理的局限，将供应链管理的边界延展到客户的客户（直至终端消费者）、供应商的供应商，乃至更多的参与方，进而形成以平台为中心的价值网络。为适应年青一代随性消费的新特性以及产业竞争生态化的趋势，如意科技应用移动互联网、云计算、大数据等新一代信息通信技术，搭建"供应+制造"一体化平台，开展物流联盟，打造从消费者需求开始倒推生产、供应的个性化规模定制服务，有效地实现了全产业链供需的敏捷协同。在此基础上，以消费者为核心，以敏捷供应链服务平台为载体，紧密聚合品牌企业、金融资本等资源，打造跨界融合、平台共享、共融共生的供应链生态圈。网络化、智能化的全产业供应链协同与以平台为中心的生态圈创新模式助力如意科技扩大服务群体，拓展服务范围，优化服务内容，是其向全球知名时尚产业集团迈进的重要途径，相信其也具备潜力，引领生态圈内的大、中、小微企业共同打造具有中国特色、世界影响的时尚服装产业新生态。

# 怡亚通:"互联网+"全程供应链整合服务

供应链是以客户需求为导向,以提高质量和效率为目标,以整合资源为手段,实现产品设计、采购、生产、销售、服务等全过程高效协同的组织形态。供应链管理则是使供应链运作达到最优化,以最少的成本完成供应链从采购开始,到满足最终客户的所有过程。

中小制造企业的转型升级,需要借力第三方供应链服务商提供从采购到分销和物流管理的整合服务。作为国内首家第三方供应链服务上市企业,深圳怡亚通供应链股份有限公司以客户需求为核心,向客户提供含有制造节点和服务节点网链的产品和服务,打造服务型制造混合供应链体系,与广大制造企业形成长期、稳定的供应链伙伴关系。进一步地,公司以供应链服务为载体,物流为基础,互联网为共享手段,实现从行业服务向平台型企业及生态型企业的转型,努力构建共融共生的O2O产业服务供应链生态,为平台型供应链服务商面向中小制造企业提供社会化、专业化服务提供了很好的借鉴。

## 一、发展背景

怡亚通成立于1997年,是中国第一家供应链服务上市企业,服务涵盖了从生产到零售的所有中间流通环节,可以同时为上下游客户提供采购与分销的全套解决方案。公司现有500余家分支机构，全球员工3万余人，服务平台遍布中国380个主要城市（包括我国香港）和东南亚、欧美等10多个主要国家。怡亚通作为第三方供应链服务企业，洞察到中小制造企业转型升级急需专业外包服务的需求，在原有供应链服务的基础上，加强平台的供应链协同能力建设、资源整合能力建设、服务网络规模化建设，以及线上线下的多元化服务模式。

为顺应制造企业服务转型的需求，怡亚通于2014年12月11日成立"综合供应链服务平台"，包括面向产品制造的生产型供应链服务（广度供应链服务）、帮助产品投入市场的流通消费型供应链服务（深度供应链服务）、供应链金融服务、全球采购、产品整合供应链服务及互联网供应链服务等。平台以生产制造型企业为主要服务对象，同时包括部分消费流通型企业、中小型企业、终端商户等，为全球2000余家顶尖企业提供专业的供应链服务，业务领域覆盖IT、通信、医疗器械、快速消费品、汽车、化工、家电、服装、医疗等行业，平台服务对象及特点如表1所示。

表1 怡亚通的服务对象和业务类型

| 平台服务对象 | 解决的痛点问题 | 业务类型 |
| --- | --- | --- |
| 生产型企业 | 生产成本高，制造效能低 | 广度集群，全球采购集群，海外集群 |
| 消费流通型企业 | 线性冗长，资源散乱 | 深度集群 |
| 中小型企业 | 融资难 | 金融集群 |
| 终端个人 | 跨境采购难 | 全球采购电商集群 |

对于制造企业客户，怡亚通在原材料采购供应环节、生产制造环节以及市场营销环节提供专业化服务。其中，采购平台整合资金流、信息流、物流，执行采购、通关、国际国内物流、货物交付等动作，配套金融服务；销售平台为制造企业提供销售执行、分拨配送、分销服务，以及渠道管理、市场营销等专业化服务；物流平台在采购、生产、销售等供应链环节中为客户提供国际、国内、保税物流等全方位服务。

## 二、主要做法

怡亚通以供应链服务为载体，物流为基础，互联网为共享手段，打造第三代互联网生态公司，实现了从行业服务向平台型企业及生态型企业的三次转型，努力构建一个共融共生的O2O供应链商业生态圈。怡亚通的发展主要经过了以下三个阶段：行业服务型企业、平台型企业、生态型企业。

1997~2009年为怡亚通发展的第一阶段，此时怡亚通提供面向产品制造的生产型供应链服务，帮助企业实现从原材料采购到产品销售的供应链全程运作中的非核心业务外包，在总成本领先的基础上提升企业的供应链效率。在这一阶段，怡亚通专注打通供应需求，实现敏捷匹配。但生产型供应链服务是一种粗放的供应链模式，很容易被复制，随着行业内大量竞争者的进入，怡亚通的业务量增长放缓，怡亚通不得不考虑转型，将目光投向了中国流通消费行业。中国人口众多，消费市场需求庞大，其中三到五线城市和农村的发展潜力尤其大，是消费品企业未来的战略增长点；另外，当时中国流通消费行业仍具有散、乱、穷的特点，分销层级过多，供应链效率太低，迫切需要对其进行整合，以帮助分散的零售门店共享资源，实现转型升级与共同发展；对于品牌商来说，自建下沉渠道成本高困难大，他们需要能提供深度渠道支持并帮助进行跨区域布局和扩展销售规模的合作伙伴。怡亚通洞悉到这一机遇，准备拓展自己的消费流通服务领域。

2010年，怡亚通瞄准中国流通市场，开始实施"380计划"，即联合全国380多个城市的优秀分销商、零售商，建立覆盖全国各级城市的"380"深度供应链服务网络，通过实现城市平台共享与分销体系优化，构建了强大的线下供应链服务体系，为生产企业提供了快捷、高效的直供渠道，将企业的商品通过此平台销售到终端门店。在第一阶段时，怡亚通主要关注对企业上游供应商和下游客户的整合和关系管理，而进入第二阶段后，怡亚通开始对上下游进行延伸，通过分销平台直供终端，从而直接接触客户的客户，以帮助企业高效分销，快速覆盖终端网点，并能及时了解企业客户的需求，更好地匹配供需。

2014 年,怡亚通意识到要想更好的发展,不能只依赖于"380 分销平台"。虽然"380 分销平台"给怡亚通带来了利润,但它的成长速度有限,难以带来足够快的增长,要想满足怡亚通的成长欲望,还需要在商业模式上进行创新。怡亚通决定打造供应链商业生态圈战略,希望在"380 分销平台"的基础上构建一个共享共赢的商业平台。怡亚通在原有的"供应链一体化整合服务平台"基础上进行升级和创新,利用平台的强大整合能力和资源,集成传统的制造供应商与各服务提供商,根据不同类型制造企业的不同需求,提供从原材料采购到分销系统架构、物流、供应链金融、互联网供应链服务为核心的全程供应链服务或定制化供应链解决方案,打造"怡亚通综合供应链服务平台",以帮助制造企业优化供应链管理流程,向服务型制造转型升级,提升产业竞争力。它是第一阶段打造的生产型供应链和第二阶段打造的消费流通型供应链的融合,服务能力更加强大。"怡亚通综合供应链服务平台"的构建有以下几个特点:

一是以信息技术为平台化运营基础,以平台为中心网状,缩小信息交互成本。怡亚通自主研发了包括 ERP、EL、CRM、OA 等一系列行业领先的信息系统,实现数据的互联互通和充分共享,让供应链上下游之间的数据信息实现无缝连接,从而提升供应链流通效率,实现业务流的全程可视化。在面向生产制造环节的服务中,怡亚通将供应商数据库与平台系统数据实现对接,制造企业可以通过平台数据库对所有采购订单、物料配备情况进行实时监测;在面向产品的分销环节服务中,品牌制造商可以实时了解产品分销流向及销售情况,构建数据协同的柔性供应链和智慧供应链体系,降低生产成本,提高生产效率。在物流服务方面,怡亚通推广智能化物流装备和仓储设施,从而提升物流环节的计划、调度、运作、监控能力。此外,怡亚通还建设了线上、线下相结合的电子商务服务平台,实现从传统供应链向现代供应链的信息化发展和转型。

二是扩大平台服务对象,增加客户。起初,怡亚通的客户主要是生产型企业,随着"380 计划"的实施,怡亚通开始为消费型企业提供帮助产品投入市场的流通消费型供应链服务;平台还为终端个人提供全球采购供应链服务,贴近用户细微需求。客户不仅是服务对象,也是资源。怡亚通通过实施大客户战略,加强客户导入管控,使客户数量大幅增加。目前,怡亚通整合服务平台聚集了100余家世界 500 强企业以及近 2000 家国内外著名企业的优势资源,通过联合这些不同行业的企业,形成合作联盟。这些资源成为供应链服务的载体。

三是在平台载体的基础上提供增值服务,增加资源,增加商业模式。怡亚通将资源跨界整合到平台上,建立起共生共融、共同成长的商业生态环境,帮助品牌商、中间服务商、终端门店和消费者一站式服务。怡亚通为生态圈的成员企业植入增值服务,以提高客户的盈利能力、服务水平及长期综合业绩,如为中小型企业提供审批简单、融资快速的供应链金融服务。怡亚通供应链金融采用"1+N"模式,以供应链上的某"1"家企业为核心,通过它全方位地为链条上的"N"个企业提供高效便捷的融资渠道。供应链金融业务的开展还需要数据提供有效信息支撑,而怡亚通作为供应链上的核心企业,根据掌控的制造企业与上下游供应商、分销商的贸易大数据,构建出风险管理体系,并基于此为制造企业和银行设计出一套链式信用体系。此外,怡亚通还为供应链上的中小企业提供营销服务,为终端个人提供智慧生活服务。

## 三、转型成效

### (一) 经济效益

怡亚通以客户需求为核心,向客户提供含有制造节点和服务节点网链的产品和服务,打造混合供应链体系,与广大生产制造企业和流通企业形成了长期、稳定的供应链伙伴关系。怡亚通的综合供应链服务平台融合了产品供应链和服务供应链,通过平台连接众多传统制造供应商和服务提供商扩增了客户规模,通过采购、物流、金融等专业化服务的提供助力中小制造企业提升制造效能,这对于怡亚通的营业收入和利润的增长也具有促进作用。2015 年公司营业总收入为399.39 亿元,同比增长 18.14%;利润约为 5.54 亿元,同比增长 32.22%。2016年,公司实现营业总收入为 582.91 亿元,较 2015 年增长 45.95%;实现利润总额为 6.63 亿元,同比增长 19.62%。

## （二）社会效益

转型的社会效益体现在以下几个方面：

（1）为制造企业降低生产成本，提高制造效能。制造企业自行对需求端进行反馈，经常会因为需求信息逐渐放大的"牛鞭效应"造成库存积压和资源浪费，导致成本增加、效益降低，这些问题可通过"怡亚通综合供应链服务平台"得到系统性解决。通过制造企业与供应链服务平台的深入融合，将全供应链流程标准化管理，从原材料采购、生产制造到物流运输和终端销售，都采用一体化、标准化的供应链管理流程。同时，制造企业及其上游供应商、下游分销商系统升级供应链协同体系，最终实现降低制造企业总体供应链管理成本、提高资产回报率，还可以获得精确的市场需求反馈。

（2）有利于实现绿色供应链。标准化和绿色供应链是分不开的，只有实现全供应链流程标准化管理，才能充分利用自然和社会资源，在有效降低仓储运输成本的同时，减少生产及流通垃圾，使得资源的利用效率尽可能地变高，协助企业降低成本，通过相互合作和资源的高效利用对制造企业及其上游供应商、下游分销商带来更多效益。

（3）促进消费市场产生新的需求。随着怡亚通供应链综合服务平台向终端消费市场提供可以贯穿全供应链流程体系的产品与服务，从而引导消费市场对产品和服务在某个制造节点上延展出新的需求，构成额外消费，产生新的效益增长点。

（4）促进供应链协调发展。通过供应链标准化体系的打造，制造企业与上下游企业全产业链采用统一的、标准的信息传递体系与仓储运输标准体系，这种贯穿产品全生命周期的标准化供应链体系可以促进供应链协同发展，实现制造节点之间准确、高效、快捷、安全的互联互通，同时降低仓储物流成本，降本增效的同时改善消费者的购物体验。

（5）提升制造企业国际竞争力。制造企业通过与怡亚通全球供应链体系融合，利用怡亚通供应链综合服务平台覆盖全球，提高自身国际化发展水平，拓展新的开放领域和空间，提升国际合作的水平和层次，推动产品和服务的国际化布局，引导企业提高国际竞争力。

（6）促进我国经济可持续发展。制造企业通过发展绿色供应链管理可以促进我国经济的可持续发展和经济转型，保护环境，优化资源利用，使制造企业树立起良好的社会品牌口碑。

## 四、未来规划

过去的 20 年，怡亚通一直在寻找全球产业链上的中国机会，积极践行帮助制造企业"非核心业务外包"思想，打造立足中国、面向全球的"智慧供应链整合服务平台"，为中国制造业提供最全面而专业的供应链一体化服务平台，并以自己的全球化供应链服务推动中国企业的全球化进程。怡亚通规划在未来五年内以标准化、供应链柔性、协同能力建设、绿色可持续、国际化为关键，加强平台建设与升级，具体举措如下。

一是推动供应链标准化体系建设，助力制造业降本增效。未来，怡亚通将继续健全供应链的标准化体系，提高运输、物流容器和搬运工具等标准化水平，推进制造企业实现从原材料采购的标准化、产品生产与标准化包装、物流运输和环节的标准化装卸以及最终在零售端的标准化销售，达到产业链上下游之间的有效衔接，最终实现降本增效的目的。升级供应链协同体系，助力制造业实现柔性制造。供应链综合服务平台将集品牌直供与营销为一体，以产品及服务需求为中心，以 VMI 为物流基础，以互联网为工具，以平台服务为载体，建立制造企业采购、分销及综合服务 B2B 平台，既可为制造企业提供原材料采购服务，也可以帮助制造企业解决快速终端覆盖及终端动销，实现信息的全面协同、共享、可视，降低供应商库存，提升 VMI 物流反应速度，降低仓储物流运行成本，实现降本增效。

二是构建绿色供应链体系，助力制造业可持续性发展。2016 年，怡亚通与湖南红太阳光电科技有限公司及中国电子科技集团公司等单位组成联合体，共同探索及构建"光伏产品绿色供应链系统"模式、标准及应用，完成对光伏核心产品制造的绿色化改造。怡亚通利用供应链服务平台，将绿色供应链管理的通用性模式向平台上其他产业领域进行复制和逐步导入，帮助更多的制造行业实现绿色供应链管理。加快平台国际化进程，打造中国供应链服务平台旗帜，推进供应链全球布局，有利于提高我国在全球经济治理中的话语权。目前，怡亚通供应链服务平台已覆盖美国、东南亚、欧洲、澳大利亚等10多个国家和地区，合作客户覆盖全球，其中世界500强客户超过100家，涉及行业超过20个领域。未来，怡亚通将继续发挥在供应链服务行业的领军带动作用，持续创新，协助制造企业突破其行业供应链管理难点、痛点问题，深入探索出适合中国制造业实情的特色供应链管理体系，领跑中国供应链服务行业，带动中国制造业供应链管理系统发展，抓住世界范围内新一轮科技革命和产业变革与我国加快转变经济发展方式历史性交汇的机遇。

# 五、经验启示

怡亚通从面向垂直行业的供应链服务提供商转型为融合"制造+服务"供应链的平台型企业，转型历程如图1所示。

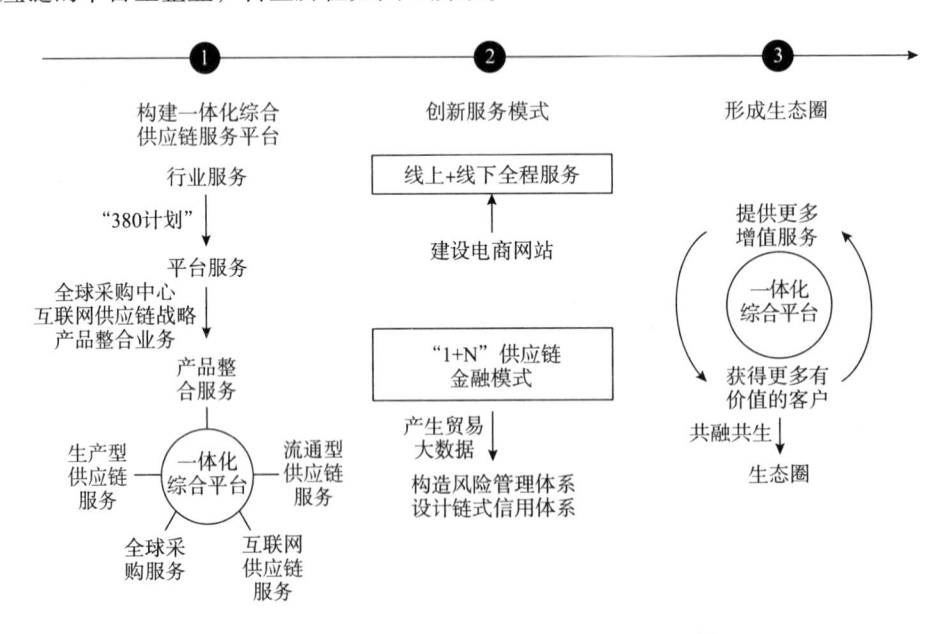

**图1 怡亚通从制造供应链服务向产业供应链服务演进历程**

资料来源：自行总结。

怡亚通能够为制造企业提供更为全面、专业的供应链服务，提高制造效能、降低成本，使其专注于核心业务，助力其服务制造转型，这不只是因为其大胆地开创了供应链服务新模式，还因为有它高质量的执行能力和稳固的信息系统建设做保障。具体体现在以下几个方面：

（1）构建一体化综合供应链服务平台。一体化是指横向上的一体化，即围绕一个核心企业的一种或多种产品，形成上游与下游企业的战略联盟。横向一体化有效实现了供应链服务信息的集成、技术的集成和组织的集成，使企业能更专注于自身的核心业务构建，把其他非核心业务的供应链服务全部外包给怡亚通。通过平台提供的供应链条产品全生命周期管理，制造企业无须像以前那样同时面对各服务节点的公司，只需面对怡亚通，从而减轻企业外部管理、协调的压力，保证了企业整个供应链的高效运作，全面提升了企业核心竞争力。通过横向对供应链进行一体化整合，为客户提供定制化的服务产品，使企业外包环节与非外包环节能够无缝链接，最大限度地降低物流和管理成本，提高供应链效率，实现总成本领先。具体地，怡亚通根据不同行业供应链服务的特点，为制造企业提供定制化供应链解决方案，其服务深入生产制造企业从原材料采购到产品销售过程中的各个环节。生产型供应链服务通过对不同行业的运行模式进行研究，从横向对客户企业整个供应链链条进行一体化整合，业务内容延伸到核心企业的供应链上、下游各个环节。通过采购平台、销售平台、物流平台为客户提供包括供应链整合方案设计、采购执行和分销执行、库存管理、资金结算、通关物流以及信息系统支持的诸多环节在内的一体化供应链管理服务，帮助制造企业实现从原材料采购到产品销售的供应链全程运作中的非核心业务外包。流通消费型供应链服务将传统渠道代理商模式转变为平台运营模式，构建一个快捷、高效的直供渠道，能帮助企业快速覆盖终端网点，从产品的分销环节进行供应链管理的优化。全球采购服务和产品整合服务可以帮助全球商家实现全球范围的采购与销售。

（2）创新服务模式。怡亚通顺应制造企业服务化需求，在传统供应链业务的基础上不断进行创新和升级，为企业提供更加高效、便捷的供应链管理信息技术和金融等服务。线上、线下相结合，利用互联网的资源集聚效应和倍放效应，将移动互联网、大数据与供应链服务相结合，构建"O2O供应链商业生态平台"。供应链生态圈在帮助企业降本增效的同时，通过整合资源优势、品牌放大效应使制造企业更好地实现自我发展。一方面，供应链上各环节企业与机构要加入平台生态圈来实现未来的发展；另一方面，平台需要扩大规模，构建和谐的生态环境来促进产业的发展，实现自身发展，从而形成所有企业共融共生、共同发展的生态环境。创新"1+N"供应链金融模式，即以供应链上某"1"家企业为核心，通过它为链条上的"N"个企业提供融资服务，帮助企业更好地发展核心业务。怡亚通服务2000多个品牌及上百万家终端商店，能了解到企业生产经营情况、销售情况、库存情况等，并为其提供相应的配套服务，同时获取产业数据、市场发展态势、产业信息，获悉中小企业的融资需求。怡亚通所形成的这种双向的互动式的、信息互联互通的一站式服务，能帮助小微企业实现快速融资。怡亚通作为供应链的链主，根据掌握的制造企业与上下游供应商、分销商的贸易大数据，构造出风险管理体系，并设计出一套基于核心企业的链式信用体系。

（3）高质量一体化客户服务体系保障。怡亚通围绕"一切以客户为中心"，提出了"专注需求，敏捷服务"的理念，建立了一体化协同运作的集团客户服务平台。基于怡亚通规范化的动作要求和智能化的客户管理系统，各部门协同运营、快速响应，向客户提供专业供应链服务。怡亚通还建立了三大服务管理体系，即服务化标准管理制度体系、服务流程体系、服务质量管理体系。这三个服务管理体系具体内容如下：服务标准化管理制度体系保障服务质量水平，促进供应链管理规范发展。服务流程体系将运作过程按事前、事中、事后方式进行管理，运作前主要由风控部门把控，甄别并控制客户的潜在风险；运作中主要由实际操作人员进行管控，确保运作顺畅，加强各个运营环境控制，提高运营工作质量；运作后进行总结分析汇编，并回访客户，深度服务。服务质量管理体系以负责推动公司运营质量提升，并对企业最终运营结果负责的质量管理机构为基础，形成高效互动机制。

（4）信息化建设为基础。面对快速多变的市场环境，客户对供应链的管理水平和业务的全面性上要求越来越高，供应链的管理需要结合先进的信息化管理手段，应用互联网平台和系统软件，获取产品生产和使用全过程的数据信息，应用大数据的管理理念和方法，通过研发提供协同管理、资源管理、数据服务等功能服务，拓展产品价值增值空间，实现供应链管理及服务平台的自动化和信息化。怡亚通在供应链服务中，通过建设强大的信息系统管理和服务，大力发展

"互联网+"电子商务服务,在分销服务中应用电子商务服务,实现一站式自主服务体验、数据认证安全、商务往来系统化,有效降低沟通成本及运作成本,提高供应链服务效率。

怡亚通从传统的生产型供应链服务提供商发展到如今的供应链生态圈,主要经过了三个发展阶段。这三个发展阶段具有典型性,值得供应链服务提供商借鉴。第一阶段:匹配需求,打造敏捷供应链。怡亚通通过协调上下游供应链帮助制造企业在生产环节寻找具有比较优势的制造资源,降低制造成本;在销售环节,帮助制造企业快速响应顾客需求,缩短生产周期和新品上市时间,提高顾客满意度。供应链服务企业可帮助企业设计合适的供应链网络及流程,匹配不同的供应链资源、供应链绩效。第二阶段:关注客户的客户。要将链条拓展到最终消费者信息系统,关注为最终的消费者提供服务。长期以来,供应链管理的核心是对上游供应商和下游客户的整合与关系管理,但随着信息技术的进步和平台模式的兴起,供应链管理的边界已拓展到客户的客户、供应商的供应商。例如,怡亚通向供应链上游拓展解决方案、提供众包设计等,并向下游延伸,向中小企业和零售店提供供应链金融、仓储物流等服务,尽力满足平台载体上各个客户的不同需求。还通过"380分销平台",直达销售终端,及时了解消费者的需求反馈给制造企业。第三阶段:建立平台型生态圈。传统的供应链服务商大多只在供应链单个环节上提供专业服务,可通过整合自身及外部资源,构成平台载体,在达到第二阶段之后,供应链服务平台上已经积聚了很多的客户,可将这些客户选择性地连接起来。正如怡亚通所做,它在"380分销平台"载体的基础上,达成流通企业与生产企业的合作,建设协同供应链,准确、及时传导需求信息,实现需求、库存和物流信息的实时共享。怡亚通将传统的供应链服务商、增值经销商、采购服务商等服务功能加以整合来提供更多服务,并不断拓展平台上的客户以积聚资源。通过建立平台打通行业间、企业间的资源共享,帮助同行业甚至不同行业的企业进行内外部资源整合,形成企业新的竞争力和新的盈利点,最终为顾客创造价值。供应链服务提供商想要创建和谐、共赢的生态圈,首先要考虑平台中应当纳入哪些参与者、他们能为平台提供哪些价值,其次是设计合理的生态圈发展机制。

# 阳光电源:"互联网+"新能源系统解决方案服务

近年来,随着经济的快速发展和传统能源的日益枯竭,以太阳能光伏发电、风力发电为代表的新能源行业快速崛起。与此同时,互联网技术与新能源技术的融合也在能源领域孕育能源互联网的新前景:通过信息和能源的融合,实现信息主导、精准控制的能源体系,大幅提升能源生产和消费效率。

作为国内新能源电源领域的先进制造企业,安徽阳光电源股份有限公司从太阳能光伏逆变器制造起家,逐步从纯粹的设备制造商转型为一体化的系统解决方案服务商。转型中,通过开展太阳能光伏电站系统集成业务,为客户提供光伏发电项目的开发、设计、系统集成以及电站级绩效优化与运营维护服务,满足客户个性化需求,提升设备使用价值。此外,通过与阿里云跨界合作打造智慧光伏云,共同推动互联网与新能源产业的融合,为新能源设备厂商开辟能源互联网蓝海提供了有益借鉴。

## 一、发展背景

阳光电源是一家专注于太阳能、风能、储能等新能源电源设备的研发、生产、销售和服务的国家重点高新技术企业。主要产品有光伏逆变器、风能变流器、储能系统、电动车电机控制器,并致力于提供全球一流的光伏电站解决方案。在光伏逆变器行业领域，阳光电源一直处于国内领先地位，连续多年国内市场占有率第一。目前，阳光电源已形成大型地面电站、厂房及建筑屋顶、家用类三大系列多种型号太阳能光伏逆变器。

阳光电源的服务型制造转型是企业适应外部环境和自身发展需求的共同结果。从外部环境看，近年来我国光伏产业规模持续扩大，产品成本不断下降，行业竞争日益加剧。与此同时，全球光伏产能的扩张速度远快于光伏市场的增长速度，市场供需失衡，行业产能过剩明显。在设备销售受阻的背景下，唯有拓展与设备相关的服务性收入，才能摆脱困境。从企业自身情况看，20年来，阳光电源始终专注于新能源发电领域，以技术创新作为企业发展的动力，在积攒了较为雄厚的技术和资源实力后，公司逐步意识到综合服务领域存在广阔的市场机会，只有顺应时势，面向客户提供个性化的系统解决方案，才能在激烈的市场竞争中脱颖而出。

## 二、主要做法

阳光电源从太阳能光伏逆变器设备制造商转型为提供产品解决方案、系统解决方案和电站解决方案的总集成总承包服务商，主要的转型举措体现如下：

一是基于设备专业技术向光伏电站项目的技术集成与总承包延伸。光伏产业链诸环节中，电站运营的电费收入毛利率最为丰厚，平均行业毛利率达到57.54%。阳光电源的核心产品光伏逆变器与光伏电站的建设有着紧密的联系。光伏逆变器的可靠性、高效性和安全性直接影响太阳能光伏发电系统的发电量及运行稳定性，是整个光伏发电系统中的关键设备。阳光电源专注于光伏逆变器的生产与研发，积累的专业技术足够保障光伏电站项目的总集成。光伏电站的建设需要承包商提供个性化设计与解决方案，同时还需要有满足方案的多样化产品系列可供选择。阳光电源与产业链上下游企业，如西安隆基硅材料股份有限公司、东方日升新能源股份有限公司和江苏林洋电子有限公司等签订战略协议，共同发展光伏电站的开发、建设、采购、投资和运维。通过与这些专业化代工企业的战略合作，阳光电源在优质高效地向客户提供个性化总集成总承包服务的同时，也实现了低成本延伸价值链，扩展了利润空间。

二是与阿里云跨界合作，布局能源互联网，拓展智慧能源解决方案。依托光伏逆变器领域的优势，阳光电源积极推进跨界合作，携手阿里云合作开发了面向智慧光伏电站运营的iSolarCloud智慧光伏云，联手三星集团共同开拓储能业务，并加强在风电、电动汽车等领域的持续投入。将光伏电站与移动应用、微电网、能耗应用、负荷管理、金融支付等互联互通，组成了能源互联网架构。实现优化能源结构、提高供电可靠性、节约占地、减少停电损失、提高电能质量、提升能源利用率、减少二氧化碳排放、减少投资等多重目标。

阳光电源努力打造基于互联网与云计算技术的数据互联共享平台，通过光伏与储能结合，解决光伏发电间歇性、随机性对电网的冲击，让光伏系统柔性接入电网，为最终实现能源互联网奠定基础。阳光电源融合了20年太阳能电站的运维管理经验以及全球领先的系统设计能力和产品技术，通过阿里云提供海量的计算、存储和网络连接能力，来开展太阳能电站的智能运维相关服务。在可靠性与容量方面，iSolarCloud智慧光伏云利用现代化通信技术、智慧软硬件和大数据分析平台，足以实现99.99%的系统可靠性，带来最高容量100GW+集团级电站集中管理，以及针对地面光伏电站、分布式光伏电站和户用光伏电站的集中运营和运维管理，还能为政府、电网、第三方认证机构、保险金融等公共平台提供数据服务。此管理平台具有帮助投资人实现稳增电站收益、保障资产安全、规范电站管理和辅助集团决策四大核心价值，全面满足用户在光伏电站25年全生命周期各层级管理需求，如图1所示。

阳光电源还将通过阿里云美国数据中心，向海外的太阳能电站提供运维服务。通过该平台，可以为用户建立标准化、精细化的运行维护管理平台，实现旗下所有光伏电站的实时标准数据信息共享、自动化管理、电站设备故障预警、远程专家咨询和大数据分析、收益结算、知识库建设等功能。通过将互联网技术引入光伏发电系统，不仅实现了对发电系统的在线及时检测与监控，也大大方便了阳光电源与客户对电站系统的日常运营与维护，并有效提高了发电系统的发电收益。

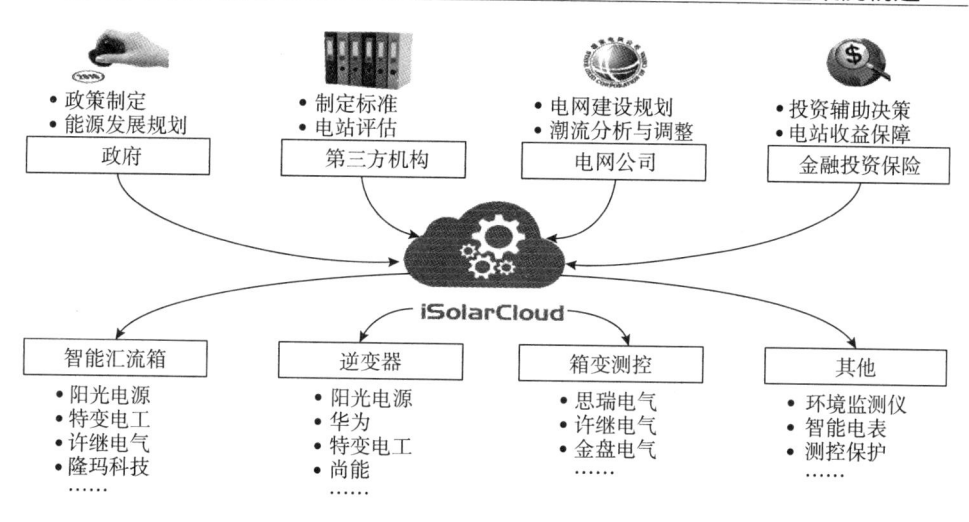

**图 1　iSolarCloud 智慧光伏云智能监控系统**

资料来源：根据企业申报材料整理。

三是扩展可再生能源业务，构建风、光、电可转换的新能源互联体系。阳光电源着眼于长远的发展，扩展新能源相关业务。除了光伏逆变器之外，公司的产品还有风能变流器、储能逆变器、电动车电机控制器等设备。在此基础上，阳光电源进一步提供储能系统解决方案以及风场开发解决方案，构建风、光、电相互间可转换的新能源互联系统。其中的风力发电站与光伏发电站电力，除了并入国家电网外，还可以通过储能系统储存起来。同时，储能系统储存的电力输送到电动汽车充电站，可以为电动汽车充电。阳光电源从光伏设备制造向容纳风、光、电等在内的多产品线新能源设备延伸，不仅适应未来能源行业的发展趋势，也为企业开展能源互联网的系统解决方案打下坚实基础。

# 三、转型成效

## （一）经济效益

阳光电源的服务型制造转型以客户需求为出发点，以产品和服务满足客户需求为结束点，全面变革，超越客户期望。在成就客户价值的同时，也给企业带来显著的经济效益：2014~2016年，阳光电源光伏等新能源发电系统集成服务业务收入分别为15.2亿元、22.6亿元、34.3亿元，占阳光电源总收入的49.6%、49.5%、58.4%，显示公司服务转型成效明显。

### （二）社会效益

转型带来的社会效益体现在以下两点：

一是引领中国新能源产业发展和技术进步。阳光电源持续的技术创新投入，融合韩国三星集团储能技术、共享阿里云计算平台，创新推出建设智慧光伏电站理念和技术方向，在电网接入、发电效率以及运维管理等方面优势明显。储能技术的应用，可平滑不稳定的太阳能，实现"错峰送电"，从而改善电网运行的安全性和稳定性，提升光伏电力的可调度性，增加电力输出容量20%左右；跟踪技术的应用可最大限度地利用太阳光，使光伏电站发电量提高15%~30%；监控和互联网技术的应用，能够有效融合各项技术，提高光伏电站的运行效率，降低运维成本。

二是开创了"光伏扶贫"新模式，拓展了技术扶贫新思路。在推动中国新能源产业发展的同时，阳光电源更积极履行社会责任。阳光电源向合肥市政府提出"光伏扶贫"的建议，并率先在肥东县长临河镇开展光伏扶贫先行试点，开创了全国光伏先河，成为中国光伏扶贫事业的首倡者。此后，阳光电源先后主导参与了安徽、宁夏、四川等多地贫困地区光伏扶贫事业，并在智慧光伏云平台的基础上，专门开发了光伏扶贫智能管理平台，开展大规模户用光伏系统并网技术研究，在解决大规模光伏扶贫的实施、技术和管理等难题方面做了大量的探索实践，有力推动了中国光伏扶贫事业再上新台阶。

## 四、未来规划

能源的清洁低碳开发利用是人类社会可持续发展的必然要求，党的十八大提出了"创新、开放、绿色、协调、共享"五大发展理念。"十三五"期间，阳光电源将秉承"致力于清洁高效，让更多人享用绿色电力"的发展使命，坚持巩固国内地位，不断拓展全球市场布局。业务策略上，坚持以电力电子为基础，紧紧围绕新能源电源设备主业持续创新，加快推进新能源发电系统集成服务业务，创新拓展新能源发电与电力电子技术结合的新业务，力争通过 3~5 年的努力，实现"世界一流、百亿阳光"的新阶段性目标，逆变器业务稳固保持全球第一，初步成为全球一流的可再生能源发电设备及系统解决方案供应商暨世界领先的新能源企业。

发展举措方面，继续坚持"强化当前发展主线，着眼挖掘可持续潜力"的经营战略，聚焦光伏发电、风力发电业务，从发电侧到售电、用电侧的下游拓展，构建新能源发电业务多元布局架构。在技术储备上，巩固提升阳光电源既有光伏逆变器优势，紧跟组件技术发展趋势，研究各种环境下组件布局及支架系统"成本—效率"最优组合方案；研究跟踪系统的可靠性及其应用环境的扩展；针对平价上网，分析、研究、建立相适应的系统设计、设备选型方案和成本模型；围绕电力体制改革和能源互联网可能产生的新业态，加强技术储备，推动业务向下游拓展的目标实现。

## 五、经验启示

阳光电源从单一的太阳能光伏设备制造商转型为提供新能源解决方案的综合服务提供商，转型历程如图 2 所示。

阳光电源采用总集成总承包模式开展光伏电站项目建设，同时面向可再生能源不断扩展业务经营范围。其转型经验体现在以下两方面：

一是与互联网企业跨界合作，开拓能源互联网新领域。如今，能源互联已经成为大势所趋，虽然仍然面临诸多挑战，但借助互联网的优势，实现光伏电站的智能化运维、运营管理，已经成为企业在市场竞争中凸显竞争优势、占据市场高地的关键。通过互联网与能源行业的深度融合，利用通信技术与自动化技术，使能源生产更加智能化，使能源消费者得到质优价廉的服务。能源互联网包含两个层面：能源互联和信息互联。能源互联主要解决能源系统物理层面的互联问题。阳关电源以电力系统为核心枢纽，用互联网理念对现有能源进行系统的改造，实现光电、风电等能源的互联互通。信息互联主要解决互联网与能源系统之间数据联通的问题。基于互联网，能源生产与管理能够实现高度智能化、便捷化，同时，也将极大地促进可再生能源的发展和能源结构的优化调整。能源供需对接更加便利，能源按需流动更加顺畅。作为阳光电源"能源互联网"战略布局的第一步，iSolarCloud 实现了能源系统的信息互联，而通过新能源系列产品与服务搭建的能源互联系统是能源互联层面的基础架构，未来，阳光电源在"能源互联网"领域将通过云平台为基础的大数据接口，加上以光伏能源平台为基础的储能、电动车产业接口，全面拓展智能逆变器、新能源发电、智慧光伏云、储能、新能源汽车电控等新兴产业，实现能源互联网的深度布局。

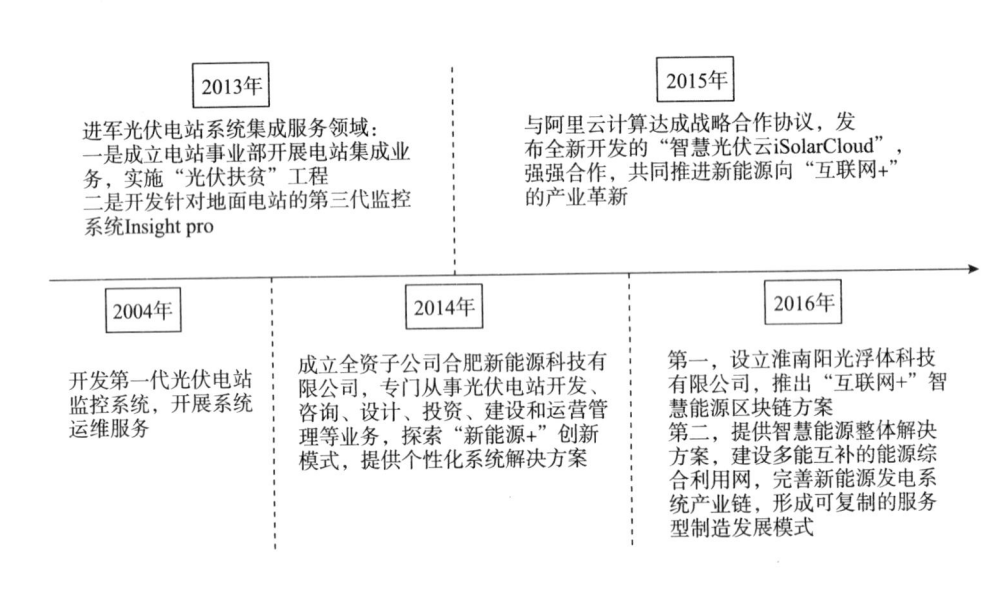

**2013年**
进军光伏电站系统集成服务领域：
一是成立电站事业部开展电站集成业务，实施"光伏扶贫"工程
二是开发针对地面电站的第三代监控系统Insight pro

**2015年**
与阿里云计算达成战略合作协议，发布全新开发的"智慧光伏云iSolarCloud"，强强合作，共同推进新能源向"互联网+"的产业革新

**2004年**
开发第一代光伏电站监控系统，开展系统运维服务

**2014年**
成立全资子公司合肥新能源科技有限公司，专门从事光伏电站开发、咨询、设计、投资、建设和运营管理等业务，探索"新能源+"创新模式，提供个性化系统解决方案

**2016年**
第一，设立淮南阳光浮体科技有限公司，推出"互联网+"智慧能源区块链方案
第二，提供智慧能源整体解决方案，建设多能互补的能源综合利用网，完善新能源发电系统产业链，形成可复制的服务型制造发展模式

图 2 阳光电源的服务型制造转型历程

资料来源：根据企业申报材料自行总结。

二是重构合作伙伴关系，整合产业上下游资源。2011 年以前，光伏行业的利润大多来自于产业链上游，随着整体行业的不断发展，下游的利润空间逐渐显现。阳光电源处于产业链的下游，与上游企业相互合作，让资源在上下游之间流

动更加迅速。阳光电源与包括林洋电子、东方日升、江苏旷达、西安隆基、三峡新能源等多家公司和地方政府签订了战略合作协议，统一整合资源，共同从事新能源发电项目的开发、建设、采购、投资和运维，不断拓展多方合作的规模、地域、方向。通过构建合作伙伴关系，使得企业具有向客户提供完整产品或服务的能力。

# 龙马环卫：环卫装备与解决方案一体化服务

随着经济社会发展和物质消费水平大幅提高，我国城镇垃圾产生量迅速增长，环境隐患日益突出，已经成为新型城镇化发展的制约因素。环卫服务市场是为市政体系服务的集道路清扫、垃圾转运、厕所清洁等综合清洁服务市场，具有典型的公用事业特征。根据"Waste Business Journal"的统计，2016年美国环卫市场化率高达78%，同期中国环卫市场化率仅为25%左右，与美国成熟的环卫市场相比，具有较大的发展空间。

中国广阔的环卫服务市场给环卫装备的快速成长提供了机会，一方面，城镇环卫要求的提高及新应用场景的出现，催生多型新功能环卫装备，如应对雾霾环境的多功能抑尘车，应对餐厨垃圾无害化的餐厨垃圾车等；另一方面，同功能系列的环卫装备产品中，功能更强及效应更高的中高端环卫装备逐步替代传统的低端环卫装备，呈现产品结构升级的趋势。作为国内环卫装备龙头企业之一，福建龙马环卫装备股份有限公司从环卫装备研发制造起步，向城乡环卫服务市场拓展，进一步衍生出智慧环卫整体解决方案，给环卫装备制造企业的服务化转型带来新的启迪。

## 一、发展背景

龙马环卫是集城乡环境卫生系统规划设计、投资、设备提供、运营为一体的环境卫生整体解决方案提供商。公司在环卫领域深耕细作15年，现已成为国内环卫行业领军企业，国内首家专注于环卫领域的沪市上市公司。

龙马环卫以福建龙岩为生产制造基地，在全国各省、东南亚及南亚地区建有办事处以及营销、科研机构，拥有覆盖全国、东南亚、南亚的销售网络和强大服务体系。依托于环卫服务业务的拓展，在全国各地建立了7家环卫运营服务项目公司，1家智慧环卫软件开发及服务公司和1家环卫综合配置公司。

公司主要为客户提供环卫装备、环境卫生整体解决方案。核心产品分布在环卫装备及环卫服务两个领域，如图1所示：

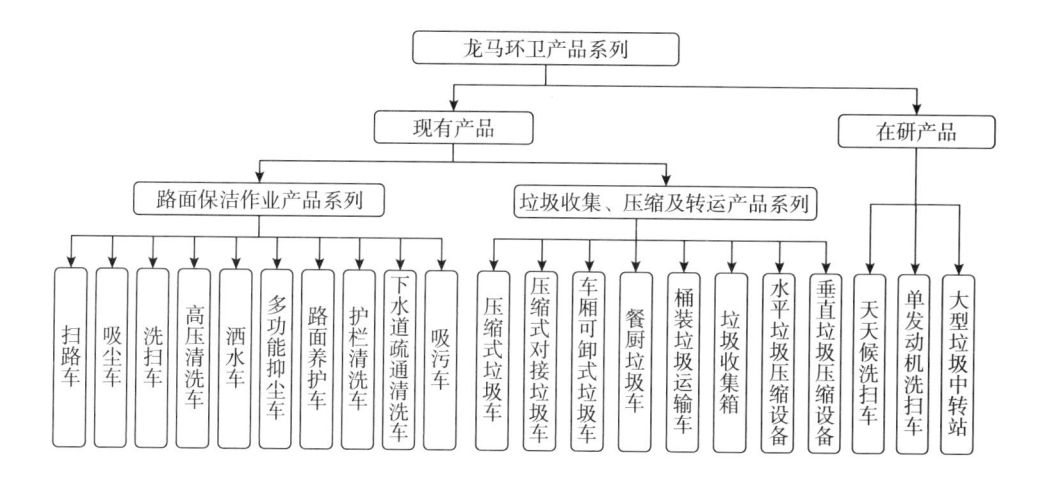

**图1 龙马环卫核心产品构成**

在环卫装备领域龙马环卫构建了道路保洁、垃圾收转运、新能源环卫装备三大核心产品体系，26个系列（新能源6个），311种产品，覆盖了环卫服务的每个环节，所有产品均通过3C认证，产品技术全面达到国内领先水平，部分产品达到国际先进水平。产品销往全国各地、东南亚、中东、南美洲及非洲部分地区，清洗扫路车、扫路车、压缩式垃圾车为主销产品，占公司所有产品系列销售份额的60%以上。

公司主营业务包括环卫装备研发、制造、销售以及环卫一体化项目运营，为客户提供环境卫生整体解决方案。在以往环卫装备的研发、生产、销售的基础上，开展环卫产业服务的研究、环境卫生系统规划设计、环卫设备配置、金融解决方案、智慧环卫运营系统运营管理事宜，为顾客创造价值，并通过承接城市环卫一体化PPP项目、环卫一体化服务外包项目、村镇环卫一体化项目等，带动环卫装备销售和新产品研发，实现装备制造与环卫服务的资源共享和协同发展。

公司前身为福建省龙岩市龙马专用车辆制造有限公司，于2000年成立，从专用车事业部发展为独立法人实体。2007年12月福建龙马环卫装备股份有限公司成立，完成股份制改造。2015年公司在上海证券交易所主板成功上市。2016年成立海口龙马环卫环境工程有限公司控股子公司，全资收购福建省龙环环境工程有限公司，投资海南易登科技，中标沈阳市浑南区、龙岩市、厦门市、遵义市、温州市等项目，荣获第五届福建省政府质量奖、上市公司最具成长价值奖、固废行业细分领域——环卫收运专业化运营年度标杆荣誉，成为福建省服务型制造示范企业。

公司从环卫装备延伸向环卫服务主要有两方面动因：首先，从产业环境看，随着国家与民众对环保卫生的日益重视，环卫服务市场发展空间巨大。其次，从企业自身发展看，面对日新月异的环卫服务新兴市场，龙马环卫具备客户资源、技术实力、设备应用、公司规模、人才储备、专业解决能力等突出优势，公司拓展环卫服务新业务、延伸环卫装备产业链的时机已经成熟。

公司从2012年开始全面进入环卫服务领域，主要开拓城市生活垃圾经营性清扫、收集、运输服务等［道路、公共广场、水域清扫保洁、生活垃圾（不含餐厨垃圾）、粪便收集运输、环境卫生设施保洁等维护环境卫生的作业活动］。2015年上市后，公司确定了"环卫装备制造＋环卫产业服务"协同发展战略，在环卫装备产品的基础上，通过"产品＋服务"的转变，打造环境卫生整体解决方案，推进战略转型升级。

2016年9月公司以现金方式投资800万元投资海南易登科技有限公司，依托物联网、移动互联网等网络技术建设智慧环卫平台，实现产业转型升级，提升公司的环卫产业服务业务的核心竞争力。2016年10月，筹划非公开发行股票募集资金超10亿元，投向环卫装备综合配置服务项目、环卫服务研究及培训基地项目、营销网络建设项目。2017年1月，开始向贵州遵义、浙江温州环卫服务项目提供环卫设备租赁服务。

龙马环卫为客户提供环境卫生整体解决方案，囊括环境卫生规划设计方案、环卫装备配置方案、环卫金融解决方案和智慧环卫运营方案。这些环卫整体解决方案特色如下：

（一）环境卫生规划设计方案

龙马环卫拥有一批专业的规划设计人才，在环卫行业深耕细作15年，贴近环卫行业及客户，对环境卫生行业有着深刻的理解，为客户提供环境卫生规划设计方案，满足客户需求。此外，龙马环卫推动与中国城市建设研究院的战略合作，共同推进城市环境卫生系统规划、设计工作。龙马环卫为客户提供的环境卫生规划设计方案并未另行收取服务费用。

（二）环卫装备配置方案

龙马环卫是国内中高端环卫装备的领军企业，拥有道路保洁、垃圾收转运、新能源及清洁能源环卫装备三大核心产品体系，26个系列（新能源6个），311种产品，覆盖了环卫服务的每个环节，在质量、环境、职业健康三大体系运行下，所有产品均通过3C认证，产品技术全面达到国内领先水平，部分产品达到国际先进水平。近年来，共为厦门集美区、贵州普定县、哈尔滨市政工程集团等206个客户提供206个装备配置方案，对不同区域环境、不同情况和阶段提供不同的环卫设备配置方案，充分整合产品功能，定制不同的解决模式，将不同类型的环卫设备进行组合，淋漓尽致地发挥产品各自功能的最大效能，提高工作效率。与此同时，环卫装备配置方案的提供也带动了环卫装备的销售。

### (三) 环卫金融解决方案

针对客户资金情况及需求，为客户提供个性化的金融解决方案。针对环卫装备使用客户，为其提供融资租赁、设备及智慧环卫平台租赁方案。针对环卫运营服务的客户，龙马环卫提供PPP项目、服务外包项目的系统金融解决方案。近年来为环卫装备使用客户提供了40个融资租赁解决方案，最大的为巴彦淖尔设备采购租赁方案，金额近9000万元。环卫运营服务金融方案在海口PPP项目、沈阳等其他城市的服务外包项目中进行实践并不断完善。环卫金融解决方案为龙马环卫取得更多的订单及运营项目奠定了基础。

### (四) 智慧环卫运营方案

龙马环卫通过模式化组合、机械化作业、规范化管理、系统化考核和信息化监督，实现"一体化、集约化、精细化"运营，使城市环境卫生水平有了大幅提升。《"三位一体"环境卫生综合服务项目管理》获得中国城市环境卫生协会颁发的"争优创新模式奖"。并牵头成立中国城市环境卫生协会环卫作业运营专业委员会，开展环卫作业运营领域机制与管理、模式与定额、标准与规程、运营与服务等研究；建立智慧环卫管理系统，实现智能环卫系统解决方案。龙马环卫投资的下属子公司易登科技是国内领先的智慧环卫管理软件开发及服务公司，该子公司构建产品研发中心、环卫运营公司、易登科技互联互通的会商机制，形成产业链技术融合，打造特有的智慧环卫管理体系、智慧环卫软件平台及智能环卫装备。目前已为海口京环城市环境服务有限公司、海口京兰城市环境服务有限公司、海口龙马环卫环境工程有限公司、海口市环境卫生管理局、福建龙环环境工程有限公司提供智慧环卫管理服务。2016年智慧环卫公司实现营业收入1225万元，净利润455万元。

龙马环卫主要经济指标在行业中保持较高水平，已成为国内最具有竞争力的环卫系统服务供应企业之一。

## 二、主要做法

龙马环卫的服务型制造转型发展重点是为客户开展环境卫生规划设计、环卫装备综合配置、金融解决方案、智慧环卫系统管理等总集成总承包服务，可根据用户需求提供环境卫生整体解决方案。

龙马环卫创新经营模式，由制造业向服务业延伸，由环卫装备制造延伸至环卫运营服务，借助环卫装备在全国的营销网络，整合各种资源，承接各地环卫一体化业务，提升环卫运营服务收入。具备环境卫生规划设计、环卫装备高效配置、金融解决方案、智慧环卫运营管理等系统解决能力，提升综合服务水平，打造龙马环卫核心竞争力。通过延伸产业链，创新商业模式，弱化环卫市场化对未来环卫装备销售的影响，有效控制经营风险。公司经过海口龙华环卫一体化PPP项目、沈阳浑南老城区服务外包项目等一系列项目，已由环卫装备制造商转型为环境卫生整体解决方案提供商，环卫服务合同总额59.48亿元，年化合同5.41亿元，位列全国第三。

龙马环卫的服务型制造转型涉及从经营战略、商业模式、运营方式、信息平台、资源配置到人才培养的整合推进，详述如下：

### （一）经营战略

基于龙马环卫的使命——传承龙马精神，成就环境专家，秉承"求新求变、永续经营"的经营方针，紧跟国家供给侧结构性改革方针路线。参考美国WM公司的发展历程，固废收运、处置、回收利用一体化是固废企业壮大规模的绝佳途径。公司在一流的环卫装备制造商的基础之上，不断向环境卫生产业全链条延伸。以打造国际领先的环境卫生服务整体解决方案提供商为发展定位，以环境卫生规划设计方案、环卫装备配置方案、金融解决方案、智慧环卫管理方案为四项核心服务方向，打通全产业链，提升产业链中间环节的价值。逐步实现由"环卫装备制造商"转为以"环卫服务产业和装备制造协同发展"，进而形成全产业链的集团公司。在公司营收的战略计划上，以2020年为目标节点，实现100亿元营业收入，其中环卫装备收入40亿元，环卫产业服务收入60亿元，彻底转型为以"环卫服务产业和装备制造协同发展"的全产业链集团公司。

### （二）商业模式

龙马环卫围绕环境卫生服务整体解决方案提供商的定位目标，创新环境卫生服务领域的商业模式，不断探索合理合规并且创新优化的运营方式。依托自身产品优势特点，在以产品制造为核心的基础上，通过"产品+服务"的转变，为客户提供环境卫生规划设计方案、环卫装备解决方案、金融解决方案、智慧环卫运营方案。

通过为客户提供环境卫生整体解决方案，收获环卫运营服务项目，以服务业带动制造业，并逐步向后端至全产业链方向延伸。

在各地项目运营方面，龙马环卫搭建相应的配套智能管理系统，依托物联网、移动互联网等网络技术建设智慧环卫平台，打造精耕细作管理运营模式。通过全资子公司厦门福龙马环境工程有限公司组建一定规模的环卫装备综合配置中心，为环卫服务项目公司提供包括环卫装备组合方案、环卫装备配置服务、环卫装备维护、环卫装备再制造等一体化的综合解决方案。持续优化人、财、物、技术等资源的配置效率，在有效支撑环卫产业四项核心服务的基础上，坚持向产业链后端不断延伸。

此外，龙马环卫按经营模式不同建立了单项目承包模式、项目一体化模式、PPP合营模式。根据所处的地域及服务类型不同，制定了城市类环卫运营服务模式及农村类环卫运营服务。根据南北气候差异，在北方城市加大降霾及清冰雪的力度，在南方沿海城市重点关注夏季降温及防台风事宜。

通过先进技术理论支持，结合全国环卫服务标杆项目的实践基础，打造全国一流的环境卫生服务整体解决方案提供商，引领环境卫生服务领域的发展潮流。

### （三）运营方式

龙马环卫通过模式创新、管理创新、技术创新推动战略目标的实现。

1. 模式创新

龙马环卫通过"环卫装备+环卫运营+智慧环卫"形成闭环。环卫装备为环卫运营提供装备的同时，环卫运营助力新产品研发及装备销售；智慧环卫为环卫运营提供服务支撑的同时，运营大数据也反馈至智慧环卫系统，有利于优化智慧环卫管理；环卫装备通过GPS定位设备、视频监控设备等传感器实现智慧环卫的功能，智慧环卫的不断完善也助推了环卫装备智能升级。

2. 管理创新

通过"四统一"的原则，保证项目管理高效有序，通过标准化运营模式，保证项目的快速复制推广。项目管理原则即项目编码统一、计算规则统一、项目名称统一、计量单位统一，保证项目管理高效有序。

3. 技术创新

引入云平台、物联网、大数据。将传统环卫服务与"互联网+"相结合，实时掌握环卫管理信息、深挖环卫大数据、对接智慧城市网络。建立人员管理、车辆管理、设施管理、应急管理、企业资源管理系统，实现环卫数据信息采集、分析、处理、统计、预测，最终达到人、物、事全时段、全方位、前后台无缝对接、精准高效，降低运营成本的目的。

4. 信息平台

环卫服务智能化是龙马环卫提升环卫服务档次的必然之路，是建立公司核心竞争力的重要抓手，是提升公司运营管理能力的重要途径。通过标准化服务过程，优化作业流程，提升环卫作业水平。通过数字化、网络化手段解决人、车、设施实时管理问题，提高环卫管理效率，降低成本，增加效益。为环卫装备研发设计、环卫作业改进提供科学决策依据。

龙马环卫"智慧环卫"的总体架构主要由信息基础设施、信息服务平台、信息应用平台三个层级构成，如图2所示。

信息基础设施层实现对基础网络、数据中心、信息安全、前端设施、标准规范等共性信息化基础设施的统一建设和管理，侧重于信息的感知、监测及传输，通过全面覆盖的感知网络实现对各类信息的透明、全面获取后，经由物联专网、企业专网、互联网等实现各类信息的广泛、安全传递。

信息服务平台层立足于系统间的互联互通和相互适应，建设以云计算为支撑

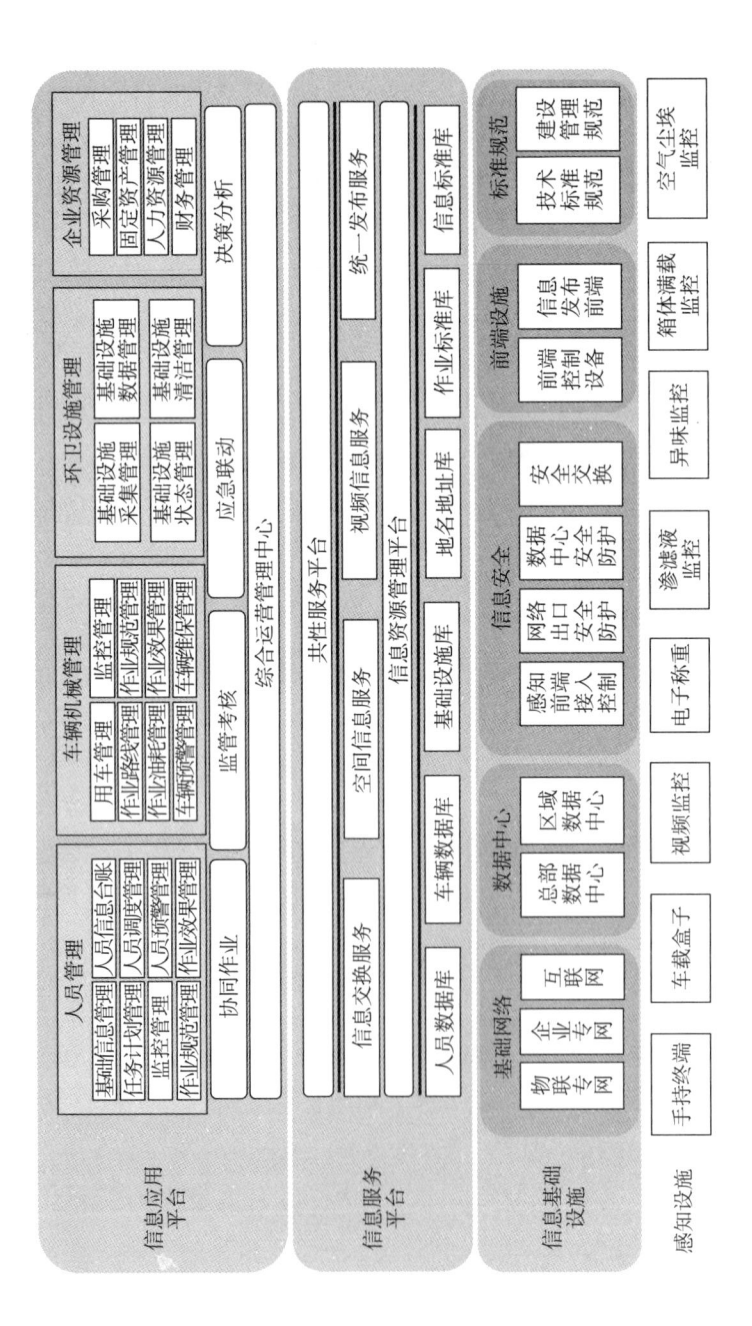

图 2 龙马环卫智慧环卫系统架构

的共性服务平台和信息资源管理平台，推动资源共享及系统整合，实现企业公共信息资源的统一管理。建设人员数据库、车辆数据库、基础设施数据库、地名地址库、作业标准库、信息标准库等，提供信息交换服务、空间信息服务、视频信息服务、统一发布服务等共性服务。

信息应用平台依托共性服务平台和信息资源管理平台的数据整合共享与业务协同能力，统筹规划推进各项应用功能建设，逐步建成环卫人员管理、车辆管理、环卫设施管理、企业资源管理等各个领域的综合、融合应用。这些应用与企业信息化发展水平、作业规范化、决策支撑等密切相关。

通过基础网络环境、数据中心建设、信息安全、前端设施、标准规范进行信息基础设施建设；通过人员管理系统、车辆管理系统、环卫设施管理系统、企业资源管理、综合运营管理中心等进行信息应用平台的建设；通过信息资源库、数据交换与集成、数据共享与服务、视频整合共享系统、空间信息服务平台进行信息服务平台的建设。

### （四）资源配置

龙马环卫围绕环境卫生服务整体解决方案的整体运作为配置基础，聚合人、财、物三方面资源，进行分模块细化整合。全面服务于环境卫生规划设计、环卫装备配置、环卫金融解决方案、智慧环卫管理这四项核心服务项目。

1. 营销网络建设

建设一个布局合理的全国性销售服务支撑体系，加强对全国客户的技术支持和产品服务，更快、更好地满足用户需求，以此推动龙马环卫产品和服务的销售，提升公司在国内的品牌知名度、提高市场占有率及客户的满意度。在两年内新建营销中心7个，按合同落实情况新建33个项目公司。项目完成后，将形成由总公司统一协调管理、以7个营销中心为节点的全国性营销与技术服务网络。主要从办公场地及展示中心建设、投资增配运维服务所需设备、扩充和培养营销人员和专业人员三个方面进行建设。

2. 人才配置

龙马环卫按照人才五年发展规划及2017年经营发展目标的要求，建立3000万元的人才专项基金，引进和培养高级经营管理人才、项目经理人才、营销人才、财务经理人才、运营生产管理人才、技能名师，配置相应的技术人才、技工人才、管理人才。培养和选拔合格区域中心管理人员、营销人员和技术人员，建设一支287人的营销与技术支持团队，加强人员对客户的需求提供定制化服务的能力。2016年龙马环卫加大高端人才的引进力度，先后引进了北京大学、厦门大学、福州大学、国家会计学院等各类高端人才37名。同时推出公司管理层"后备干部"和"继任者"计划，鼓励员工主动请缨，为公司战略发展输送"新鲜血液"。

3. 资金及物资配置

龙马环卫在对资金及物资的合理分配上，坚持投资收益最优比为配置思路。通过全资收购，整合了福建龙环公司在环卫服务规划及运营方面的优势为公司所用；投资易登科技，对公司积极构建环卫智慧云服务系统起到极大推动作用，助力环卫产业与互联网、物联网、云计算等技术结合的产业转型升级，提升公司环卫服务产业核心竞争力，实现"环卫产业服务"战略，进一步完善产业结构，培育新的利润增长点，满足公司及股东的利益。

为满足不断扩大的市场需求，保障产能充足，也为了推进公司装备生产制造智能化和装备技术研发的发展。龙马环卫在高新园区内筹备扩建548亩联合厂房和研发中心大楼，合计投入2.67亿元资金，配备智能工装设备、现代化的研发设备，引进国外先进生产管理技术和研发理念。扩建项目预计2017年6月全部投入使用。此外，龙马环卫还在厦门市观音山商务运营中心9号楼17层及龙岩市经济开发区龙达路26号办公楼4楼租赁了办公楼。分别用于运营管理及智慧环卫的建设和环卫业务的市场开拓。

合理利用资源方所提供的资源，从环卫服务设计方案、装备配备提供、金融解决方案提供及智慧环卫管理运营四个方面深入进行环卫产业服务合作。

4. 相关服务资质获取

龙马环卫通过质量、环境、职业健康三体系认证，已经取得福建省环境卫生作业企业资信等级证书（甲级），道路货物运输许可证，城市园林绿化企业三级资质，城市生活垃圾经营性清扫、收集、运输服务许可证。专业管理人员均通过福建省城建协会专业培训，获得福建省环境卫生作业项目负责人岗位资格证书，具有独立管理运作项目的能力。

## （五）人才培养

龙马环卫围绕着向环境卫生整体解决方案提供商转型的战略要求，坚持人才强企战略，制定了"引进与培养结合，注重后备人才储备"的人才建设方针，紧紧抓住人才培养、锻炼、使用等环节，通过搭建平台、给予授权、优化激励机制、打造学习型企业的方式，全面推进人才队伍建设。

2016~2017年，龙马环卫建立环境产业研究院，加快环境卫生整体解决方案理论研究，推动知识传播，要求营销人员转型为环境卫生整体解决方案的顾问式专家，系统为顾客解决环境卫生问题。引导区域间更大范围、更高水平、更深层次的大交流、大融合，实现优势互补、增长联动、利益融合。

截至2020年，根据龙马环卫战略发展要求引进和培养20名高级经营管理人才，100名项目经理人才，100名生产管理人才，10名技术带头人，10名技能名师。

为使环卫产业服务的人才培养工作规范化、制度化，保证环卫运营公司人才储备与开发进入一种有序、稳定、持续发展的局面，提升中高级管理、技术人才的培养、开发力度和深度，全面提高管理、技术人员素质，以适应企业快速发展的需要，龙马环卫制定了《环卫产业服务人才培养制度》，在理论培训方面，公司撰写了环卫运营培训手册，并与高校及培训机构合作，开设相关的管理、业务课程。此外，按龙马环卫战略发展目标进行分解，由公司高管、环卫运营公司分别承担中高级管理人才、生产运营人才培养工作，统一领导，分级负责，以龙岩项目、海口项目为主的人才培养基地，选拔人才到基地实岗锻炼，通过理论与实践相结合，轮岗培训，关键岗位A、B岗制，加强交流、取长补短，建立知识库等方式，实行目标管理策略，有目标、有措施、有责任、有落实，培养懂技术、会管理、善经营、德才兼备的管理人才和中高级生产运营人才，不断提高竞争力。

目前，已经储备项目经理15名，财务经理15名，生产运营人员30名，熟悉公司标准化、高效化、智能化运作，可随时外派至项目运营公司，满足公司又好又快发展。

## 三、转型成效

龙马环卫积极响应国家相关政策精神，符合供给侧结构性改革的补短板内容，符合国家产业调整方向。为客户提供环境卫生整体解决方案，是对城市管理体制改革的一种有益探索，也是贯彻落实国家公共服务供给侧改革重要体现。为客户提供的集规划设计服务、装备配置服务、金融解决服务、智慧环卫运营服务一体的环境卫生整体解决方案真正能够系统地、全方面地解决城市环境卫生问题，其所产生的效益不仅限于企业，对本行业、其他行业乃至城市有着巨大的影响。

一是提升公司整体营业收入及净利润水平。龙马环卫相继拿下海南、浙江、辽宁、贵州、福建等地的环卫一体化项目，较为典型的服务案例为南方城市海口龙华区环卫一体化PPP项目、沈阳浑南老城区服务外包项目（详见下文具体案例）。环卫服务项目的取得，也带动并锁定了公司现在及未来的设备销售，为提升环卫装备市场占有率奠定基础。2016年公司主营业务收入22.2亿元，较2015年同期增长44.93%，净利润2.11亿元，同比增长40%，母公司上缴税收1.6亿元，服务业务收入6.69亿元，同比增长355%，其中设计收入0.8亿元，运营服务收入5.89亿元，服务性收入占比30.14%，服务营收占比增长20.54%。截至目前，环卫服务合同总额59.48亿元，位列全国第三。

二是引领环卫及上下游企业的服务化转型。龙马环卫无论是在环卫装备制造领域还是在环卫产业服务领域都起到推动行业变革、引领行业发展的示范作用。作为一家传统的环卫装备制造商，结合自身技术和装备制造优势，响应国家供给侧结构性改革和补短板的政策指引，不断向产业纵深拓展，打通全产业链。通过承包服务外包项目来保证设备订单量，同时结合环卫项目，升级改进装备性能，起到双向融合、协调发展的效应，作为一家环卫服务运营方，通过对环卫服务市场化的探索以及对环卫运营服务规范化标准化的总结，提高了环卫行业的服务标准，促进了整个环卫生态系统水平的提高。创新性地提出"智慧环卫"概念，将物联网、大数据、云计算与城市环卫相结合，跨越式地提升了环卫运营效率。对城市环境卫生整洁、政府部门职能转变、社会安定有序、环卫工人生活保障等都具有促进效应，全面提升城市智能管理水平，提升行业发展水平，提升企业国际竞争力。

龙马环卫立足于环卫全产业链，深入研究用户，围绕核心优势，整合各类资源，推进公司业务从单一装备制造向整体解决方案的转型的经验可供其他制造型企业借鉴。在政府鼓励购买服务的背景下，龙马环卫由销售设备到承接市政服务也可供市政类的企业行业借鉴。

龙马环卫整体解决方案能科学完善城市管理体系，提升城市品牌形象，有利于招商引资。智慧环卫运营促使作业单位优化服务质量，创建优美整洁的现代化城市，从而提升城市品牌形象，良好的城市环境有利于招商引资，增加地方政府税收收入。

## 四、未来规划

龙马环卫未来将以打通环境卫生服务行业全产业链，成为全国一流的环境卫生服务整体解决方案提供商为目标，制订了三阶段发展规划：2017~2018年，"蓄力期"；2019~2020年，"发力期"；2020年以后，"爆发期"。

2017~2018年，"蓄力期"：龙马环卫通过建立产业并购基金、引进国外先进制造业技术，结合环卫服务四个核心环节所需的技术资源，布局从规划设计、智能机械、环卫运营到固废产业链后端服务等全产业链。投资相关物联网、大数据运营公司，结合已形成的智慧环卫概念，建设智慧环卫平台。环卫服务模式处于模式整合、提炼以及推广期。布局环卫产业领域产学研项目，促进与高校研究院的研究合作，初步规划设计研究方向和合作项目。龙马环卫在高新园区新建的研发中心和458亩联合厂房初步投入使用，为公司未来环卫装备研发、产能升级打下坚实基础。

2019~2020年，"发力期"：龙马环卫在环卫服务四个核心环节的布局项目已初见成效,在全产业链拥有多项服务运营资质。结合已有环卫服务项目,对新的环卫服务项目进行丰富,不断扩大公司在全产业链的影响力。物联网、大数据投资项目已达到预期发展规划,智慧环卫平台建设完毕,可为项目拓展及运营提供有力的支撑。环卫产业服务模式由前期的推广和试行阶段进入完善运营阶段,在已有模式的基础上,继续优化配套服务。产学研项目已落地合作,为公司在产业链后端的拓展合作寻求机会,并有一定研究成果。公司在环卫装备的产能升级基本完成,可以适应未来各区域环卫设备供应。

2020年以后,"爆发期":龙马环卫已完成全产业链集团化服务型制造企业转型。布局收购项目已经完全达到产出预期值,环卫服务与环卫装备制造完全融合。环卫产业服务模式已进入全面复制推广阶段,结合智慧环卫平台的已有的大数据优势,支持环卫运营服务项目。环卫设备在整体环卫服务的带动下,实现销售额持续增长。同时进行平台推广和普及,成为全国智慧服务的示范项目。产学研项目成果转化成实际产能,反哺于公司全产业链服务,并成立全国性环卫服务研究交流平台。真正实现成为全国一流的环境卫生服务整体解决方案提供商。

为落实公司的整体规划目标,在服务型制造发展方面,2017~2020年,龙马环卫将继续丰富环境卫生整体解决方案的内涵,环卫产业服务模式成熟并在国内全面复制推广、快速拓展。建立产品全生命周期管理体系,提升核心竞争能力。建立环境产业研究院,探索打通环卫全产业链资源体系和技术路线,推动项目落地,成为国内一流的环境卫生整体解决方案提供商。2020年以后,业务向环卫终端处理、垃圾资源化利用等下游拓展,依靠在环卫产业链后端技术的积累,为国内外客户提供系统的环境整体解决方案。

# 五、经验启示

龙马环卫从专用车辆制造起步,逐步由环卫装备商向环卫系统解决方案服务商的转型,给同业其他公司开展服务型制造转型探索带来以下五点启示:

第一,龙马环卫以环卫装备设计制造能力为基础,拓展城市环卫服务,实现龙马环卫由单一设备制造商向城市环卫整体解决方案提供商转型。

在大多数行业被产能过剩阴影所笼罩的大背景下，环卫装备制造行业竞争日趋激烈，全国同行企业近300家，仅偏居福建一隅的龙岩就有6家之多。行业内多数企业的产值和利润都在不断下滑，要成就百亿企业，单靠环卫装备较难实现。经过多次市场调研和反复论证，加上2013年起龙马环卫在龙岩核心城区主次干道保洁项目的成功运营，公司提出了由单纯的环卫装备制造商向环境卫生整体解决方案提供商转型的思路，并正式确立"环卫装备制造+环卫服务产业"协同发展的战略。继龙岩项目后，公司相继拿下海南、浙江、辽宁、贵州、福建等地的环卫一体化项目，合同总额近60亿元，环卫运营服务收入占营业收入比重逐年提高，实现由单一设备制造商向城市环卫整体解决方案提供商转型。

第二，以客户需求为中心，结合公司自身优势，挖掘产业中的价值创造环节，强力整合各种资源，成就龙马环卫战略转型。

龙马环卫的服务型制造转型是企业顺势而为，内外合力的结果。一方面，全国高度重视生态环保，国家推行的供给侧结构性改革，加快了环卫市场化进程，根据预测，2020年国内环卫市场规模将达到1000亿元，开拓环卫服务蓝海是龙马环卫转型的必然选择。另一方面，龙马环卫发挥自身集成整合、规模管理、专业运营等优势，可以解决传统环卫服务政企不分、效能低下、用工不足等固有难题。龙马环卫通过收购福建龙环环境工程有限公司、海南易登科技有限公司，为开展环卫服务项目化运营以及智慧环卫管理夯实人才及技术基础；通过与中国城市建设研究院建立战略合作伙伴关系，共享城乡环境卫生规划设计经验；牵头成立环卫运营专业运营委员会，总结制定并不断完善各种标准与规范、模式与定额、PPP等多样化融资机制，提升城乡环卫一体化解决方案服务能力。通过内引外联，多措并举，龙马环卫整合了各种资源成就了战略转型。

第三，以智能制造为基础，智能产品为载体，智慧运营服务为手段，提升环境卫生整体解决方案的核心竞争能力。

世界范围内以信息网络技术应用为核心的新一轮科技革命和产业变革正在孕育兴起，互联网日益成为创新驱动发展的先导力量；中国经济进入"新常态"，增速换挡、动力调整、结构优化成为最显著的特征。作为制造企业，必须更加注重推进信息化与工业化深度融合，把智能制造和智慧服务作为主攻方向，促进制造业数字化、智能化、网络化发展。

龙马环卫紧跟时代发展，推进智能装备生产、智能产品研发、智慧环卫运营，打造龙马环卫的智慧环卫管理体系、智慧环卫软件平台及智能环卫装备。公司已通过工信部两化融合贯标，成为两化融合示范企业。位于龙岩经济技术开发区的环卫装备扩建项目配备了全自动的涂装生产线，焊接机器人也已上线运行。智能洒水车、全天候洗扫车等智能产品推向市场后取得良好的效果，下一代的智能产品在紧锣密鼓地研发中。智慧环卫运营经过多个项目的实践、改良，体系更加成熟，提升了项目运营的复制能力。

第四，以战略目标为导向，快速构建适应龙马环卫快速发展的团队，打造高效执行力确保战略落地。

龙马环卫明确了成为一流的环境卫生整体解决方案提供商的定位，至2020年实现环卫运营服务营业收入60亿元，环卫装备营业收入40亿元，整体营业收入达100亿元的目标。随着公司业务规模的迅速攀升，龙马环卫通过加大引进和培养中高级管理人员，加快公司转型所需人力资源储备。

此外，随着企业服务化转型的深入，龙马环卫的产品营销将走向方案式营销，为此，公司下属环境产业研究院加快环境卫生整体解决方案的理论研究及知识传播，为营销人员转型提供智力支撑。按计划，2017年4月前，在岗所有营销人员转型为环境卫生整体解决方案顾问式专家，从环境卫生系统规划设计、投资、建设、设备提供、服务运营、固废后端处理等方面为客户创造价值，系统解决环境卫生问题。

第五，以整体解决方案为抓手，实现龙马环卫与客户、同行其他企业的利益共享，协同发展。整体解决方案是实现企业、客户、同行业其他企业利益共享、协同发展的重要抓手。

对于客户来说，专业、高质量的整体解决方案节约了客户的时间，把所有的问题系统、一次性解决，避免后续拆东墙补西墙的情况出现。对于龙马环卫来说，整合了各方资源，简化了客户流程，提高了效率，带来更好的客户满意度与忠诚度、品牌的美誉度，更重要的是建立了一种区隔性的竞争优势。对于环卫行业其他企业来说，龙马环卫不可能提供整体解决方案的所有设备，整体方案中的其他设备需要其他企业配合完成，其他企业也可通过整体解决方案实现利益共享，共同发展。此外，龙马环卫也通过"产业基金""并购基金"等金融杠杆模式在产业投资领域发力，建立环卫行业全产业链的平台型公司，助力其他企业的发展。

# 参考文献

[1] Bains, Tim and Howard Lightfoot. Made to Serve: How Manufacturers Can Complete through Servitization and Product – Service Systems [M]. John Wiley & Sons, Ltd, 2013.

[2] Goedkoop M., van Halen C., Riele H., and Rommens P. Product Service Systems, Ecological and Economic Basics [M]. Pre consultants: The Netherlands, 1999.

[3] Levitt, Theodore. The Marketing Mode: Pathways to Corporate Growth [M]. New York: McGraw Hill Books, 1969.

[4] Vandermerwe S. and J. Rada. Servitization of Business: Adding Value by Adding Service [J]. European Management Journal, 1998, 6 (4).

[5] White A. L., Stoughton M., and Feng L. Servicizing: The Quiet Transition to Extended Product Responsibility [M]. Boston: Tellus Institute, 1999.

[6] Wood Adrian. World Trade Report 2014 – Trade and Developmentrecent Trends and the Role of the WTO [J]. World Trade Review, 2015, 14 (3): 546 – 548.

[7] [美] B. 约瑟夫·派恩. 大规模定制：企业竞争的新前沿 [M]. 操云甫等译. 人民大学出版社, 2000.

[8] [美] 彼得·德鲁克. 管理：使命、责任、实务（使命篇）[M]. 王永贵译. 机械工业出版社, 2009.

[9] 冯军. 德勤建议中国装备制造业向服务化转型 [EB/OL]. https: //www. new. qq. com/cmsn/20141125/20141125117159.

[10] 国务院新闻办公室. 关于中美经贸摩擦的事实与中方立场 [R].

2018 - 09.

[11] 李晓华，李雯轩. 改革开放 40 年中国制造业竞争优势的转变［J］. 东南学术，2018（5）.

[12] 李晓华. 制造与服务融合共生——美国计算机企业向服务型制造转型的启示［N］. 人民日报，2016 - 11 - 04（22）.

[13] 李燕. 以服务型制造促进我国产业迈向全球价值链中高端［J］. 发展研究，2018（6）：67 - 70.

[14] 李燕. 发展服务型制造 重塑产业价值链［N］. 经济日报，2018 - 06 - 07（15）.

[15] 孙林岩，李刚，江志斌，郑力，何哲. 21 世纪的先进制造模式——服务型制造［J］. 中国机械工程，2007（19）：2307 - 2312.

[16] 田丰. 制造业服务化主推中国产业结构转型［J］. 服务外包，2018（8）.

[17] 习近平. 在中央经济工作会议上的讲话［Z］. 2015 - 12 - 18.

[18] 杨明. 打破瓶颈加快推动服务型制造发展［N］. 中国工业报，2015 - 06 - 24（A01）.

[19] 赵剑波. 服务型制造，渐成新型产业形态［N］. 人民日报，2016 - 05 - 24（22）.

[20] 中国电子信息产业发展研究院. 智能制造术语解读［M］. 电子工业出版社，2018：265.

# 后 记

在经济发展、技术进步的推动下,制造业呈现高端化、智能化、绿色化、服务化的趋势,越来越多的制造企业开始实施服务化转型。服务型制造是制造企业为适应技术发展与市场变革、更好地满足用户需求、增强市场竞争力,通过采用先进技术,优化和创新生产组织形式、运营管理方式和商业模式而形成的一种新型产业形态。通过发展服务型制造,制造企业实现由以产品为中心向以客户为中心的转变,由加工组装为主转向以"制造+服务"为主,由一次性交易产品转向长期提供服务,由以产品为价值来源转向以"产品+服务"的组合为价值来源。当前新一轮科技革命和产业变革正在兴起,云计算、大数据、物联网、移动互联网、人工智能、区块链、虚拟现实等新一代信息技术加速成熟和产业化,制造业与信息技术产业、先进制造业与现代服务业融合日益加深,服务型制造具有巨大的发展空间。

服务型制造具有先进制造业与现代服务业深度融合的特征,是制造业的发展方向,也是推进我国经济高质量发展的重要支撑。我国政府高度重视服务型制造的发展,2015年5月国务院发布的《中国制造2025》将"积极发展服务型制造和生产性服务业"列为中国从制造大国向制造强国转变的九大战略任务之一;2016年7月,工业和信息化部、国家发展和改革委员会、中国工程院三部门联合印发了《发展服务型制造专项行动指南》。在工业和信息化部和地方工业和信息化部门的积极推动下,我国已逐步形成多层级、成体系、广覆盖的服务型制造政策体系。在政策的引导、支持下,在技术推动和市场拉动下,我国制造企业对服务型制造进行了积极的探索,形成一系列各具特色的服务型制造新模式,涌现出

## 后　记

一批具有示范、推广价值的服务型制造企业、项目和平台。

本书在对服务型制造内涵和外延进行解读、对支持政策进行梳理的基础上，通过问卷调查的方式对我国服务型制造发展状况进行了剖析，通过案例分析的方法对典型的服务型制造企业及其模式进行了归纳总结。本书是中国服务型制造发展报告与中国服务型制造示范企业案例精选的第一本，主要服务于制造业的行业管理人员、制造业的中高层管理者以及服务型制造的研究者。我们希望本书能够反映我国服务型制造的概貌特别是服务型制造实践的闪光点，起到反映情况、分享经验、凝聚共识、方向引领的作用。感兴趣的读者可以密切关注中国服务型制造联盟后续年度报告和深度案例研究成果的出版。

本报告的成书得到了来自各方面的支持和帮助，我们在此表示诚挚的感谢：工业和信息化部及产业政策司的领导对包括本书编撰在内的服务型制造联盟的活动给予了持续的关心和帮助；服务型制造联盟成员企业、服务型制造示范企业在调查问卷的填写和案例素材的提供上给予了大力支持；服务型制造联盟专家对本报告的修改完善提出了宝贵的意见；服务型制造联盟秘书处的诸位同志为本书的成书、面世做了大量烦琐的事务性工作；经济管理出版社的杨雅琳女士对本书的出版付出了辛勤的劳动。

由于作者水平有限，书中的错误在所难免，请方家不吝指正。